AF493688

LE NOUVEAU SOBRINO,

OU

GRAMMAIRE

DE

LA LANGUE ESPAGNOLE,

RÉDUITE A XXIII LEÇONS;

PAR DON FRANCISCO MARTINEZ.

Douzième édition,

ENTIÈREMENT REVUE ET CORRIGÉE.

BORDEAUX,

CHEZ M.me V.e LAPLACE, NÉE BEAUME, IMP.-LIB.,

RUE DU PARLEMENT, 19, ET ALLÉES DE TOURNY, 14.

1847.

AVIS DE L'ÉDITEUR.

Onze éditions successives de la grammaire espagnole de Francisco MARTINEZ, tirées chacune à cinq mille exemplaires, en ont surabondamment prouvé tout le mérite ; et malgré les nombreuses concurrences qui lui ont été faites, et les attaques de quelques-uns des auteurs de ces grammaires, aujourd'hui complètement dans l'oubli, le Public a toujours rendu justice à l'auteur du Nouveau Sobrino.

C'est pour justifier encore plus cette haute faveur, que nous publions une douzième édition, où tout en conservant l'ordre et la clarté établies dans cet ouvrage, nous avons cru cependant devoir y apporter quelques importantes améliorations, autorisées par l'Académie espagnole, à laquelle d'ailleurs nous nous sommes rapporté en tous points.

Nous espérons que le Public nous saura gré de nos efforts, et nous continuera la bienveillance qu'il nous a accordée jusqu'à ce jour.

GRAMMAIRE ESPAGNOLE.

LEÇON Ire.

DE L'ALPHABET.

Les Espagnols composent leur alphabet de vingt-huit lettres, dont voici l'ordre, la figure et le nom :

A,	B,	C,	CH,	D,	E,	F,	G,	H,	I,	J,	K,	L,	LL,
a,	bé,	cé,	tché,	dé,	é,	efé,	gé,	atché,	i,	jota,	ka,	elé,	eillé,

M,	N,	Ñ,	O,	P,	Q,	R,	S,	T,	U,	V,	X,	Y,	Z.
emé,	ené,	egné,	o,	pé,	cou,	erré,	essé,	té,	ou,	vé,	equis,	igriega,	zéta.

Ces lettres, qui en français sont du genre masculin, sont du genre féminin en espagnol ; elles se divisent en voyelles et en consonnes.

On appelle voyelles les signes ou caractères qui peignent les sons, et consonnes ceux qui indiquent les articulations. Ainsi *a*, *e*, *i*, *o*, *u*, *y*, sont des voyelles ; *b*, *c*, *d*, *f*, etc. sont des consonnes.

DE LA PRONONCIATION.

La prononciation, dans la langue espagnole, n'offre pas, à beaucoup près, les mêmes difficultés que dans la langue française ; et l'on peut dire que, sauf quelques exceptions, l'espagnol se prononce comme on l'écrit.

Pour faciliter l'étude de la prononciation, j'ai cru devoir commencer par faire connaître les lettres qui ont, en espagnol, un son, ou une articulation différente qu'en français; ces lettres sont les suivantes.

C. Il a, comme en français, le son du *q* devant les voyelles *a*, *o*, *u* : ex. *cabo*, cap, *cola*, queue, *curioso*, curieux, qui se prononcent *qabo*, *qola*, *qouriosso*; mais placé devant les voyelles *e* et *i*, il a le son du *ç* cédille : ex. *cera*, cire, *cilicio*, cilice, qu'on prononce *çera*, *çiliçio*.

Ch, au commencement comme au milieu d'un mot, se prononce de même que dans le mot français *chameau*, mais avec plus de force, et comme s'il était précédé d'un *t* : ex. *macho*, mulet, *mucho*, beaucoup, *chupar*, sucer; prononcez *matcho*, *moutcho*, *tchoupar*. Mais lorsque *ch* est suivi d'une consonne ou d'un accent circonflexe, ainsi que cela se rencontre fréquemment dans les éditions antérieures à 1808, il a le son du *q*, comme dans *Christo*, Christ, *christianismo*, christianisme, *chîmica*, chimie, *chîmera*, chimère, qu'on prononce *Cristo*, *cristianismo*, *qimica*, *quimera*.

La manière d'écrire ces mots est changée par la nouvelle orthographe . on supprime aujourd'hui l'*h* dans ceux où cette lettre est suivie d'une consonne, et on substitue au *ch* les lettres *qu* dans ceux où l'*h* est suivi d'une lettre circonflexe : ainsi on doit écrire *Cristo*, *cristianismo*, *química*, *quimera*.

E a toujours le son de l'*é* fermé, comme *padre*, père, *madre*, mère, *constante*, constant, *encargo*, commission, qu'on prononce *padré*, *madré*, *constanté*, *éncargo*.

G, devant les voyelles *a*, *o*, *u*, ou devant une consonne, a le même son qu'en français. Devant les voyelles *e* et *i*, il a un son guttural qui se rapproche du *k*, avec cette différence qu'il doit être très-adouci : ex. *general*, général, *genio*, génie, *girar*, tourner, *giro*, tour, *ginete*, écuyer; prononcez *kénéral*, *kénio*, *kirar*, *kiro*, *kinété*.

Quelques écrivains modernes de l'Espagne écrivent par un *j*, les combinaisons *ge*, *gi*; mais l'Académie espagnole a décidé, dans le traité qu'elle a publié en 1845, que les syllabes *ge*, *gi*, ne doivent s'écrire par un *g* que dans les mots qui possèdent d'une manière notoire cette lettre dans leur origine, et cette règle s'observera dans tous les composés ou dérivés, comme *ingenio*, esprit, *ingeniero*, ingénieux; *tragedia*, tragédie, *trágico*, tragique; *digerir*, digérer, *indigestion*, indigestion.

H. Cette lettre n'est jamais aspirée; ainsi *los hombres*, les hommes, *las horas*, les heures, *los héroes*, les héros, doivent se prononcer *lossombrés*, *lassoras*, *lossséroés*.

I, soit initial, soit intermédiaire, soit final, a toujours en espagnol le même son qu'en latin, ou qu'en français dans le mot *amitié*; et en cela la prononciation de cette voyelle diffère du français dans certains mots, comme *indépendance*, *injustice*, que nous prononçons *endépendance*, *enjustice*.

J, appelé *jota*, a toujours le son guttural que prend le *g* devant *e* et *i* : ex. *jesuita*, jésuite, *jóven*, jeune, *alhaja*, bijou; pr. *késsouita*, *kóven*, *alaka*.

Ll se prononce toujours comme dans le mot *famille* : ex. *llegar*, arriver, *llover*, pleuvoir, *lluvia*, pluie; pr. *lhiégar*, *lhiovér*, *lhiouvia*.

Ñ a le même son que *gn* dans le mot *agneau;* ainsi *señor*, seigneur, *señoría*, seigneurie, *añadir*, ajouter, *sueño*, songe, se prononcent *ségnor*, *ségnoría*, *agnadir*, *souégno.*

On remarquera que *gn*, en espagnol, se prononce toujours comme formant deux lettres bien distinctes: ex. *digno*, digne, *dignidad*, dignité, *significar*, signifier; pr. *dig-no*, *dig-nidad*, *sig-nificar.*

Q. D'après la nouvelle orthographe, on change cette lettre en *c* dans tous les mots où elle est suivie de *ua :* ainsi *quadro*, cadre, *quatro*, quatre, *qual*, quel, *quaresma*, carême, s'écrivent *cuadro*, *cuatro*, *cual*, *cuaresma.* — *Quatorce*, quatorze, *quotidiano*, quotidien, et leurs dérivés, changent le *qu* en *c*, et on écrit *catorce*, *cotidiano.* — *Quociente*, quotient, *quota*, quote-part, s'écrivent *cuociente*, *cuota.* — On conserve le *q* pour les syllabes *que*, *qui.*

R, au commencement d'un mot ou suivi d'un *a*, se prononce comme si cette lettre était double : ex. *ruido*, bruit, *ruina*, ruine, *rabia*, rage; pr. *rrouido*, *rrouina*, *rrabia.* — Au milieu d'un mot[1], le son de *r* est doux, excepté dans les mots composés, comme *mani-roto*, prodigue, qu'on prononce *mani-rroto.*

S a toujours le son de *ss :* ainsi *paseo*, promenade, *pesadumbre*, chagrin, *pasar*, passer, *pasion*, passion, se prononcent *passéo*, *pessadoumbré*, *passar*, *passion.* *S* finale se prononce très-doux.

U a le son de *ou :* ainsi, *ufano*, fier, *orgullo*, orgueil, *orgulloso*, orgueilleux, se prononcent *oufano*, *orgoulhio*, *orgoulhiosso.* — Cette voyelle ne se fait pas sentir lorsqu'elle est précédée d'un *g* ou d'un *q*, et suivie de *e* ou *i :* ex. *guerra*, guerre, *guerrero*, guerrier, *guisar*, apprêter, *guisado*, ragoût, *conquistar*, conquérir, *conquista*, conquête, *que*, que, *quien*, qui; pr. *ghérra*, *ghérréro*, *ghissar*, *ghissado*, *conqistar*, *conqista*, *qé*, *qién*. Mais si l'*u* qui suit ces deux consonnes est désigné par un tréma (ü), il conserve le son de *ou :* ainsi *vergüenza*, honte, *antigüedad*, antiquité, se prononcent *vergouénça*, *antigouédad*.

V. Les Espagnols confondent fréquemment la prononciation de cette lettre avec celle du *b*; mais, d'après les observations de l'Académie espagnole dans son Traité d'Orthographe, il serait mieux de les distinguer, en les prononçant comme en français.

X, nommé *equis*, au commencement ou au milieu d'un mot, a le son guttural que prend le *g* devant les voyelles *e* et *i :* ex. *xefe*, chef, *xergon*, paillasse, *baxeza*, bassesse, *baxar*, baisser, *baxo*, bas, *xilguero*, chardonneret ; pr. *kéfé*, *kérgon*, *bakéça*, *bakar*, *bako*, *kilghéro*. Mais si cette lettre est suivie d'un accent circonflexe, elle prend le son de *cs* ou de *gs :* ex. *exâminar*, examiner, *exâgerar*, exagérer, *exônerar*, décharger, *exîgir*, exiger, *reflexîon*, réflexion, *axîoma*, axiome; pr. *égssaminar*, *égssakérar*, *égssonerar*, *égssikir*, *réflécssion*, *acssioma*.

Aujourd'hui cette lettre est changée en *j* ou en *g* dans tous les mots où elle prenait le son guttural, et on écrit *gefe*, *jergon*, *bajeza*, *bajar*, *bajo*, *jilguero*. — Dans les mots où *x* a le son de *cs* ou de *gs*, on conserve cette lettre en supprimant l'accent sur la voyelle qui suit : ainsi on écrira *examinar*, *exagerar*, *exonerar*, *exigir*, *reflexion*, *axioma*.

Enfin, dans les mots où l'*x* est suivi d'une consonne, comme dans *extrangero*, étranger, *extorsion*,

extorsion, *extremo*, extrême, *extravagancia*, extravagance, quelques auteurs ont cru pouvoir changer cette lettre en *s*, et écrire *estrangero*, *estorsion*, *estremo*, *estravagancia*; mais l'Académie espagnole n'a pas sanctionné cette prétendue réforme, 1.° pour qu'on ne s'éloignât pas de l'étymologie; 2.° pour que l'on ne confondît pas des mots qui auraient des significations distinctes, tels que les verbes *expiar*, expier, *espiar*, espionner.

Y a le même son que dans le mot *payer:* ex. *ayuno*, jeûne, *ayunar*, jeûner, *cuyo*, dont; pron. *aïouno*, *aïounar*, *couïo*.

Cette lettre a subi de grands changements dans la nouvelle orthographe : placée au milieu d'un mot, et suivie d'une consonne, elle se change en *i* : ainsi *peyne*, peigne, *deleyte*, délice, *pays*, pays, *afeytar*, raser, etc. doivent s'écrire *peine*, *deleite*, *pais*, *afeitar*, etc. — On conserve l'*y* dans tous les mots où il est soit initial, soit final, ou suivi d'une voyelle : ex. *yegua*, jument, *rey*, roi, *ley*, loi, *sayal*, bure, qui s'écrivent toujours avec un *y*. Mais la prononciation reste la même dans les mots où l'*i* est substitué à l'*y*.—Quelques écrivains modernes écrivent *i* pour la voyelle *y*, partout où l'on entend le son d'*i* voyelle, et l'*y* dans les mots dont le son est mouillé, comme *leyes*, lois, *bueyes*, bœufs, singulier *lei*, *buei*. Mais l'Académis espagnole a formellement proscrit cette substitution, pour tout mot dont l'*i* final ne serait pas accentué, comme *leí*, je lus, *reí*, je ris, *fuí*, je fus.

Z a le son du *ç* cédille : ainsi *cruz*, croix, *feroz*, féroce, *zumba*, raillerie, *zumbon*, railleur, *cruzar*, croiser, *cruzada*, croisade, *cruzadero*, croisière, se prononcent *crouç*, *feroç*, *çoumba*, *çoumbon*, *crouçar*, *crouçada*, *crouçadéro*.

DES ACCENTS.

Après avoir donné les règles invariables de la prononciation des lettres, et indiqué celles dans lesquelles elle diffère en espagnol du français, j'ai cru indispensable de parler des accents, de l'influence qu'ils exercent sur la prononciation des mots dans lesquels ils sont placés, puisque sans leur secours la prosodie de la langue espagnole serait très-difficile à apprendre, et qu'un étranger parviendrait avec peine à la prononcer correctement.

Les seuls accents dont les Espagnols font usage aujourd'hui, sont *á*, *é*, *í*, *ó*, *ú*, aigús, et *ü* tréma.

L'accent aigu rend longue la syllabe sur laquelle il est placé, c'est-à-dire qu'on appuie sur cette syllabe, et qu'on prononce brèves celles qui suivent; comme aussi, par la même raison, si le mot est terminé par une voyelle accentuée, on appuiera sur cette dernière syllabe, et on prononcera brève celle qui précède.

Ainsi, *águila*, aigle, *acá*, *accullá*, çà, là, *época*, époque, *epidérmis*, épiderme, *haré*, je ferai, *ídolo*, idole, *idolatría*, idolâtrie, *tahalí*, baudrier, *óbice*, obstacle, *apóstol*, apôtre, *habló*, il parla, *úlcera*, ulcère, se prononcent *á-guila*, *acá*, *acoulhiá*, *é-poca*, *epidér-mis*, *haré*, *í-dolo*, *idolatrí-a*, *taalí*, *ó-biçe*, *após-tol*, *habló*, *oúl-cera*.

J'ai dit quel était, dans l'ancienne orthographe, l'effet de l'accent circonflexe en parlant de la prononciation de l'*x*, et celui du tréma en parlant de la lettre *u*; ainsi je ne reviendrai pas sur ce point : je me bornerai seulement à faire observer que l'accent aigu est celui qui aide le plus à la prononciation, qui établit le mieux la prosodie de la langue espagnole, tandis que le tréma donne seulement un son différent à l'*u*, et que le circonflexe change le son guttural de l'*x* en *cs* ou *gs*.

Ce que je viens de dire sur les accents, devrait suffire pour fixer d'une manière invariable la prononciation des mots dans lesquels ils entrent; mais je vais donner quelques explications pour établir la différence qui existe entre les lettres sur lesquelles ils sont placés, et celles qui n'en ont pas; sur la manière de prononcer les mots terminés par une voyelle ou par une consonne, par une lettre accentuée ou non; et enfin, ceux composés d'une, de deux ou de plusieurs syllabes.

Tous les substantifs terminés en *ia*, *ie* et *io*, dont l'*i* n'est pas accentué, ont leur terminaison brève : ainsi, *miseria*, misère, *historia*, histoire, *patria*, patrie, *progenie*, progéniture, *serie*, série, *presagio*, présage, *remedio*, remède, se prononcent *missé-ria*, *histó-ria*, *pá-tria*, *proké-nié*, *sé-rié*, *préssá-kio*, *rémé-dio*, en appuyant sur la pénultième syllabe, c'est-à-dire, en la faisant longue, et en prononçant brève la dernière.

Mais dans les verbes en *ar*, *er* et *ir*, et dans les temps dont les personnes terminent en *ia*, l'*i* est toujours long, quoiqu'il ne soit pas accentué : ainsi, *amaria*, j'aimerais, *amarian*, ils aimeraient; *hacia*, je faisais, *harian*, ils feraient; *salia*, je sortais, *sal-*

drian, ils sortiraient, se prononcent *amarí-a*, *amarí-an*, *hací-a*, *harí-an*, *salí-a*, *saldrí-an*.

Il me reste à présent à expliquer la manière de prononcer les voyelles, tant intermédiaires que finales, dans les mots où elles ne prennent aucun accent : ce qui suit suffira pour résoudre tous les doutes qui pourraient s'élever sur leur prononciation.

En règle générale, dans tous les mots terminés par une voyelle non accentuée, on prononce cette syllabe brève, et on appuie sur la pénultième. Ainsi, *musa*, muse, *boda*, noce, *botica*, pharmacie, *botella*, bouteille, *bribonada*, friponnerie, se prononcent *mou-ssa*, *bo-da*, *boti-ca*, *boté-lhia*, *bribona-da*. Mais si la syllabe qui précède la pénultième est accentuée, alors on appuiera sur celle-là, et on prononcera brèves les deux dernières, comme je l'ai déjà dit.

Je terminerai cet article par une observation relative aux diphthongues ; on en compte seize dans la langue espagnole : *ai*, ou *ay*, dans *ddbais*, vous donniez, *bayle*, bal (ancienne orthographe) ; *au*, dans *pausa*, pause ; *ei* ou *ey*, dans *veis*, vous voyez, *ley*, loi ; *ea*, dans *línea*, ligne, *Bóreas*, Borée ; *eo*, dans *virgineo*, virginal ; *eu*, dans *deuda*, dette ; *ia*, dans *gracia*, grâce ; *ie*, dans *cielo*, ciel ; *io*, dans *precio*, prix ; *iu*, dans *ciudad*, ville ; *oe*, dans *héroe*, héros ; *oi* ou *oy*, dans *sois*, vous êtes, *voy*, je vais ; *ua*, dans *fragua*, forge ; *ue*, dans *dueño*, maître ; *ui* ou *uy*, dans *ruido*, bruit, *muy*, très ; *uo* dans *arduo*, difficile.

Les seize premières combinaisons de voyelles ne sont pas toujours des diphthongues : telles sont *ai* et *ei*, qui forment deux syllabes dans *raiz*, racine, *maiz*, mais, et dans *leí*, j'ai lu, *reí*, j'ai ri, prétérits des verbes *leer* et *reir*. Il en est de même de *ia*, *io*, *ua*, qui sont diphthongues dans *gracia*, grâce, *vicio*, vice, *fragua*, forge, et qui forment deux syllabes dans *varía*, il varie, *brío*, courage, *efectúa*, il effectue.

Pour faire l'application des règles déjà données et se familiariser avec la prononciation, on pourra s'exercer sur le morceau suivant tiré du *Don Quichotte* :

« Despues que Don Quijote hubo bien satisfecho
« su estómago, tomó un puño de bellotas en la mano
« y mirandolas atentamente soltó la voz á semejantes
« razones : Dichosa edad y siglos dichosos aquellos
« á quien los antiguos pusiéron nombre de dorados,
« y no porque en ellos el oro, que en esta nuestra
« edad de hierro tanto se estima, se alcanzase en
« aquella venturosa sin fatiga alguna, sino porque
« entónces los que en ella vivian ignoraban estas dos
« palabras de *tuyo* y *mio*. Eran en aquella santa edad
« todas las cosas comunes : á nadie le era necesario,
« para alcanzar su ordinario sustento, tomar otro
« trabajo que alzar la mano, y alcanzarle de las ro-

PRONONCIATION FIGURÉE.

« Déspoués qé Don Qikoté oubo bién satisfétcho sou éstómago, tomó oun pougno dé bélhiotass én la mano, y mirandolass aténtaménté, soltó la voç á sémékantés raçonés : Ditchossa édad i siglos ditchossoss aqélhioss á qién loss antigouos poussiéron nombré dé dorados, i no porqué én élhioss él oro, qé én ésta nouestra édad dé iérro tanto sé éstima, sé alcançassé én aqélhia véntourossa sin fatiga algouna, sino porqé éntónçes los qé én élhia vivian ighnoraban éstas dos palabras dé touïo i mío. Éran én aqélhia santa édad todas las cossas comounés : á nadié lé éra néçéssario para alcançar sou ordinario sousténto tomar otro trabako qé alçar la

« bustas encinas que libremente les esta[illegible] convi-
« dando con su dulce y sazonado fruto. Las claras
« fuentesy corrientes ríos, en magnífica abundancia,
« sabrosas y transparentes aguas les ofrecian. En las
« quiebras de las peñas y en lo hueco de los árboles
« formaban su república las solícitasy discretas abe-
« jas, ofreciendo á cualquiera mano sin interes al-
« guno la fértil cosecha de su dulcísimo trabajo. Los
« valientes alcornoques despedian de sí, sin otro ar-
« tificio que el de su cortesía, sus anchas y livianas
« cortezas con que se comenzáron á cubrir las casas
« sobre rústicas estacas sustentadas no mas que para
« defensa de las inclemencias del cielo. Todo era paz
« entonces, todo amistad, todo concordia : aun no se
« habia atrevido la pesada reja del corvo arado á
« abrir ni visitar las entrañas piadosas de nuestra
« primera madre, que ella sin ser forzada ofrecia por
« todas las partes de su fértil y espacioso seno lo que
« pudiese hartar, sustentar y deleitar á los hijos que

---

mano, i alcançarlé dé las roboustas énçinas qé librémémté léss estaban convidando con sou doulçé i saçonado frouto. Las claras fouéntéss i corriéntés ríos, én maghnífica aboundançia, sabrossass i transparéntéss agouas les ofréçian. En las qiébras dé las pégnass i én lo ouéco dé loss árbolés formaban sou répoública las solíçitass i discrétass abékass, ofréçiéndo á coualqiéra mano sin intéréss algouno la fértil cossétcha dé sou doulçíssimo trabako. Los valiéntéss alcornoqés déspédian dé sí, sin otro artifiçio qé él dé sou cortéssía, souss antchass i livianas cortéças con qé sé coménçáron á coubrir las cassas sobre roústicass éstacas sousténtadas no mas qé para défénssa dé lass inclémençias del çielo. Todo éra paç éntónçés, todo amistad, todo concordia : aun no sé abía atrévido la péssada réka dél corvo arado á abrir ni vissitar lass éntragnas piadossas dé nouéstra madré, qé élhia sin sér forçada ofréçía por todas las partés de sou fértil i éspaçiosso séno lo qé poudiéssé artar, sousténtar, i déléitar á loss ikoss qé éntonçés

« ento[illegible] la poseian. Entonces sí que andaban las
« simples y hermosas zagalejas de valle en valle, y de
« otero en otero, en trenza y en cabello, sin mas ves-
« tidos de aquellos que eran menester para cubrir
« honestamente lo que la honestidad quiere y ha que-
« rido siempre que se cubra, y no eran sus adornos
« de los que ahora se usan, á quien la púrpura de Tiro
« y la por tantos modos martirizada seda encarecen,
« sino de algunas hojas de verdes lampazos y yedra
« entretejidas, con lo que quizá iban tan promposas
« y compuestas, como van ahora nuestras cortesanas
« con las raras y peregrinas invenciones que la cu-
« riosidad ociosa les ha mostrado. Entonces se de-
« coraban los concetos amorosos del alma simple y
« sencillamente, del mismo modo y manera que ella
« los concebia, sin buscar artificioso rodeo de pala-
« bras para encarecerlos. No habia la fraude, el en-
« gaño ni la malicia mezcladose con la verdad y lla-
« neza. La justicia se estaba en sus propios térmi-

---

la possé'an. Entónçés si qé andaban las simpléss i érmossas çagalékas dé valhié én valhié, i dé otéro, én otéro, én trença i én cabélhio, sin mas véstidos dé aqélhios qé éran ménéstér para coubrir onéstaménté lo qé la onéstidad qiéré i a qérido siémpré qé sé cubra ; i no éran souss adornos dé los qé aora se oussan, á quién la poúrpoura dé Tiro, i la por tantos modos martiriçada séda éncaréçén, sino dé algounass okas dé vérdés lampaçoss i ïedra éntrétékidas, con lo qé qiça iban tan pompossass i compouéstas, como van aora nouéstras cortéssanas con las rarass i pérégrinass invénçionés qé la curiosidad oçiossa léss a mostrado. Entónçés sé décoraban los conçétoss amorossos dél alma simplé i sénçilhiaménté, dél mismo modo i manéra qé élhia los conçébía, sin bouscar artificiosso rodéo de palabras para éncarécérlos. No abía la fraudé, él éngagno ni la maliçia mésçladossé con la vérdad i lhianéça. La koustiçia sé éstaba én sous pro-

« nos, sin que la osasen turbar ni ofender los del « favor y los del interes, que tanto ahora la menoscaban, turban y persiguen. La ley del encaje aun « no se habia sentado en el entendimiento del juez, « porque entonces no habia que juzgar ni quien fuese « juzgado. Las doncellas y la honestidad andaban, « como tengo dicho, por donde quiera, solas y señoras, sin temor que la agena desenvoltura y lascivo « intento las menoscabasen, y su perdicion nacia de « su gusto y propia voluntad. Y ahora en estos nuestros detestables siglos no está segura ninguna, aunque la oculte y cierre otro nuevo laberinto como el « de Creta : porque allí por los resquicios ó por el « aire, con el zelo de la maldita solicitud, se les entra la amorosa pestilencia, y les hace dar con todo « su recogimiento al traste. Para cuya seguridad, « andando mas los tiempos y creciendo mas la malicia, se instituyó la órden de los caballeros andantes. »

---

pios términos, sin qé la ossassén tourbar ni oféndér los dél favor i los dél intérés, qé tanto aora la ménoscaban, tourban y pérssighén. La léy dél éncaké aoun no sé abía séntado én él énténdimiénto dél kouéç, porqé éntónçés no abía qé kouçgar ni quién fouéssé kouçgado. Las donçélhiass i la onéstidad andaban, como téngo ditcho, por dondé qiéra, solass i ségnoras, sin témor qé la akéna désséнvoltoura i lascivo inténto las ménoscabassén, i sou pérdicion naçía dé sou gousto i propia volountad. Y aora én éstos nouéstros détéstablés siglos no éstá ségoura ningouna, aounqé la ocoulté i çiérré otro nouévo labérinto como él dé Créta ; porqé alhí por los résquiçioss ó por él aïré, con él çélo dé la maldita soliçitoud, sé léss éntra la amorossa péstilénçia, i léss açé dar con todo sou récokimiénto al trasté. Para couÿa ségouridad, andando mas los tiémposs i créçiendo mas la maliçia, sé institouïó la órdén dé los cabalhiéross andantés, etc. »

LEÇON II.

DES PARTIES DU DISCOURS.

La langue espagnole est composée de neuf espèces de mots, savoir : l'*article*, le *nom*, le *pronom*, le *verbe*, le *participe*, l'*adverbe*, la *préposition*, la *conjonction* et l'*interjection*.

DES GENRES.

Il y a trois genres en espagnol, le *masculin*, le *féminin*, et le *neutre*.

On ne se sert du genre neutre que lorsque certains adjectifs sont pris dans un sens indéterminé ou indéfini : ex. *lo bueno*, ce qui est bon, *ou* le bon ; *lo peor*, le pire *ou* ce qui est pis. On voit par-là que ce genre, qui n'a point de pluriel, ne s'applique ni aux personnes ni aux choses, mais seulement aux adjectifs pris substantivement et aux substantifs pris adjectivement : ex. tout était grand dans Saint-Louis, le roi, le saint, le capitaine, *todo era grande en San Luis*, *lo rey*, *lo santo*, *lo capitan*.

DES NOMBRES.

Il y a deux nombres, le *singulier* et le *pluriel*.

DE L'ARTICLE.

L'article se place devant les noms communs pour en désigner le genre et le nombre.

L'article a trois genres en espagnol, *el*, *la*, *lo* : *el*, le, l', pour le masculin ; *la*, la, l', pour le féminin, *lo*, le, l', pour le neutre. On les emploie de la manière suivante.

SINGULIER.

Masculin.	*Féminin.*	*Neutre.*
El, le, l'.	*La*, la, l'.	*Lo*, le, l'.
Del, du, de l'.	*De la*, de la, de l'.	*De lo*, du, de l'.
Al, au, à l'.	*A la*, à la, à l'.	*A lo*, au, à l'.

PLURIEL.

Los, les.	*Las*, les.
De los, des.	*De las*, des.
A los, aux.	*A las*, aux.

Remarques sur les Articles,

Quoique l'article *el* n'appartienne qu'au masculin, néanmoins on peut le placer devant les substantifs féminins, commençant par un *a* long, c'est-à-dire, sur lequel on appuie quand on prononce : ex. *el agua*, l'eau, *el ala*, l'aile, *el águila*, l'aigle. Cependant au pluriel on dira : *las aguas*, *las alas*, etc. parce qu'alors le choc des deux voyelles n'a pas lieu. Mais *América*, Amérique, *Arabia*, Arabie, *alegria*, joie, etc. prendront l'article féminin *la*, parce que ce n'est pas sur le premier *a* qu'on appuie.

L'article *el* se place quelquefois devant les verbes à l'infinitif présent employés comme noms d'action, ainsi que devant tout autre mot qui sans être substantif est pris substantivement : ex. *el leer me gusta mucho*, la lecture, *ou* lire me plaît beaucoup; *el comer demasiado es peligroso*, il est dangereux de trop manger, *ou* trop manger est une chose dangereuse; *el sí y el nó*, le oui et le non; *el pró y el contra*, le pour et le contre.

Les articles *du*, *de*, *de la*, *des*, placés devant des noms substantifs pris dans un sens indéterminé ou partitivement, ne s'expriment pas en espagnol : ex. *Dame pan*, *vino y queso*, donne-moi *du* pain, *du* vin et *du* fromage ; et non *dame del pan*, etc. *Tiene prudencia*, il a *de la* prudence, et non *de la prudencia.*

Si, au contraire, le nom est pris dans un sens déterminé, il doit être précédé de l'article : ex. *Dame del paño*, *de las manzanas que tú has comprado*, donne-moi *du* drap, *des* pommes que tu as achetées. *Dame de tu pan*, donne-moi de ton pain. Enfin si ce même nom est au pluriel, et que *de* ou *des* exprime le mot *quelque*, on les traduit par *unos*, *unas*, *algunos*, *algunas*, suivant le genre du nom : ex. *Comeré unos*, *ó algunos higos*, je mangerai *des* figues, ou *quelques* figues. Mais si *quelques* désigne une quantité absolument indéterminée, alors *de* ou *des* ne s'exprime point : ex. *Tiene ámigos*, il a *des* amis.

DES NOMS.

Les noms servent à exprimer toutes les choses qui existent, qui tombent sous nos sens, ou dont nous concevons l'idée. On les divise en *substantifs* et en *adjectifs.*

DES SUBSTANTIFS.

Les noms *substantifs* sont ceux qui expriment le nom des personnes ou des choses. Ils sont ou *masculins*, ou *féminins.*

De la formation du pluriel dans les noms.

Les noms qui se terminent au singulier par une voyelle brève, c'est-à-dire, non accentuée, forment leur pluriel par l'addition d'un *s :* ex. *carta*, lettre, *cartas*, lettres; *madre*, mère, *madres*, mères; *tiempo*, temps, *tiempos*, temps. Ceux qui se terminent par une voyelle longue, c'est-à-dire accentuée, ou par une consonne, prennent au pluriel *es :* ex. *borcegui*, brodequin, *albalá*, passavant, *razon*, raison, *relox*, horloge; plur. *borceguiés*, *albalaés*, *razonés*, *relojés*. Il faut excepter les mots terminés par *é* long, tels que *café*, café, *té*, thé, dont les pluriels sont *cafés*, *tés*, et les mots polysyllabes terminés par un *s* dont la dernière syllabe est brève, qui ne changent pas au pluriel : ex. *el lunes*, le lundi, *la hipótesis*, l'hypothèse, etc. dont les pluriels sont *los lunes*, *las hipótesis*.

L'article se place devant les noms substantifs de la manière suivante :

Substantif masculin.

SINGULIER.	PLURIEL.
El señor, le seigneur.	*Los señores*, les seigneurs.
Del señor, du seigneur.	*De los señores*, des seigneurs.
Al señor, au seigneur.	*A los señores*, aux seigneurs.

Substantif féminin.

La señora, la dame.	*Las señoras*, les dames.
De la señora, de la dame.	*De las señoras*, des dames.
A la señora, à la dame.	*A las señoras*, aux dames.

DES NOMS PROPRES.

Les noms propres d'hommes, de femmes, de villes, de villages, de mois, etc. ne prennent point d'article, et s'emploient dans le discours, à l'aide des prépositions *de* et *á* de la manière suivante.

Pedro, Pierre.	*Juana*, Jeanne.
De Pedro, de Pierre.	*De Juana*, de Jeanne.
A Pedro, à Pierre.	*A Juana*, à Jeanne.

Mais si le nom propre devient nom commun, alors il est précédé de l'article : ex. *Calderon fué el Aris-*

tófanes de España, Caldéron fut l'Aristophanes de l'Espagne.

Observations générales sur les genres.

Les noms propres et appellatifs d'hommes et d'animaux mâles, ainsi que les noms qui expriment des arts, des sciences, des dignités, des professions, des métiers, etc. propres aux hommes, sont du genre masculin : ex. *hombre*, *caballo*, *poeta*, homme, cheval, poète, etc. Ils sont féminins, s'ils désignent des êtres de ce genre, ou des professions, des métiers, etc. propres aux femmes : ex. *muger*, *yegua*, *lavandera*, *abadesa*, *etc.* femme, jument, blanchisseuse, abbesse, etc.

Tous les noms de rivières sont masculins, excepté *la Esqueva* et *la Huerva.*

On connaît, en général, le genre des noms substantifs par leur terminaison.

Ceux terminés en *a*, *de*, *z*, *is*, *en*, *ion*, *ente*, *be*, *re*, *bre* et *erte*, sont du genre féminin, sauf les exceptions ci-après.

Sont masculins, parmi les substantifs qui finissent en *a : dia* (1), jour, *albalá*, passavant, *anagrama*, anagramme, *anatema*, anathême, *antípoda*, antipode, *axioma*, axiome, *cisma*, schisme, *clima*, climat, *cometa*, comète, *crisma*, chrême, *dilema*, dilemme, *diploma*, diplôme, *dogma*, dogme, *drama*, drame, *emblema*, emblême, *epigrama*, épigramme, *idioma*, idiome, *lema*, lemme, *maná*, manne, *mapa*, carte géographique, *planeta*, planète, *poema*, poëme, *sin-*

(1) L'Elève fera bien de faire précéder tous les noms masculins de l'article *el*, pour en contracter l'habitude : ex. *el dia*, le jour, *el albalá*, le passavant.

toma, symptôme, *sistema*, système, *sofisma*, sophisme, *tema*, thème, *teorema*, théorême, et *reuma*, rhume. Ce dernier s'emploie quelquefois au genre féminin. — *Cometa*, cerf-volant, *planeta*, espèce de chasuble, *tema*, opiniâtreté, sont féminins.

Parmi ceux en *d* : *ardid*, ruse, *almud*, mesure de grain, *ataud*, bière ou cercueil, *adalid*, chef ou commandant, *laud*, luth, *talmud*, talmud.

Parmi ceux en *z* : *tapiz*, tapis, *avestruz*, autruche, *rosacruz*, rosecroix, et *haz*, faisceau, fagot. Mais ce dernier est féminin, lorsqu'il signifie endroit d'une étoffe, figure, surface, etc.

Parmi ceux en *en* : *parabien*, félicitation, *reten*, réserve, *sosten*, soutien, *márgen*, marge, et *órden*, ordre, arrangement. — *Márgen*, est féminin, lorsqu'il signifie bord d'un fleuve ou d'un ruisseau; *órden* est aussi féminin, lorsqu'il exprime un ordre émané de l'autorité.

Dans ceux en *ente* : *diente*, dent, *oropimente*, orpiment, *puente*, pont. Ce dernier s'emploie dans les deux genres.

Dans ceux en *bre* : *alambre*, fil d'archal, *estambre*, fil de laine, *enjambre*, essaim, *alumbre*, alun, *pesebre*, crêche, *nombre*, nom.

Dans ceux en *is* : *cútis*, peau, est des deux genres.

Les substantifs terminés en *e*, *l*, *r*, *s*, *an*, *in* et *on*, sont du genre masculin, à l'exception des suivants.

Sont féminins parmi ceux qui finissent en *e* : *endlage*, énallage, *hipérbole*, hyperbole, *sístole*, systole, et autres mots semblables dérivés du grec ; *calle*, rue, *carne*, viande, *leche*, lait, *noche*, nuit, *peste*, peste, *frente*, front, *sangre*, sang, *fé*, foi, *frase*, phrase, *parte*, partie, *torre*, tour, *arte*, art, *dote*, dot. — *Arte* est masculin au singulier, et des deux genres au pluriel. — *Dote* est masculin, lorsqu'il exprime une qualité dont quelqu'un est doué.

Dans ceux en *l : cal*, chaux, *señal*, signe, *miel*, miel, *piel*, peau, *hiel*, fiel, *cárcel*, prison, *canal*, canal. Ce dernier est des deux genres.

Dans ceux en *r : flor*, fleur, *labor*, ouvrage, *segur*, hache, *mar*, mer. Ce dernier s'emploie dans les deux genres; mais il est féminin dans les mots composés *bajamar*, basse-marée, *pleamar*, haute-marée, *estrellamar*, muguet : lorsqu'il est suivi des adjectifs *adriático*, *caspio*, *mediterráneo*, *océano*, *negro*, ou tout autre dénominatif, il est toujours masculin.

Dans ceux en *s*, *mies*, moisson, *tos*, toux.

Dans ceux en *on : razon*, raison.

Tous les noms terminés en *i* sont masculins, à l'exception des dérivés du grec, tels que *metrópoli*, métropole, etc. qui sont féminins.

Ceux terminés en *o* et en *u* sont masculins, excepté *mano*, main, *nao*, nef, et *tribú*, tribu, qui sont féminins.

Règle générale pour les Latinistes. Tout substantif dérivé du latin conserve le genre qu'il a dans cette langue, avec cette différence que les noms qui sont neutres en latin prennent l'article masculin en espagnol.

THÈME (1).

La crainte de la mort et l'amour de la vie sont naturels
temor *muerte y* *amor* *vida son naturales*

(1) Les deux petits filets | .... | indiquent qu'on ne doit pas changer l'espagnol qui est au-dessous.

à l'homme. L'horreur du vice et l'amour de la vertu font
hombre. horror vicio virtud hacen
les délices du sage. Les hommes | doivent fuir | le vice
delicia sabio. han de huir
et s'attacher à la vertu. La sagesse de Socrate, la ruse
dedicarse sabiduria Socrates astucia
d'Ulysse, la valeur d'Achille sont célèbres dans les ouvrages
Ulises valor Aquiles célebres en obra
des poètes et les écrits des historiens. La Thessalie produit
poeta escrito historiador. Tesalia produce
du vin, des oranges, des citrons, des olives, et toute sorte
vino naranja limon aceituna todo género
de fruits. Le Roi | a fait | des présents à tous les officiers-
fruta. Rey ha hecho regalo á todo oficial
généraux de l'armée. Il donne toutes les semaines aux
mayor ejército. Él da toda semana
pauvres du pain, du vin, de la viande, de l'argent et des
pobre pan vino carne dinero
habits. | Donnez-moi | des cerises | que vous avez ache-
vestido. Déme usted guinda que usted ha com-
tées | et je | vous donnerai | du fromage | qu'on m'a en-
prado le daré á usted queso que me han en-
voyé. | Donne-moi de ton pain, et je te donnerai de ma
viado. Dame tu yo te daré mi
viande. Monsieur Rodriguez m'a prêté des livres. Madame
El señor Rodriguez me ha prestado libro. La señora
Torres a de bons amis et d'excellents protecteurs. Demain
Torres tiene bueno amigo excelente protector. Mañana
je ferai des visites; | j'irai voir | des amis. J'ai des bas
haré visita iré á ver á Tengo media
noirs, des souliers bleus, et un gilet blanc. | Nous devons
negro zapato azul un chaleco blanco. Hemos de
préférer | l'utile à l'agréable, et le bon au beau. Le doux,
preferir útil agradable bueno bello. dulce

l'aigre et l'amer sont des choses opposées. L'aigle, le vautour
agrio amargo son cosa opuesta. águila buitre
et le faucon sont des oiseaux de proie. Les quatre éléments
halcon son ave de rapiña. cuatro elemento
sont l'air, la terre, l'eau et le feu. L'aile droite de l'armée
aire tierra agua fuego. ala derecha
soutint l'effort des ennemis | qui avaient défait | l'aile
sostuvo esfuerzo enemigo que habian derrotado
gauche. Le soleil est la source de la chaleur et de la lumière.
izquierda. sol es fuente calor luz.

LEÇON III.

DES ADJECTIFS.

Les noms adjectifs sont ceux que l'on ajoute aux noms substantifs pour exprimer la qualité qui leur est particulière ou pour les déterminer.

Ils s'accordent en genre et en nombre avec les substantifs auxquels ils se rapportent.

Le pluriel des adjectifs se forme du singulier, de la même manière que pour les substantifs.

Les adjectifs qui ont leur terminaison masculine en *o*, *ete*, ou *ote*, forment leur féminin en changeant leur dernière voyelle en *a :* ex. *hermoso*, *hermosa*, joli, jolie ; *docto*, *docta*, savant, savante ; *regordete*, *regordeta*, trapu, trapue : *altote*, *altota*, très-grand, très-grande.

Ceux qui se terminent au masculin par une autre lettre n'ont en général qu'une seule terminaison pour les deux genres : ex. *un hombre cortés*, un homme poli ; *una muger cortés*, une femme polie ; *un hombre grave*, un homme grave ; *una materia grave*, une matière grave.

Il y a cependant quelques adjectifs terminés par une consonne, qui prennent l'*a* au féminin : ex. *holgazan*, fainéant, *holgazana*, fainéante, *haron*, *harona*, lâche : *mamanton*, *mamantona*, celui ou celle qui tête beaucoup, etc., ainsi que ceux qui expriment des noms de pays : ex. *francés*, français, *francesa*, française; *inglés*, anglais, *inglesa*, anglaise, *español*, espagnol, *española*, espagnole, etc. Parmi ces derniers il en est qui finissent en *a*, et qui n'éprouvent aucun changement au féminin : ex. *Persa*, Persan, Persanne, etc.

Il en est de même pour les noms terminés par une consonne, qui indiquent une dignité, un métier, une action, appliqués à l'homme, et auxquels on ajoute un *a* pour la femme : ex. *coronel*, *coronela*, colonel, *trabajador*, *trabajadora*, travailleur, *albañil*, *albañila*, plâtrier, etc.

Remarques sur quelques adjectifs.

Alguno, *bueno*, *malo*, *ninguno*, *uno*, *primero*, *tercero*, *postrero*, perdent l'*o* devant le substantif masculin singulier qui les suit : ex. *buen amo*, bon maître; *un buen libro*, un bon livre ; *el primer hombre*, le premier homme, etc. Mais s'ils sont placés après le substantif, ils conservent l'*o* : ex. *un hombre malo*, un homme méchant; *el dia tercero* (1), le troisième jour, etc. — *Uno* perd l'*o* devant l'adjectif comme devant le substantif : ex. *Un hábil médico*, un habile

(1) On dit également *el tercer* et *el tercero dia*.

médecin. — Mais si le substantif n'est point exprimé, l'adjectif qui s'y rapporte ne perd alors aucune lettre : ex. *es bueno*, il est bon ; *es malo*, il est méchant ; *el primero de todos*, le premier de tous ; *uno de esos señores*, un de ces messieurs.

Santo perd la dernière syllabe devant les noms propres des saints : ex. *San Pedro*, *San Juan*, Saint-Pierre, Saint-Jean, etc. On exceptera de cette règle générale les noms de *Domingo*, *Tomas*, *Tomé* et *Torribio*, et on dira : *Santo Domingo*, *Santo Tomas*, *Santo Tomé*, *Santo Torribio*. Mais on dira *la isla de San Tomas :* ex. *Santo Tomas nunca estuvo en San Tomas*, Saint Thomas ne fut jamais à Saint-Thomas.

Ciento perd sa dernière syllabe lorsqu'il précède un substantif : ex. *cien pesos*, cent piastres; *cien mugeres*, cent femmes. Dans tous les autres cas il la conserve. *Grande*, grand, perd la dernière syllabe devant un substantif qui commence par une consonne, toutes les fois qu'il signifie *grand en mérite*, *en qualités :* ex. *una gran muger*, une femme distinguée par son courage ou par ses vertus ; *un gran poeta*, un grand, un fameux poète ; *un gran caballo*, un cheval excellent. —Mais *grande* conserve la dernière syllabe, s'il exprime seulement l'étendue ou la dimension, ou si le substantif dont il est suivi commence par une voyelle, et alors il vaut mieux mettre l'adjectif *grande* après le substantif. Ainsi on dit : *una casa grande*, une maison vaste ; *un campo grande*, un champ étendu, *un grande amigo*, un grand ami, *el Teatro Grande de Burdeos es grande teatro*, le Grand Théâtre de Bordeaux est un théâtre magnifique.

DES DIMINUTIFS ET AUGMENTATIFS.

Les *diminutifs* servent à diminuer et à adoucir la signification du mot dont ils dérivent; leurs terminaisons les plus usitées sont en *ico*, *ica*, *illo*, *illa*, *cillo*, *cilla*, *ito*, *ita*, *zuelo*, *zuela*, et *ejo* : ex. *hombrecico*, *hombrecillo*, *hombrecito*, *hombrezuelo*, petit homme; *mugercilla*, *mugercita*, *mugercica*, *mugerzuela*, petite femme; *mozalvete*, petit jeune homme; *animalejo*, petit animal, etc. Les diminutifs terminés en *zuelo*, expriment toujours le mépris.

Les *augmentatifs* sont ceux qui augmentent la signification des mots dont ils dérivent; ils se forment en ajoutant *on*, *achon*, *azo*, *onazo* ou *ote* pour le masculin et *ona*, *aza* ou *onaza* pour le féminin : ex. *hombron*, *hombrachon*, *hombrazo*, *hombronazo*, gros ou grand homme, *grandon*, *grandote*, *grandazo*, *grandonazo*, très-gros et démesuré, *mugerona mugeraza*, *mugeronaza*, grosse ou grande femme, etc.

Il y a beaucoup de mots terminés en *azo*, qui ne sont point des augmentatifs, mais qui expriment un mouvement, une action : ex. *fusil*, fusil, *fusilazo*, coup de fusil; *pistola*, pistolet, *pistoletazo*, coup de pistolet; *cañon*, canon, *cañonazo*, coup de canon, etc.; et non grand fusil, etc.

Nota. Les mots qui expriment un coup donné avec un instrument contondant terminent en *azo*, comme : *bastonazo*, ou *garrotazo*, coup de bâton, et ceux qui expriment un coup donné avec un instrument qui perce ou qui coupe, sont terminés en *ada* : ex. *puñal*, poignard, *puñalada*, coup de poignard; *lanza*, lance, *lanzada*, coup de lance, etc.

THÊME.

Une femme belle, vertueuse et riche | a épousé |
muger bello virtuoso rico se ha casado con
un petit homme vieux, laid, dégoûtant, ivrogne, sot et
viejo feo asqueroso borracho bobo
libertin. Les mauvaises compagnies corrompent les bonnes
disoluto. malo compañia corrompen bueno
mœurs. Les hommes | flottent sans cesse | entre de fausses
costumbre. hombre fluctúan siempre entre falso
espérances et de vaines craintes. Un homme méchant est
esperanza vano temor. es
toujours détesté. Un bon roi rend ses sujets heureux. Le
siempre aborrecido. rey hace su vasallo feliz.
premier homme que Dieu créa fut Adam, et la première
primero que Dios crió fué Adan
femme fut Eve. Un homme bon et juste est toujours aimé.
Eva. justo querido.
Un méchant prince fait le malheur de son peuple. Les
príncipe hace desdicha su pueblo.
Espagnoles sont sérieuses, et les Françaises vives et ai-
Español son serio Frances alegre
mables. Une femme fainéante est toujours désordonnée;
amable. holgazan desordenado
mais une femme vaillante maintient le bon ordre dans sa
pero trabajador mantiene órden en su
maison. Saint Paul, saint Jérôme, saint Augustin et
casa. Pablo Jerónimo Agustin
saint Thomas ont honoré l'Eglise par leur piété et leurs
Tomas han honrado Iglesia con su piedad su
ouvrages. Cent hommes en ont défait cent cinquante.
obra. Ciento han derrotado y cincuenta.
| Je lui ai donné | cent piastres, et je lui en dois encore
le he dado peso le debo todavia

cent vingt. Pierre est mon grand ami. César était un
y veinte. Pedro mi amigo. Cesar era
grand homme. Vous demeurez dans une grande maison.
Usted vive en casa.
Il a un grand esprit, une grande âme et de grandes con-
Tiene ingenio co-
naissances. Frédéric mérita par ses exploits le surnom
nocimiento. Federico mereció por su hazaña renombre
de grand. Un petit homme et une grande femme forment
forman
un bizarre assemblage. | J'ai chez moi | un gros chien et
singular conjunto. Tengo en casa perro
une petite chienne. | Il lui tira | un coup de fusil. | Il
perra. Le disparó fusil. Le
fut tué | d'un coup de poignard, et d'un coup de pistolet.
matáron de puñal de pistola.

LEÇON IV.

DES DEGRÉS DE SIGNIFICATION DANS LES ADJECTIFS.

Il y a trois degrés de signification : le *positif*, le *comparatif*, et le *superlatif*. Le *positif* exprime simplement la qualité : ex. *prudente*, prudent. Lorsque l'adjectif exprime cette qualité avec comparaison, il est au *comparatif*, qui se forme en ajoutant l'adverbe *mas* au *positif* : ex. *mas prudente*, plus prudent. Enfin, lorsque la qualité est exprimée au plus haut degré, l'adjectif est au *superlatif*, qui se forme en ajoutant l'adverbe *muy* au positif, ou *simo* aux positifs terminés par une voyelle que l'on change en *í* et *ísimo* à ceux terminés par une consonne : ex. *muy prudente*, ou *prudentísimo*, très-prudent; *muy feliz*, ou *felicísimo*, très-heureux.

Il faut excepter de la règle générale des superlatifs *bueno*, bon, *bonísimo; fuerte*, fort, *fortísimo; fiel*, fidèle, *fidelísimo; antiguo*, ancien, *antiquísimo*; *benéfico*, bienfaisant, *beneficentísimo; célebre*, célèbre, *celebérrimo*; *integro*, intègre, *integérrimo; libre*, libre, *libérrimo; magnífico*, magnifique, *magnificentísimo; misero*, misérable, *misérrimo; nuevo*, nouveau, *novísimo; sagrado*, sacré, *sacratisimo; salubre*, salubre, *salubérrimo*; *sabio*, savant, *sapientisimo;* et tous les adjectifs terminés en *ble*, qui changent au superlatif cette syllabe en *bilisimo :* ex. *amable*, aimable; *afable*, affable; *amabilisimo*, *afabilisimo*, très-aimable, très-affable.

Quelques positifs terminés en *iente* perdent l'*i* au superlatif : ex. *ardiente*, ardent, *ardentisimo; ferviente*, fervent, *ferventisimo; luciente*, luisant, *lucentisimo; valiente*, vaillant, *valentísimo.*

Ceux terminés en *io* changent ces deux voyelles en *isimo*, afin d'éviter la répétition de l'*i :* ex. *limpio*, propre, *limpisimo*, très-propre. Il faut excepter *agrio*, aigre, *agrïisimo*, très-aigre, *frio*, froid, *frïisimo*, très-froid, *pio*, pieux, *pïisimo*, très-pieux.

Le superlatif de l'adverbe se forme aussi en ajoutant *muy*, ou en changeant *emente*, ou *amente*, en *isimamente :* ex. *dulcemente*, doucement, *dulcisimamente*, très-doucement. On observera qu'il y a des adjectifs et des adverbes qui n'admettent point cette dernière forme de superlatif, et pour dissiper les doutes qui pourraient s'élever à ce sujet, on fera bien de se servir de l'adverbe *muy* avec le positif.

Il y a d'autres degrés de signification, que l'on nomme *irréguliers*, dont le *comparatif* et le *superlatif* ne sont point formés du *positif* : ex.

POSITIF.	COMPARATIF.	SUPERLATIF.
Bueno, bon;	*mejor*, meilleur;	*óptimo*, très-bon.
Malo, mauvais;	*peor*, pire;	*pésimo*, très-mauvais.
Grande, grand;	*mayor*, plus grand;	*máximo*, très-grand.
Pequeño, petit;	*menor*, moindre;	*mínimo*, très-petit.
Bajo, bas;	*inferior*, inférieur;	*ínfimo*, très-bas.
Alto, haut;	*superior*, supérieur;	*supremo*, suprême.

On peut cependant former, avec les adverbes *mas* et *muy*, le comparatif et le superlatif des positifs ci-dessus.

Remarques sur les Comparatifs.

On divise les comparatifs en comparatifs de *supériorité*, d'*infériorité*, et d'*égalité*.

Le comparatif de *supériorité* s'exprime par *mas*, plus, et le que suivant par *que* : ex. il est plus habile que son frère, *es mas hábil que su hermano.*

Placé devant le substantif, l'adverbe, et après le verbe, *plus* n'admet aucune préposition après lui : ex. il a plus de bonheur que de science, *tiene mas dicha que ciencia.*

Plus régit sans négation le verbe qui suit le *que* : ex. il est plus adroit qu'il ne paraît, *es mas diestro que parece*, ou *de lo que parece ;* et non *que no parece.*

Le comparatif d'*infériorité* est exprimé par *menos* moins, suivi de *que*, que : ex. il est moins prudent que vous, *es menos prudente que usted.*

Si on l'exprime par *no—tan*, ne pas si, le *que* suivant se rend par *como :* ex. vous n'êtes pas si sage que votre sœur, *usted no es tan cuerdo como su hermana.*

Moins de—que, ou *pas tant de—que*, se rendent par *menos*, ou *no tanto*, en supprimant la préposition *de*, et traduisant le *que* qui suit *menos* par *que*, et celui qui suit *no tanto*, par *como :* ex. il a moins de courage et moins d'ennemis que vous, *tiene menos valor y menos enemigos que usted;* il n'a pas tant d'argent, tant de fermeté, tant d'amis que vous, *no tiene tanto dinero, tanta firmeza, tantos amigos como usted.* — On voit, par ces exemples, que *menos* est invariable, et que *tanto* s'accorde toujours en genre et en nombre avec le substantif dont il est suivi.

Le comparatif d'*égalité* se rend par *tan—como*, aussi—que : ex. vous êtes aussi savant que votre cousin, *usted es tan docto como su primo*; par *tanto—como*, autant de—que de : ex. il agit avec autant de prudence que de valeur, *obra con tanta prudencia como valor*, enfin par *tanto cuanto*, ou *como*, autant que, entre deux verbes : ex. je l'aime autant que je l'estime, *le quiero tanto cuanto*, ou *como le estimo.*

Observations sur PLUS, LE PLUS, MOINS, LE MOINS, etc.

Le plus, *le moins*, placés devant un adverbe ou un verbe, se rendent par *lo mas*, *lo menos :* ex. le plus exactement, *lo mas exactamente;* le moins que je peux, *lo menos que puedo.* Placés devant un adjectif précédé de son substantif, sans ponctuation, ou après un verbe, on les traduit par *mas*, *menos*, sans article :

ex. c'est la femme la plus vertueuse que je connaisse, *es la muger mas virtuosa que yo conozco*; c'est l'homme que j'estime le moins, *es el hombre que estimo menos.*

Plus—plus, *moins—moins*, répétés dans deux membres différents d'une phrase, dont le second est en quelque sorte la conséquence du premier, se rendent par *cuanto mas—tanto mas*, *cuanto menos—tanto menos*, qui s'accordent avec le substantif qu'ils modifient : ex. plus les hommes sont vertueux, plus ils sont heureux, *cuanto mas virtuosos son los hombres, tanto mas felices son*; moins l'homme est laborieux, moins il s'enrichit, *cuanto menos trabajador es el hombre, tanto menos se enriquece*; plus il s'applique à l'étude des sciences, moins il augmente sa fortune, *cuanto mas se dedica al estudio de las ciencias, tanto menos aumenta su hacienda*; plus vous aurez d'amis, plus vous serez puissant, *cuantos mas amigos tenga vm., tanto mas poderoso será.*

Nous faisons observer l'inversion de ces phrases : là-dessus on peut donner cette règle générale : lorsqu'un adverbe de quantité français se trouve séparé du mot qu'il modifie, on le rapproche en espagnol : ex. combien avez-vous de livres, *cuantos libros tiene vm.*

D'autant moins que, *d'autant plus que*, s'expriment par *tanto menos*, *cuanto mas :* ex. il était d'autant moins appliqué à l'étude, qu'il avait d'autant plus de facilité pour apprendre, *ou* qu'il avait plus de talent, *era tanto menos aplicado al estudio, cuanta mas facilidad tenia para aprender*, ou *cuanto mas talento tenia.*

THEME.

| Auguste ne fut peut-être pas | plus grand homme
Augusto no fué quizá
qu'Antoine, mais il fut plus heureux. Jean est sage, Pierre
Antonio pero feliz. Juan es cuerdo Pedro
est plus rusé et Manuel très-prudent. | Vous avez | une femme
astuto Manuel Usted tiene muger
très-jolie et un valet très-fidèle. Je suis très-fort, mais il
hermoso criado fiel. soy fuerte
est plus adroit que moi. Sa sœur est très-aimable, mais la
diestro yo. Su hermana amable el
mienne est plus affable. Un des grands plaisirs de la vie est
mio afable. placer vida
la bonne chère; la plus grande jouissance, la santé : le
comida regalada gozo salud
meilleur remède, un véritable ami. La Loire est plus grande
remedio verdadero Loira
que la Seine, mais elle est moins rapide que le Rhône. Il a
Sena rápido Ródano. Tiene
plus de renommée que de talent, et plus de bonheur qu'il
fama talento dicha
ne mérite. Il a plus d'érudition que d'esprit, et plus de
merece. erudicion ingenio
sagesse qu'on ne croit. La ville de Paris est moins peuplée
sabiduría se cree. ciudad Paris poblado
que celle de Londres. Les rues de Bordeaux sont moins
la Londres. calle Burdeos son
larges que celles de Madrid. | Vous n'êtes pas | si instruit
ancho las Madrid. Vm. no es instruido
que votre frère, et votre sœur n'a pas tant d'esprit que vous.
su vm.
J'ai moins d'argent que N.... et je n'ai pas autant d'amis
Tengo dinero amigo

et de protecteurs que lui. Votre maison n'est pas si haute
protector él. casa alto
que la mienne. Jacques n'est pas aussi avancé dans ses études
mio. Santiago adelantado estudio
que Paul. | Nous affectionnons | votre frère autant que vous
Pablo. Aficionamos á
l'aimez. | Il n'estime pas | sa femme autant qu'elle le mérite.
le quiere. No estima á
| Je n'ai pas récolté | cette année autant de vin, autant de
No he recogido este año vino
blé, autant de fruits que l'année dernière. Vous | avez agi |
trigo fruta pasado. ha obrado
le plus prudemment, et lui le plus inconsidérément
prudentemente él inconsideradamente
possible. C'est l'ami le plus zélé que j'aie, et l'homme le
cuanto cabe. aficionado yo tengo
moins intéressé que je connaisse. Le bon emploi du temps
interesado yo conozco. uso tiempo
est une des choses qui contribuent le plus à notre bonheur
cosas que contribuyen nuestro felicidad
et l'oisiveté une de celles qui contribuent le moins à notre
ociosidad las
fortune. Plus un pays est peuplé, plus il est riche. Plus
fortuna. pais poblado rico.
Alexandre conquérait, plus il voulait conquérir. Plus
Alejandro conquistaba queria conquistar.
vous cultiverez les sciences, plus vous deviendrez savant.
cultivará ciencia se hará docto.
Plus le temps est court, plus il est précieux. Plus une
breve precioso.
chose est rare, plus elle est chère. Moins il travaille, plus
raro caro. trabaja
il veut gagner.
quiere ganar.

LEÇON V.

DES NOMS DE NOMBRE.

Les noms de nombre expriment la quantité ou le rang des choses. On les divise en *cardinaux* et *ordinaux*.

DES NOMBRES CARDINAUX.

Les nombres cardinaux sont ceux qui servent absolument et simplement à désigner les divers nombres.

Uno, una, un, une.
Dos, deux.
Tres, trois.
Cuatro, quatre.
Cinco, cinq.
Seis, six.
Siete, sept.
Ocho, huit.
Nueve, neuf.
Diez, dix.
Once, onze.
Doce, douze.
Trece, treize.
Catorce, quatorze.
Quince, quinze.
Diez y seis, seize.
Diez y siete, dix-sept.
Diez y ocho, dix-huit.
Diez y nueve, dix-neuf.
Veinte, vingt.
Veinte y uno, vingt-un.
Veinte y dos, vingt-deux.
Veinte y tres, vingt-trois.
Veinte y cuatro, vingt-quatre.
Veinte y cinco, vingt-cinq.
Veinte y seis, vingt-six.
Veinte y siete, vingt-sept.
Veinte y ocho, vingt-huit.
Veinte y nueve, vingt-neuf.
Treinta, trente.
Treinta y uno (1), trente-un,
Cuarenta, quarante.
Cincuenta, cinquante.
Sesenta, soixante.
Setenta, soixante-dix.
Ochenta, quatre-vingt.
Noventa, quatre-vingt-dix.
Ciento, cent.
Ciento y uno, cent un.
Ciento y diez, cent dix.

(1) Et ainsi de suite, en ajoutant *dos, tres*, etc. précédés de *y*, jusqu'à quarante, et en faisant de même pour les dixaines subséquentes.

Doscientos—as, deux cents.
Trescientos—as, trois cents.
Cuatrocientos—as, quatre cents.
Quinientos—as, cinq cents.
Seiscientos—as, six cents.
Setecientos—as, sept cents.
Ochocientos—as, huit cents.
Novecientos—as, neuf cents.
Mil, mille.
Mil y ciento, onze cents.
Mil y doscientos—as, douze cents.
Dos mil, deux mille.
Cien mil, cent mille.
Doscientos mil, deux cent mille, etc.
Millon, million.
Dos millones, deux millions.

Les nombres cardinaux sont invariables, excepté le premier, lorsqu'ils sont pris adjectivement; mais ils suivent la règle des substantifs, lorsqu'ils sont pris substantivement : ex. (pour ce dernier cas) : un jeu de cartes à quatre quatre, quatre cinq, quatre huit, etc. *una baraja tiene cuatro cuatros*, *cuatro cincos*, *cuatro ochos*, *etc.*

DES NOMBRES ORDINAUX.

Les nombres ordinaux marquent l'ordre et le rang, et sont adjectifs.

Primero—a, ou *primo—a*, premier, première.
Segundo—a, second, seconde, ou deuxième.
Tercero ou *tercio*, troisième (1).
Cuarto, quatrième.
Quinto, cinquième.
Sexto, sixième.
Séptimo, septième.
Octavo, huitième.
Nono, neuvième (2).
Décimo, dixième.

---

(1) On emploie la première terminaison de *primero* et de *tercero*, lorsqu'ils sont seuls; la seconde, *primo*, *tercio*, lorsqu'ils sont accompagnés : ex. chapitre trente-unième, chapitre trente-troisième, *capítulo trigésimo primo*, *capítulo trigésimo tercio;* chapitre premier, troisième, *capítulo primero*, *tercero.*

(2) On dit aussi *noveno*, neuvième, *deceno*, dixième, *onceno*, onzième, etc.; mais ces mots ne sont presque plus en usage.

Undécimo, onzième.
Duodécimo, douzième.
Décimo tercio, treizième.
Décimo cuarto, quatorzième.
Décimo quinto, quinzième.
Décimo sexto, seizième.
Décimo séptimo, dix-septième.
Décimo octavo, dix-huitième.
Décimo nono, dix-neuvième.
Vigésimo, vingtième.
Vigésimo primo, vingt-unième.
Vigésimo segundo, vingt-deuxième.
Vigésimo tercio, vingt-troisième, etc.
Trigésimo, trentième.
Cuadragésimo, quarantième.
Quincuagésimo, cinquantième.
Sexagésimo, soixantième.
Septuagésimo, soixante-dixième.
Octogésimo, quatre-vingtième.
Nonagésimo, quatre-vingt-dixième.
Centésimo, centième.
Centésimo primo, cent-unième.
Centésimo undécimo, cent onzième, etc.
Ducentésimo, deux-centième.
Trecentésimo, trois-centième.
Cuadringentésimo, quatre-centième.
Quingentésimo, cinq-centième.
Sescentésimo, six-centième.
Septingentésimo, sept-centième.
Octogentésimo, huit-centième.
Nonagentésimo, neuf-centième.
Milésimo, millième.
Ultimo, dernier.

Outre ces deux sortes de noms de nombres, on en distingue trois autres, les *collectifs*, les *fractionnaires*, et les *multiplicatifs*.

Ainsi, *decena*, dixaine, *quincena*, quinzaine, *cincuentena*, cinquantaine, etc. sont des nombres *collectifs*, parce qu'ils expriment des quantités déterminées : *mitad*, moitié, *tercio*, tiers, *una cuarta*, un quart, etc. sont des nombres *fractionnaires*, parce qu'ils expriment les parties d'un tout : *duplo*, double, *cuadruplo*, quadruple, *céntuplo*, centuple, etc. sont des nombres *multiplicatifs*, parce qu'ils font connaître par un seul mot combien de fois un même nombre est répété.

Il n'est pas hors de propos d'indiquer la manière

de lire les fractions, dont on lit les dénominateurs par les ordinaux jusqu'à dix : ex. un tiers, un quart, un dixième, *un tercio*, *un cuarto*, *un décimo;* et par les cardinaux en y ajoutant le mot *avo*, depuis dix : ex. *tres-doceavos*, trois-douzièmes, *cinco-treinta y unavos*, cinq trente-unièmes.

Remarques.

1.° On se sert des nombres ordinaux, en parlant des Souverains : ex. Ferdinand quatre, *Fernando cuarto;* Philippe second, *Felipe segundo;* et non *Fernando cuatro*, *Felipe dos*. Mais après un nom substantif commun, on peut se servir indifféremment depuis *undécimo*, onzième, des ordinaux et des cardinaux : ex. *capítulo quince* ou *décimo quinto*, chapitre quinzième; *página veinte* ou *vigésima*, page vingtième, etc.

2.° Pour dire ou demander l'heure qu'il est, on se sert des nombres cardinaux précédés de l'article *la* ou *las*, et on supprime le mot *heure :* ex. quelle heure est-il? *¿qué hora es?* Il est une heure, *es la una;* il est une heure et demie, une heure et trois quarts, *es la una y media*, *la una y tres cuartos;* il est trois heures, trois heures moins un quart, *son las tres*, *las tres menos cuarto;* il est quatre heures, *son las cuatro*, etc. Si l'heure est sur le point de sonner, on dira : *las seis estan para dar*, ou *pronto darán las seis*, six heures vont sonner, *ou* six heures sonneront bientôt. Si l'heure vient de sonner : *las doce acaban de dar*, midi vient de sonner. Enfin, si l'heure a déjà sonné : *son* *las cinco dadas*, ou *han dado las cinco*, il est cinq heures sonnées, *ou* cinq heures ont sonné.

Les Espagnols expriment l'après-midi par *la tarde*, et le soir par *la noche :* ex. à quatre heures de l'après-midi, *à las cuatro de la tarde;* à neuf heures du soir, *á las nueve de la noche ;* à minuit, *á las doce de la noche.*

3.° Pour exprimer le quantième du mois, on se sert ordinairement du nombre cardinal précédé de l'article *el* et du mot *dia*, jour, ou seulement de la préposition *á :* ex. *el dia diez*, *el dia diez y ocho*, *el dia veinte y cinco del mes*, le dix, le dix-huit, le vingt-cinq du mois. *Estamos á catorce de febrero*, nous sommes au quatorze de février, etc. La date des lettres se met de plusieurs manières : ex. *Madrid, y marzo* 15 *de* 1780, ou *Madrid*, 15 *de marzo de* 1780, Madrid, le 15 mars 1780.

4.° *Tous deux* ou *toutes deux*, *tous les deux* ou *toutes les deux*, se traduisent par *ámbos—as*, ou *ámbos—as á dos :* ex. je les ai vu tous deux, *ou* toutes les deux à la promenade, *he visto á ámbos*, ou *ámbas á dos en el paseo.*

THÊME.

Les planètes | tournent autour | du Soleil. Saturne fait
planeta giran al rededor Sol. Saturno hace
sa révolution en trente ans, Jupiter en douze, Mars en
su revolucion año Júpiter Marte
deux ans, la Terre en 365 jours et six heures, Vénus en
Tierra dia hora Venus
225 jours et Mercure en trois mois. La lune tourne autour
Mercurio mes. luna
de la terre en 27 jours 7 heures 43 minutes; mais | elle ne
minuto pero no

ratrappe le Soleil qu|'en 29 jours 12 heures et 44 minutes.
alcanza al sol sino

L'Amérique fut découverte l'an 1592; la | poudre à canon |
América fué descubierto pólvora

en 1382; l'imprimerie en 1440, la boussole en 1303 ; les
imprenta brújula

montres furent inventées en 1500, et les ballons en 1783.
relox fuéron inventado globo

Paris a 9 lieues de tour, 18 faubourgs, 950,000 habi-
Paris tiene legua contorno arrabal ve-

tants, 1606 rues, 36,000 maisons, 83 places, 26 hôpi-
cino calle casa plaza hospi-

taux, 15 ponts et 4,000 réverbères. César, en moins de
tal puente farol. César menos

dix ans, prit 800 villes et dompta 300 nations. Phara-
tomó ciudad domó nacion. Fara-

mond, premier roi de France, régna huit ans. Clovis,
mundo rey Francia reinó Clodoveo

cinquième roi de France, | mourut à l'âge | de 45 ans,
falleció de edad

après un règne de trente ans. Philippe-Auguste fut le
despues de reinado Felipe Augusto fué

42.me, François premier le 58.me, Henri quatre, surnommé
Francisco Enrique nombrado

le Grand, le 63.me, et Louis seize le 67.me roi de France.
Luis

François premier, surnommé le Restaurateur des lettres,
Restaurador letra

mourut le 31 mars 1547, âgé de 52 ans. Louis quatorze
marzo

mourut le 1.er septembre 1715, âgé de 77 ans. Charles
setiembre Carlos

quatre succéda à Charles trois le 12 août 1788. Vous
sucedió agosto

trouverez ce fait consigné dans la vingtième partie, livre
hallará este hecho consignado parte libro
huitième, chapitre douzième, page 82.me de....... Savez-
capítulo página sabe
vous l'heure qu'il est ? il n'est pas encore une heure et
no todavía
demie ; il est trois heures après-midi ; il est huit heures
media
et un quart du soir, onze heures | sonnent. | | Je viendrai
estan dando. iré á su
vous trouver | le quinze de juillet ; non, | venez plutôt |
casa de usted julio no ántes venga vm.
le 22 du prochain. | Quel quantième avons-nous ? | c'est
próximo. ¿ A cuantos estamos del mes ? es
aujourd'hui le 17; nous sommes au 27 de juin. J'ai reçu
hoy estamos junio. He recibido
une | lettre datée | de Cadix, du 9 octobre 1816.
carta con fecha Cadiz octubre.

LEÇON VI.

DES PRONOMS.

Les pronoms sont des mots qu'on met à la place des noms pour en éviter la répétition : ils se divisent en pronoms *personnels*, *possessifs*, *démonstratifs*, *relatifs et indéterminés.*

DES PRONOMS PERSONNELS.

Les pronoms personnels sont ceux qui désignent les personnes. Il y en a trois, qu'on distingue par pronoms de la première, de la seconde et de la troisième personne. A ces trois sortes de pronoms on en ajoute un autre sous le nom de pronom réfléchi, qui appartient à la troisième personne.

Première personne.

SINGULIER.	PLURIEL.
Yo, je *ou* moi.	*Nos*, ou *nosotros—as*, nous.
De mí, de moi.	*De nosotros—as*, de nous.
A mí, à moi.	*A nosotros—as*, à nous.
Me, me.	*Nos*, nous.

Seconde personne.

SINGULIER.	PLURIEL.
Tú, tu *ou* toi.	*Vos*, ou *vosotros—as*, vous.
De tí, de toi.	*De vosotros—as*, de vous.
A tí, à toi.	*A vosotros—as*, à vous.
Te, te.	*Os*, vous.

Troisième personne.

SINGULIER.	PLURIEL.
El, il *ou* lui; *ella*, elle.	*Ellos*, ils *ou* eux; *ellas*, elles.
De él, de lui; *de ella*, d'elle.	*De ellos—as*, d'eux, d'elles.
A él, à lui; *á ella*, à elle.	*A ellos—as*, à eux, à elles.
Le, *se*, lui; *la*, la.	*Les*, *se*, leur; *los*, *las*, les.

Pronom réfléchi de la troisième personne.

De sí, de soi, de lui, d'elle, d'eux, d'elles.
A sí, á soi, etc. — *Se*, se.

Remarques.

1.° On ne se sert en espagnol des pronoms *tú*, *te*, toi, te, et *tu*, *tus*, ton, ta, tes, que dans le discours familier, ou lorsqu'on parle à des enfants et à des domestiques : ex. ton maître te gâte, *tu maestro te cria mal.*

Dans le style ordinaire, on parle toujours à la troisième personne, et *vous* se traduit par *usted* (1) au singulier, et *ustedes* au pluriel, qui servent pour les deux genres : ex. avez-vous vu Monsieur le Comte? *¿ha visto vm.*, ou (au pluriel) *han visto vms. al señor Conde?* Je passerai la journée de demain avec vous, *yo pasaré el dia de mañana con vm.* ou *vms.*; et non *con vos* ou *con vosotros*. Enfin quand on s'adresse à Dieu, aux Saints, aux Souverains, ou à un Grand, *vous* s'exprime par *vos* (et on met le verbe à la seconde personne du pluriel, lorsque *vous* en est le sujet), et par *os* lorsqu'il en est le régime : ex. Prince, vous m'honorez de votre protection, *Príncipe, vos me honrais con vuestra proteccion.* Seigneur, je vous supplie, *Señor, os suplico.*

2.° *Avec moi, avec toi, avec soi*, se traduisent par *conmigo, contigo, consigo :* ex. je porte tout mon bien avec moi, *lo llevo todo conmigo*, et non *con mí*, *etc.*

3.° *Soi-même, lui-même, elle-même*, etc. s'expriment par *sí mismo-a :* ex. il se loue lui-même, *se alaba á sí mismo ;* elles s'accusent elles-mêmes, *se acusan á sí mismas.*

4.° Les pronoms *me*, *se*, *nos*, *os*, *le*, *lo*, *la*, *las*, *les*, *los*, *la*, *las*, *se*, joints à un verbe qui est à l'infinitif, à l'impératif ou au gérondif, se placent toujours après lui, et s'y unissent de manière à ne former qu'un seul mot : ex. il vint hier me voir, *vino ayer á verme ;* te secourir, *á socorrerte ;* s'acquitter, *á de-*

(1) *Usted*, *ustedes*, qui sont une contraction de *vuestra merced*, *vuestras mercedes*, votre grâce, vos grâces, s'écrivent ordinairement *vmd.*, *vmds.*, ou *vm.*, *vms.*

sempeñarse; nous gronder, *á reñirnos;* vous châtier, *á castigaros;* s'aimer, *quererse;* il ne voulait pas te le dire, *no queria decirtelo;* applique-toi, *aplicate;* en l'écrivant, *escribiendolo.* Dans tous les autres cas on les place devant les verbes : ex. je te parle, *te hablo;* il l'estime, *le estima;* ils s'aiment, *se quieren;* etc. — On dit cependant : *sucedióme* (1) *un lance inesperado*, il m'arriva un événement imprévu.

5.° *Le*, *la*, *les*, *lui*, *leur*, suivis d'un verbe dont ils sont le régime direct ou indirect, s'expriment par *le*, *la*, *los*, *las*, *le*, *les;* je le crains, *le temo;* je la connais, *la conozco;* je les admire, *los* ou *las admiro;* je lui ordonnai de venir, *le mandé que viniese;* je leur écrirai, *les escribiré.*

6.° *Le lui*, *le leur*, *la lui*, *la leur*, *les lui*, *les leur*, se traduisent par *se lo*, *se los*, *se la*, *se las* : ex. je le lui *ou* je leur dirai, *se lo diré;* on dit également, *se lo diré á él* ou *á ella*, *á ellos* ou *á ellas.* Je le lui promis, *prometíselo* ou *se lo prometí;* je les leur enverrai, *se los* ou *se las enviaré;* je la lui adresserai, *se la dirigiré;* je veux le lui donner, *quiero darselo.*

THÊME.

J'aime votre sœur, et je vois avec peine qu'elle
Quiero á su hermana veo con lástima que
n'est pas éprise de moi. Tu ferais bien mieux de t'occuper
no está prendado Harias mejor ocupar

(1) On voit, par cet exemple, qu'on peut placer dans d'autres temps le pronom après le verbe, mais seulement lorsque ce verbe se trouve être le premier mot de la phrase.

de toi que de tes amis. Je t'ai dit souvent que tu me
y no tu amigo. He dicho muchas veces

trouveras toujours disposé à t'obliger. Puisque vous avez vu
hallarás dispuesto servir. Ya que ha visto á

mon père, vous lui | avez sans doute parlé | de moi. Ils
mi ha hablado sin duda

disent | beaucoup de bien | de vous, et vous parlez d'eux
dicen mucho bien habla

| avec méchanceté. | La vertu a en elle-même | tout
malamente. virtud tiene en cuan-

ce qui | peut la rendre aimable. Les hommes paresseux
to puede hacer amable. perezoso

sont à charge à eux-mêmes. Plus je vois Madame Fuentès,
molesto Fuentes

plus je la trouve belle ; plus je lui parle, plus elle me
hallo bello hablo

paraît aimable ; et plus je la considère, plus je lui trouve
parece miro

un air distingué. Je la connais | depuis long-temps, |
ademan primoroso. conozco mucho tiempo ha

et jamais je ne l'ai autant appréciée que depuis que je la
nunca estimado despues que

vois tous les jours. | J'ai appris la nouvelle | de la mort de
estuve noticioso

son père, et je n'ai pas voulu la lui annoncer | de crainte
su no he querido anunciar por

de | l'affliger trop vivement. L'Evangile nous ordonne
no afligir muy sensiblemente. Evangelio manda

de nous aimer comme des frères, et de nous secourir dans
amar socorrer en

l'adversité. Madame la marquise de.... est à Paris, écri-
adversidad. marquesa de.... está en Paris es-

vez-lui, et engagez-la | à venir passer | quelques jours
criba convide á que venga á pasar algun

avec nous. J'ai reçu des lettres pour elle, et je les lui en-
con he recibido carta para en-
verrai par le premier courrier, sans les ouvrir. Si vous
viaré por correo sin abrir.
voulez venir avec moi à Lyon, je vous donnerai une place
quiere ir á Leon daré asiento
dans ma voiture. Le Roi Philippe demandait(1) à Démarate
coche. Felipe preguntaba á Demarato
si les Grecs étaient bien d'accord : il vous sied bien,
si Griego estaban bien avenido conviene bien,
Seigneur, lui dit-il, de vous informer des désordres de la
Señor dijo informar disturbio
Grèce, | tandis que | la discorde est dans votre maison. Le
Grecia miéntras discordia está vuestra casa
même roi disputant avec un musicien sur la beauté d'un
mismo: contendiendo músico de belleza
air : | Ce serait grand dommage, | Seigneur, lui dit le mu-
canto: seria gran lástima
sicien, que vous | fussiez assez malheureux pour sa-
fuéseis bastante desdichado para en-
voir cela | mieux que moi.
tender de eso

---

(1) Demander une chose pour l'obtenir, se traduit par *pedir una cosa;* demander quelqu'un, par *preguntar por alguno;* et demander pour savoir, par *preguntar.*

LEÇON VII.

DES PRONOMS POSSESSIFS.

Les pronoms possessifs marquent la possession des choses : on les divise en *possessifs conjonctifs*, et en *possessifs relatifs*.

PRONOMS POSSESSIFS CONJONCTIFS.

Singulier.	*Pluriel.*
Mi, mon, ma.	*Mis*, mes.
Tu, ton, ta.	*Tus*, tes.
Su, son, sa, leur.	*Sus*, ses, leurs.
Nuestro—a, notre.	*Nuestros—as*, nos.
Vuestro—a, votre.	*Vuestros—as*, vos.

Ces pronoms s'appellent *possessifs conjonctifs*, parce qu'ils sont toujours joints à un nom : ex. *mi abuelo*, mon aïeul ; *tu sobrino*, ton neveu, *sus hijas*, ses filles ; *nuestra hacienda*, nos biens.

PRONOMS POSSESSIFS RELATIFS.

Singulier masculin.	*Singulier féminin.*
El mio, le mien, mon, à moi.	*La mia*, la mienne, ma, mon, à moi.
Del mio, du mien, etc.	*De la mia*, de la mienne, etc.
Al mio, au mien, etc.	*A la mia*, à la mienne, etc.
El tuyo, le tien, ton, à toi.	*La tuya*, la tienne, ta, on, à toi.
El suyo, le sien, son, à lui, le leur.	*La suya*, la sienne, sa, son, à elle, la leur.
El nuestro, le nôtre, à nous.	*La nuestra*, la nôtre, à nous.
El vuestro, le vôtre, à vous.	*La vuestra*, la vôtre, à vous.

Le pluriel de ces pronoms se forme en ajoutant un *s*. On les appelle *possessifs relatifs*, parce qu'ils se rapportent à un nom énoncé auparavant : ex. *mi libro y el suyo*, mon livre et le sien ; *sus primas y las mias*, ses cousines et les miennes.

Remarques.

1.° *Vuestro—a*, *el vuestra*, *la vuestra*, ne s'emploient que dans le style élevé, et lorsqu'on s'adresse à Dieu, à la Vierge, aux Saints, ou aux Grands : ex, *Señor, imploro vuestro amparo*, Seigneur, j'implore votre secours. Dans tous les autres cas, *votre*, *vos*, se traduisent par *su*, *sus*, ou *de vm.*, *de vms.* : ex. c'est votre ouvrage, *es su obra*, ou *es la obra de vm.*; ce sont vos affaires, *son sus asuntos*, ou *son los asuntos de vm.*, et de *vms.* si l'on parle à plusieurs.

2.° Lorsqu'on se sert en français des pronoms personnels *à moi*, *à toi*, *à lui*, *à elle*, *à nous*, *à vous*, *à eux*, *à elles*, pour exprimer la possession, on les traduit en espagnol par les pronoms possessifs relatifs *mio*, *tuyo*, *suyo*, *nuestro*, etc. qui s'accordent en genre et en nombre avec la chose possédée : ex. *este coche es mio*, cette voiture est à moi, *ou* est mienne; *estas quintas son suyas*, ces maisons de campagne sont à lui, *ou* les siennes, etc. Mais on dira : *esta casa es de mi padre* (et non *á mi padre*), cette maison est à mon père; *este sombrero es del señor Alonzo* (et non *al señor*), ce chapeau est à monsieur Alonzo.

3.° *Un de mes*, *de tes*, *de ses*, etc. se rendent par *mio*, *tuyo*, *suyo*, etc. qu'on place après le substantif auquel ils se rapportent, avec lequel ils s'accordent en genre et en nombre : ex. un de mes cousins, (*ou* un cousin mien), *un primo mio;* une de mes tantes, *una tia mia*, etc. On dira également : *uno de mis primos*, *una de mis tias*, etc.

THÊME.

Mon père | a veillé à | ma subsistance et à mon édu-
ha cuidado de *mantenimiento* *edu-*
cation. Ton | peu de soin | et ta négligence sont l'unique
cacion. *incuria* *descuido* *único*
cause de ta disgrâce. Tes fils ne te ressemblent pas, et ils
causa *desgracia.* *hijo* *se* *parecen*
ne suivent pas l'exemple de leur père. Vos enfants et les
siguen *ejemplo* *hijo*
siens sont plus obéissants que les nôtres. Mon histoire est
obediente *historia*
longue, la sienne est courte, mais écoutons la vôtre aupa-
largo *corto* *pero* *oigamos* *án-*
ravant. Le mien et le tien sont la source de toutes les
tes *origen*
querelles. Tout le bagage | est arrivé; | le mien, le tien,
contienda. *bagage* *llegó*
et le leur sont en mauvais état. Nos amis ont autant de
estan *malo* *estado.* *tienen*
crédit que les vôtres. Votre mauvaise humeur met sans cesse
crédito *humor* *mete*
le trouble | dans le ménage. | Je ne veux pas me mêler de
bulla *en* *casa.* *quiero* *meter*
ses affaires. Leurs raisons sont mauvaises, et je ne recevrai
negocio. *razon* *admitiré*
pas leurs excuses. Mon opinion | est conforme à | la vôtre.
disculpa. *opinion* *se conforma con*
Nous plaisons souvent plus par nos défauts que par nos
agradamos á menudo *por* *defecto*

bonnes qualités. Il dit que cette maison est à lui ; elle sera

prenda. dice esta será

à lui | après | ma mort. Ces diamants ne sont pas à elles,

despues de Estos diamantes

ils sont à leur mère. Vous dites que ces livres sont à vous,

madre. dice

et moi je soutiens qu'ils sont à mon oncle. J'ai trouvé un

afirmo tio. He hallado

de vos serins avec les miens, et mon frère | en a trouvé |

canario con hermano ha hallado

un à lui parmi les vôtres. Un de mes cousins, arrivé hier

entre primo llegado ayer

de Paris, m'a donné des nouvelles d'un de vos grands amis.

ha dado noticia

Une de ses sœurs | se marie | avec un de mes frères.

hermana casa con

J'ai un de mes parents qui fait de grandes aumônes.

Tengo pariente quien hace limosna.

Il | a perdu | deux de ses navires, et vous n'|avez perdu |

perdió buque perdió

qu'un des vôtres. Cette voiture est à lui : si elle était à

sino coche fuera

moi, je te la prêterais. Un de tes élèves | m'a prié de lui

prestaria. discípulo ha suplicado que

donner | des leçons pendant ta maladie.

le dé leccion durante enfermedad.

LEÇON VIII.

DES PRONOMS DEMONSTRATIFS.

Les pronoms démonstratifs sont ceux qui servent à montrer les choses ; ils sont au nombre de trois en espagnol.

SINGULIER.

Masculin.	*Féminin.*	*Neutre.*
Este (1), ce, celui-ci.	*Esta*, cette, celle-ci.	*Esto*, ce, ceci.
Ese, ce, celui-là.	*Esa*, cette, celle-là.	*Eso*, ce, cela.
Aquel, ce, celui-là.	*Aquella*, cette, celle-là.	*Aquello*, ce, cela.

PLURIEL.

Masculin.	*Féminin.*
Estos, ces, ceux-ci.	*Estas*, ces, celles-ci.
Esos, ces, ceux-là.	*Esas*, ces, celles-là.
Aquellos, ces, ceux-là.	*Aquellas*, ces, celles-là.

On dit aussi : *aquel otro*, *aquella otra*, etc., cet autre-là, cette autre-là, etc.

Remarques.

Este—a indique la personne ou la chose qui est près de celui qui parle; *ese—a*, celle qui est plus près de celui à qui l'on parle; *aquel*, *aquella*, celle également éloignée de tous deux.

Celui qui, *celle qui*, se traduisent par *quien*, ou *el que*, *la que*; *ceux qui*, *celles qui*, par *los que*, *las que*; et *ce qui*, *ce que*, par *lo que*, *lo cual*.

THÊME.

Considère ces arbres : celui-ci et celui-là ne te | parais-
Mira *árbol* *no* *pare-*

(1) De *este* on forme *estotro—a*, *estotros—as*, cet autre, cette autre, ces autres; et de *ese*, *esotro—a*, *esotros—as*, cet autre-là, cette autre-là, ces autres-là. On peut faire aussi précéder *esta*, *ese* des lettres *aqu*, et dire *aqueste*, *aquese*, celui-ci, celui-là.

sent-ils | pas les plus beaux ? De ces deux poires, celle-ci
sen *hermoso?* *pera*
est la meilleure, mais celle-là a plus d'apparence. Cette
pero *tiene* *apariencia.*
tulipe est belle, celle-ci a plus d'éclat, et celle-là une odeur
tulipan *brillo* *olor*
plus agréable. Cette maison est très-grande, mais celle-ci
suave.
est plus élevée, et celle-là plus jolie. Cette architecture est
alto *bonito.* *arquitectura*
magestueuse, celle-ci est plus régulière, et celle-là plus
magestuoso *regular*
élégante. Cette femme | est de | Paris, celle-ci de
compuesto. *es natural de* *Paris*
Lyon, celle-là de Bordeaux, et cette autre de Marseille.
Leon *Burdeos* *Marsella.*
Ces dames sont musiciennes, celles-ci | dansent très-
señora *cantarina* *bailan primorosa-*
bien, | et celles-là ont un caractère très-aimable. Cet
mente *genio*
homme est sage, celui-ci est laborieux, celui-là paresseux,
sabio *trabajador* *perezoso*
et cet autre méchant. Nous aimons toujours ceux qui nous
malo. *queremos* *á*
admirent, et nous n'aimons pas toujours ceux que nous
admiran
admirons. Ceux qui méprisent les sciences sont mépri-
admiramos. *menosprecian* *ciencia* *despre-*
sables. Ceux-là se trompent qui croient que le bonheur
ciable. *engañan* *que* *piensan*
consiste dans les richesses. Heureux ceux qui | aiment à
consiste *en* *riqueza.* *gustan de*
lire ! | Celui qui ne sait pas garder un secret est incapable
leer ! *sabe* *guardar* *secreto* *incapaz*

de gouverner. Celle qui me parlait hier est Madame de
gobernar. hablaba ayer
Villaréal. Ce qui peut lui arriver de plus heureux, c'est
Villareal. puede acontecer
d'obtenir ce qu'il demande. Ce qui nous plaît n'est pas
lograr pretende. agrada
toujours ce que nous [devons faire.]
hemos de hacer.

LEÇON IX.

DES PRONOMS RELATIFS.

Les pronoms relatifs sont ceux qui ont rapport à un nom ou à un autre pronom qui les précède, et qu'on appelle *antécédent*. On en compte en espagnol quatre, et cinq en français.

Espagnol.	*Français.*
Que, quien, cual, cuyo.	Qui, que, quoi, quel, dont.

Que, qui, que, quoi, quel, quelle, quels, quelles.
Quien, quienes, qui, que, lequel, laquelle, lesquels, lesquelles, celui qui, celle qui, ceux qui, celles qui.
El cual, la cual, los cuales, las cuales, lo cual, lequel, laquelle, lesquels, lesquelles, ce qui.
Cual, cuales, quel, quelle, quels, quelles, tel que, telle que, tels que, telles que.
Cuyo—a, cuyos—as, dont, de qui, à qui, duquel, de laquelle, desquels, desquelles.

De ces divers pronoms, *cual* est le seul qui admette l'article; *que* et *quien* prennent la préposition *de* et *à*;

cuyo n'admet point l'article, mais bien la préposition: ex. Pierre dont j'admire les talents, *Pedro cuyos talentos admiro*, ou *de cuyos talentos soy admirador*, ou *cuyos talentos me admiran*.

Remarques.

Que, qui, etc. est de tout genre et de tout nombre; il se dit des personnes et des choses: ex. *es hombre que sabe mucho*, c'est un homme qui sait beaucoup.

Quien, *quienes*, sont de tout genre, et ne se disent que des personnes: ex. *él es á quien vm. debe la vida*, c'est celui à qui vous devez la vie.

Cual, *cuales*, sont de tout genre, et se disent des personnes et des choses; on les emploie le plus souvent avec l'article: ex. *despacháron un correo*, *el cual nos aseguró la paz*, on expédia un courrier, lequel nous assura la paix; *es difícil determinar cual de los dos ha hablado mejor*, il est difficile de décider lequel des deux a parlé le mieux.

Cual, *cuales*, signifient aussi *tel que*, *telle que*, etc.: ex. *es una muger cual la podia desear*, c'est une femme telle que je pouvais la désirer; *cual furioso leon*, tel qu'un lion furieux.

Cuyo—a, *cuyos—as*, dont, de qui, etc. s'accordent toujours avec la chose possédée et jamais avec le possesseur: ex. *aquel cuyo sea el caballo*, *lo cuide*, que celui à qui est le cheval en ait soin. Lorsque le substantif suit immédiatement *cuyo—a*, on supprime l'article: ex. *el autor cuya obra acaba de salir á luz* (et non *cuya la obra*), l'auteur dont l'ouvrage vient de paraître.

Que, *cual*, *quien*, *cuyo*, sont aussi pronoms interrogatifs : ex. *¿qué dices?* que dis-tu, *¿en qué se ocupa vm.*? à quoi vous occupez-vous? *¿quién es aquel*? quel est celui-là? *¿cual es su opinion*? quelle est son opinion? *¿cuyo es este perro*? à qui est ce chien? *cuyas son estas tijeras*? à qui sont ces ciseaux? *¿á quién escribes esa carta*? à qui écris-tu cette lettre? On peut dire également : *¿de quién es este perro*? *¿de quién son estas tijeras*?

Quel, interrogatif, et suivi immédiatement d'un substantif auquel il se rapporte, se rend toujours par *que* : ex. quelle profession exercez-vous? *¿que profesion ejerce vm.*? Mais si le nom substantif est séparé de *quel* par le verbe *être*, on traduit *quel* par *cual—es*, lorsqu'il a rapport aux choses, et par *quien—es*, lorsqu'il se rapporte aux personnes : ex. quel est le mérite de cet homme? *¿cual es el mérito de aquel hombre*? quelles sont ces connaissances? *¿cuales son sus conocimientos*? quels sont ces hommes? *¿quiénes son aquellos hombres*? (et non *cuales*)? quelle est cette femme? *¿quién es esa muger* (et non *cual*)?

Dont, suivi d'un pronom précédé de *le*, *la*, *les*, se rend toujours par *cuyo—a*, *cuyos—as* : ex. Dieu dont nous admirons les ouvrages, *Dios cuyas obras admiramos*. Dans tous les autres cas, il se rend par *de quien*, s'il s'agit de personnes; et par *de que* invariable, ou *del cual*, d'après le genre, s'il s'agit des choses : ex. l'ami dont vous me parlez, *el amigo de quien vm. me habla*, l'affaire dont il s'entretient avec moi, *el asunto de que él trata conmigo*, ou *del cual él trata conmigo*.

Lorsque la conjonction *que*, précédée d'un nom ou

pronom auquel elle a rapport, peut se tourner par *de qui*, *à qui*, etc. on la rend par *de quien*, *á quien*, etc.: ex. c'est à Pierre que (*ou* à qui) vous devez vous adresser, *es á Pedro á quien vm. ha de dirigirse;* c'est de soi-même qu'on (*ou* de qui on) doit se défier, *de si mismo es de quien uno debe desconfiar*.

L'adverbe *où*, lorsqu'il se rapporte aux choses, et qu'on peut le tourner par *auquel*, *á laquelle*, *dans lequel*, *dans laquelle*, etc. se rend par *á que*, *en que :* ex. voici le but où (*c'est-à-dire* auquel) il tend, *he aqui el fin á que aspira ;* il y a des circonstances où (*c'est-à-dire* dans lesquelles) il faut agir avec prudence, *hay circunstancias en que es preciso obrar prudentemente*.

THÊME.

La maison que vous avez achetée vaut mieux que celle
casa ha comprado vale mas
où je demeure. A quoi sert d'avoir des amis, s'ils nous
vivo sirve tener amigo si
abandonnent dans les moments critiques où nous aurions
desamparan momento crítico tendríamos
besoin d'eux? | Il y a | des personnes à qui les défauts
necesidad hay gente defecto
siéent bien, et d'autres qui sont disgraciées par leurs bonnes
conviene bien otro desgraciado
qualités. Le jeune homme dont je vous ai parlé | mérite |
prenda. jóven he hablado es digno
d'être encouragé. Savez-vous à qui il est redevable de la place
ser alentado. Sabe está deudor puesto
qu'il a obtenue? | Dis-moi | qui tu fréquentes; et je te dirai
ha logrado? Dime con andas diré

qui tu es. Je ne sais lequel de vous ou de lui s' | est le
eres. sé ó ha
mieux conduit | dans cette affaire. Il m'a rendu un service
portado mejor negocio. ha hecho favor
tel que je l'attendais de son amitié. Ces fruits sont tels que
esperaba amistad. fruta
nous pouvons les désirer dans la saison où nous sommes.
podemos desear estacion estamos.
Voilà des fleurs dont l'odeur est très-agréable. Voilà des
Hé aquí flor olor suave.
chênes dont le tronc est très-fort, et dont les branches sont
encina tronco fuerte ramo
très-épaisses. C'est un savant dont la modestie est admira-
frondoso. modestia admira-
ble. Il y a | peu de | femmes dont le mérite dure plus que la
ble. pocas muger dure
beauté. L'humilité n'est | souvent | qu'une feinte sou-
hermosura. humildad á menudo mas fingido hu-
mission dont | on se sert | pour soumettre les autres. Le
millacion nos valemos para sujetar á
marché dont je vous avais parlé ne pourra | avoir lieu. |
trato habia hablado no podrá efectuar.
Que dit-on de nouveau? Que pensez-vous des affaires po-
se dice de nuevo? piensa vm. de asunto po-
litiques? A quoi travaillez-vous en ce moment? Quels sont
lítico? trabaja punto?
vos projets, dans le cas où nous aurons la paix? Monsieur
proyecto caso tendrémos paz?
Joaquin Pérès a manqué; à qui | attribue-t-on | sa faillite?
Joaquin Perez ha quebrado atribuyen quiebra?
A Monsieur Souza, à qui il devait beaucoup d'argent, et qui
Souza debia mucho dinero
n'a pas voulu lui accorder du temps. A qui est ce chapeau?
ha querido conceder plazo. sombrero?

A qui sont ces bottes? A qui demandez-vous l'adresse de
bota *paradero*
M. Silva? Quelle beauté nous offre le spectacle de la nature!
Silva? *espectáculo* *naturaleza!*
Quel est l'homme qui ne se trompe jamais? Choisis de ces
se engaña *Escoge*
deux épées laquelle tu veux. | Il n'y a pas de malheureux
espada *quieres.* *no hay* *infeliz*
qu'il ne secourre, de pauvre qu'il n'assiste, et d'occasion où
socorra *pobre* *ampare* *ocasion*
il ne se | conduise en homme de bien. |
porte *como hombre de bien.*

LEÇON X.

DES PRONOMS INDETERMINES.

Les pronoms indéterminés sont ceux qui ont une signification générale et indéterminée, comme quiconque, *cualquiera*; chacun, *cada uno*, etc.

Alguno—a, algunos—as, quelqu'un, quelqu'une, quelques-uns, quelques-unes, quelques.
Alguien, quelqu'un.
Ninguno—a, aucun, aucune, nul, nulle.
Nadie ou *ninguno*, personne, nul.
Cualquier, cualquiera, plur. *cualesquier, cualesquiera*, quiconque, quelconque.
Quienquiera, quiconque.
Uno—a, un, une; *los unos, las unas*, les uns, les unes, *unos—as*, quelques.
Uno—a y otro—a, unos—as y otros—as, l'un et l'autre, l'une et l'autre, les uns et les autres, les unes et les autres.

Ni uno ni otro, ni una ni otra, etc., ni l'un ni l'autre, ni l'une ni l'autre, etc.
Ni uno, ni una, pas un, pas une.
Otro—a, otros—as, autre, autres. *Los otros, las otras*, les autres.
De otro, de otros, d'autrui. *A otro, á otros*, à autrui.
Mismo—a, mismos—as, même, mêmes. *El mismo*, le même, etc.
Cada, chaque. *Cada uno, cada una*, chacun, chacune.
Mucho—a, muchos—as, beaucoup, beaucoup de, plusieurs.
Poco—a, pocos—as, peu, peu de, un petit nombre de.
Todo—a, todos—as, tout, toute, tous, toutes.
Tal, tales, tel, telle, tels, telles.

Remarques.

Alguien, quelqu'un, est de tout genre et de tout nombre; il ne se dit que des personnes, et ne s'emploie que dans des propositions affirmatives : ex. *¿entra alguien?* entre-t-il quelqu'un?

Ninguno—a, aucun, etc. pris dans le sens de *personne*, est substantif, et ne s'emploie qu'au singulier masculin : ex. *ninguno debe presumir de sus propias fuerzas*, personne ne doit présumer de ses propres forces.

Cualquiera, pour le singulier, quelconque, plur. *cualesquiera*, est de tout genre : ex. *cualquiera cosa*, une chose quelconque; *cualesquiera libros*, des livres quelconque. *Cualquiera*, tant au pluriel qu'au singulier, peut perdre l'*a* à volonté devant un substantif : ex. *cualquier libro*, un livre quelconque, *cualquier muger*, une femme quelconque.

Quienquiera, quiconque, est invariable, et ne se dit que des personnes : ex. *quienquiera que lo diga, se equivoca*, quiconque le dit se trompe.

Uno—a, un, une, *otro—a*, autre, etc. s'emploient

souvent avec l'article : ex. *el uno decia que sí*, *y el otro que no*, l'un disait oui , l'autre disait non.

Cada , chaque , est de tout genre, et n'a point de pluriel , mais il peut en accompagner un : ex. *cada hombre*, chaque homme , *cada semana* , chaque semaine ; *cada cinco dias vendré á visitar á vm.* , je viendrai vous voir tous les cinq jours.

Tal , tel , etc. est de tout genre : ex. *tal vida* , *tal muerte*, telle vie , telle mort.

Personne, n'étant point suivi d'une négation et équivalant à *quelqu'un* , se rend par *alguno* ou *otro* , qui dans ce sens sont toujours invariables : ex. connaissez-vous personne qui soit plus vertueux que lui ? *¿ conoce vm. alguno* ou *otro que sea mas virtuoso que él?* — Suivi d'une négation , *personne* se rend par *nadie* ou *ninguno*, et la négation ne s'exprime pas : ex. personne ne l'a vu , *ninguno* ou *nadie le ha visto*.

Personne, aucun , nul , pas un , ni l'un ni l'autre, rien , *nadie* , *ninguno* , *ni uno ni otro* , *nada* , placés devant un verbe ne prennent point la négation ; mais ils l'admettent lorsque le verbe les précède : ex. il ne peut l'égaler en rien , *en nada puede igualarle* , ou *no puede igualarle en nada*.

Personne et *aucun* , dans un sens interrogatif ou exprimant le doute , se rendent en espagnol par *uno* ou *alguno* : ex. de tous ceux qui traitent avec moi , y en a-t-il aucun qui ait à se plaindre , *de todos los que tratan conmigo* , *¿ hay acaso uno*, ou *alguno que tenga motivo de quejarse ?*

Qui que ce soit , suivi d'une négation , se rend par *ninguno* , ou *nadie* : ex. qui que ce soit (*ou* personne) n'est venu chez moi, *ninguno* ou *nadie ha venido á casa.*

Quoi que ce soit, précédé d'un verbe avec négation, se rend par *nada :* ex. il ne peut réussir en quoi que ce soit (*ou* en rien), *en nada puede acertar*, ou *no puede acertar en nada.*

Quel que, *quelle que*, *quels que*, *quelles que*, *quelque—que*, suivis d'un substantif auquel ils se rapportent, se rendent par *por mucho—que*, qui s'accorde en genre et en nombre avec le substantif : ex. quelque mérite que vous ayez, *por mucho mérito que vm. tenga ;* quel que soit son talent, *por mucho que sea su talento ;* quelles que soient ses protections, *por muchas que sean sus protecciones*, etc., et bien mieux par *cualquiera*, faisant suivre le substantif de la conjonction *que :* ex. *cualquiera mérito que tenga*, *cualquiera que sea su talento*, *cualesquiera que sean sus protecciones.*

Quoi que, *quelque chose que*, se rendent par *cualquiera cosa que*, ou *por mas que :* ex. quoi qu'il dise, *cualquiera cosa que él diga ;* quelque chose qu'il fasse, *cualquiera cosa que él haga ;* ou *por mas que él diga*, *por mas que él haga*, etc. Mais *quelque*, suivi d'un adjectif, se rend par *por mas :* ex. quelque savant qu'il soit, il ne peut tout savoir, *por mas docto que sea*, *no puede saberlo todo.*

D'autrui, gouverné par un substantif, se rend par *ageno—a*, *agenos—as :* ex. le bien d'autrui, *la hacienda agena*, et non *de otros.*

Beaucoup, *beaucoup de*, s'expriment par *mucho—a*, *muchos—as*, ex. il a beaucoup de pouvoir et beaucoup d'ennemis, *tiene mucho poder y muchos enèmigos*, a-t-il des enfants ? oui, il en a beaucoup, *¿ tiene hijos ? sí, tiene muchos.*

Peu, *peu de*, *un petit nombre de*, se rendent par

poco—a, *pocos—as* : ex. il y a beaucoup d'appelés et peu d'élus, *son muchos los llamados y pocos los escogidos.*

Un tel, *une telle*, s'exprime par *fulano—a* : ex. un tel est venu me voir, *fulano vino á visitarme.* — *Un tel et un tel*, *une telle et une telle*, se rendent par *fulano—a y zutano—a* : ex. un tel et une telle vous ont demandé, *fulano y zutana han preguntado por vm.*

Tout, placé devant un substantif suivi de *que*, s'exprime par *aunque* : ex. tout votre ami qu'il est, *aunque sea su amigo de vm.;* mot à mot, quoiqu'il soit votre ami. On peut le traduire encore par la préposition *con*, le verbe à l'infinitif, et son sujet placé après : ex. *con ser su amigo de vm.*, c'est-à-dire, malgré la circonstance d'être votre ami.

Tout le monde se traduit par *todos*, lorsqu'il est pris dans l'acception suivante : tout le monde en parle comme d'une chose certaine, *todos hablan de ello como si fuera cierto.*

Le pronom *on* s'exprime quelquefois par *se*, et le verbe se met à la troisième personne du singulier : ex. on croit, on assure, *se cree*, *se asegura;* on promit une récompense, *prometióse una recompensa;* on sut, *supose;* on dit mille mensonges dans les gazettes, *en las gacetas se dicen mil mentiras.* — Souvent aussi il ne s'exprime pas, et alors on met le verbe à la troisième personne du pluriel : ex. on raconte que... *cuentan que...;* on dit, *dicen;* on assure, *aseguran;* on le conduisit à... *lleváronle á...* — Il est cependant bien des cas où *on* se rend par *uno* : ex. on croit aisément ce qu'on désire, *cree uno fácilmente aquello que desea*, et d'autres où on le supprime en mettant le verbe à la première personne du pluriel, si ce que le verbe affirme peut s'appliquer à tout le monde : ex. on frémit devant la mort, *nos estremecemos á la vista de la muerte.*

THÈME.

Quelqu'un | m'a-t-il demandé? | Non, personne n'est
ha preguntado por mí? ha
venu depuis hier. Avez-vous vu quelqu'une des dames
venido desde ayer. ha visto señora
qui étaient avant-hier à l'assemblée? Non à vous dire vrai,
estaban ántes de ayer en tertulia? á decir verdad
je n'en ai vu aucune. Je n'ai sollicité aucun ministre,
he solicitado á ministro
| aussi | n'ai-je obtenu aucune de mes demandes. Nul ne
por eso logrado pretension.
mérite d'être loué de sa bonté s'il n'a pas la force d'être
merece ser alabado por bondad si tiene fuerza ser
méchant. Personne | n'est à l'abri | de la calomnie. Quel-
malo. puede librarse calumnia.
ques peines que vous ayez, supportez-les avec courage.
trabajo tenga aguante con valor.
Quelqu'élevé que soit votre rang, n' | oubliez jamais | vos
honorífico clase se olvide vm. jamas de
amis. Quelque riche que vous soyez, soyez poli envers tout
rico sea cortés con
le monde. | Avez-vous rencontré | votre sœur et votre
ha encontrado vm. á hermana
cousine? Je n'ai rencontré ni l'une ni l'autre. Chacun |
prima?
dit du bien | de son cœur, et personne n'ose | en dire de | son
habla bien corazon osa alabar

esprit. Tout le monde se plaint de sa mémoire, et personne
quejan memoria
ne se plaint de son jugement. L'intérêt qui aveugle les uns
queja juicio interés ciega
| fait la lumière des | autres. Nous avons tous assez de
aclara á los tenemos bastante
force pour supporter les défauts d'autrui. Il nous est dé-
para tolerar está pro-
fendu de convoiter et de dérober le bien d'autrui. Ne fai-
hibido codiciar hurtar ha-
sons pas à autrui ce que nous ne voudrions pas qu'on nous
gamos quisiéramos se
fît. J'ai parlé de vous à quelques personnes, et toutes
hiciese. he hablado
m'ont fait votre éloge. Quoi que vous entrepreniez, vous
han hecho elogio. emprenda
êtes sûr de réussir. De quoi qu'elle parle, elle | a toujours
está cierto acertar. hable siempre tiene
raison. | Qui que ce soit ne peut vous avoir dit que je vous
razon. puede haber dicho
ai calomnié, puisque je n'ai dit ni bien ni mal de vous à
he calumniado pues bien ni mal
qui que ce soit. Monsieur Lozano est un habile négociant,
hábil comerciante
et il ne peut entreprendre quoi que ce soit sans échouer.
emprender sin frustrarse.
Rien ne flatte plus notre orgueil que la confiance des
Nada lisonjea mas soberbia confianza
grands. Peu de gens connaissent la mort, et beaucoup la
grande conoce muerte
méprisent. | Il ne faut pas | que beaucoup souffrent pour
desprecian. No es razon padezcan por
un petit nombre. Toute femme qu'elle est, elle a montré
manifestado

plus de caractère que lui. Tel montre beaucoup de sincé-
carácter *muestra* *since-*
rité dans l'extérieur, qui en a peu dans l'intérieur. On
ridad *exterior* *interior.*
dit que les Français ont battu les Allemands. On assure
Frances *han derrotado á* *Aleman.* *aseguran*
que les préliminaires de paix | sont signés. | On se plaint
preliminar *se han firmado.* *queja*
de vous. On n'est jamais si heureux ni si malheureux
qu'on se l'imagine.
imagina.

LEÇON XI.

DES PRONOMS *Y* ET *EN*.

En, lorsqu'il se rapporte aux personnes ou aux choses, et qu'on peut le tourner par *de lui*, *d'elle*, *d'eux*, *d'elles*, *de cela*, se rend par *de él*, *de ellos*, *de ella*, *de ellas*, *de ello*, *de esto*, *de eso* : ex. c'est un fripon, je veux m'en séparer, *es un bribon*, *quiero apartarme de él*; littéralement : je veux me séparer de lui. Il a peu de fortune, mais il en est content (*ou* content d'elle), *tiene poca hacienda*, *pero está contento con ella*. Qu'en pensez-vous? *¿ qué le parece á vm. de ello?* qu'en dites-vous? *¿ qué dice vm. de eso* ou de *esto?*

En, pris dans le sens de *quelques-uns*, *quelques-unes*, *aucun*, *aucune*, s'exprime par *unos—as*, *algunos—as*, *ninguno—a*, *ningunos—as* : ex. j'ai cueilli de très-bons raisins, je vous en enverrai (*c'est-à-dire* quelques-uns), *he cojido muy buenas uvas*, *enviaré á vm. unas*, ou *algunas*.

En est souvent supprimé en espagnol, lorsque dans la même phrase il y a un mot qui désigne suffisamment l'objet dont on parle : ex. combien d'enfants avez-vous? j'en ai quatre, *¿ cuantos hijos tiene vm. ? tengo cuatro;* voulez-vous ce livre? non, j'en veux un autre, *¿quiere vm. este libro? no, quiero otro.*

Lorsque *en* se rapporte à des choses inanimées, et qu'il tient lieu des pronoms *son*, *sa*, *ses*, *leur*, *leurs*, on le rend par *su*, *sus*, ou on ne l'exprime pas: ex. ces arbres sont petits, mais les fruits en sont excellents, *estos árboles son pequeños, pero sus frutas son sabrosas*; il a acheté une épée, la garde en est très-belle, *ha comprado una espada, la guarnicion es muy rica.*

En, signifiant *le*, *la*, *les*, ou joint au verbe *avoir*, pris impersonnellement, se traduit par *le*, *lo*, *la*, *los*, *las :* ex. je boirai du vin, s'il y en a, *beberé vino, si lo hay*; je mangerais des pommes s'il y en avait, *yo comeria manzanas si las hubiera*; prête-moi dix piastres, j'en ai besoin, *prestame diez pesos, los he menester*; il demande une place, mais il n'en mérite pas, *desea un puesto, pero no lo merece*; mot à mot : il ne la mérite pas. Il cherche des amis, mais il n'en trouve pas, *busca amigos, pero no los halla.*

En, lorsqu'il se rapporte à un lieu, et qu'il est suivi d'un verbe de mouvement, se rend par *de allí* ou *de allá :* ex. avez-vous été à Paris? oui, j'en viens (*ou* je viens de là), *¿ ha estado vm. en Paris? sí, de allá vengo*; allez-vous à l'église? non, j'en viens (*ou* je viens de là) *¿ va vm. á la iglesia? no, de allá vengo.*

Y suit les mêmes règles que *en* lorsqu'il a rapport aux personnes ou aux choses, c'est-à-dire, qu'il s'exprime par le pronom *él*, *ellas*, etc. précédé des prépositions *de*, *á* ou *en* : ex. c'est un trompeur, ne vous y fiez pas (*c'est-à-dire* à lui), *es un engañador, no se fie vm. de él ;* j'y penserai (*c'est-à-dire* à cela), *pensaré en ello ;* ses ouvrages sont bons, mais j'y trouve quelques défauts, *sus obras son buenas, pero hallo algunos defectos en ellas ;* le navire fut pris, et il y périt vingt personnes, *el navío fué apresado, y veinte personas pereciéron en él.*

Y, pronom relatif de lieu, se rend par *aquí* ou *acá*, si le lieu est proche ; et par *allí* ou *allá* s'il est éloigné : ex. y avez-vous été ? *¿ ha ido vm. allí?* voulez-vous y aller ? *¿ quiere vm. ir allá ?* j'y vais, *voy allí;* un tel y est-il ? *¿ fulano está aquí*, ou *acá ?* il y est, *está aquí.*

THÊME.

Ce ne sont pas les richesses qui nous rendent heureux,
riqueza hacen
mais l'usage qu'on en fait. Votre ami est en prison, et je
sino uso se hace. está la cárcel
crains qu'il n'en sorte pas bientôt. Votre jardin est très-
temo salga presto. huerta
soigné, les allées en sont délicieuses. Il a un bel habit,
cultivado calle ameno. vestido
la broderie en est magnifique. Si vous voulez acheter du
bordadura magnífico. quiere comprar
drap, vous en trouverez de très-beau dans la boutique de
paño hallará rico tienda
M. Pérès. Je lui ai payé deux mois de loyer, et je lui en
Perez. pagado alquiler
dois encore quatre. On m'a donné d'excellentes poires en
debo todavía han dado excelente pera

voulez-vous? Je n'en veux pas, mais envoyez-en à mon
quiere *quiero* *envie*
cousin. Je vous prêterais | avec plaisir | des pistolets si j'en
primo. *prestaria* *gustoso* *pistola*
avais, mais je n'en ai point. J'en apporte. J'y en porterai.
tuviera *traigo* *llevaré.*
Apportes-en. Donne-m'en. Il | sollicite | une récompense,
Trae *Da* *suplica por*
et il n'en mérite pas. N'en donne à personne. Ne vous en
merece *des*
fâchez pas. Irez-vous bientôt à Londres? Non, j'en viens.
enfade. *Irá* *Londres?* *vengo.*
| Il y a | six mois que j'en suis revenu. Plus vous étudierez
hay *he vuelto.* *estudiará*
la langue espagnole, plus vous y trouverez de beautés. Il
lengua castellana *belleza.*
| doit avancer | son ouvrage, car il y travaille | depuis
ha de adelantar *obra* *trabaja* *mucho*
long-temps. | Je vais à Paris la semaine prochaine;
tiempo ha. *voy* *que viene*
voulez-vous y venir avec moi? Lisez l'Énéide de Virgile,
quiere *ir* *Lea* *Eneida* *Virgilio*
et vous y trouverez des choses admirables. J'y vais. J'y
hallará *admirable.* *voy.*
pense. Je m'y accoutume. Il s'y promène. Pensez-y. Fiez-
pienso. *acostumbra.* *pasea.* *Piensa* *Fiese*
vous-y. Vas-y, toi. Ne m'y attendez pas. Il mourut en y
Marcha *espere.* *Se murió*
allant. Il | a voyagé | en Angleterre, mais il n'y | a pas fait |
yendo. *ha viajado* *Inglaterra* *hizo*
un long séjour. Y viendrez-vous?
largo morada. *vendrá*

LEÇON XII.

DU VERBE.

Le verbe est un mot dont on se sert pour exprimer que l'on est, ou que l'on fait quelque chose. On divise les verbes en *substantifs* ou *auxiliaires*, *actifs*, *neutres* ou *intransitifs*, *réfléchis*, *réciproques* ou *pronominaux*, et *impersonnels*.

Les verbes *substantifs* sont ceux qui marquent l'existence des personnes ou des choses, comme : être, *ser* et *estar*, avoir, *haber*. On les nomme *auxiliaires*, lorsqu'ils aident à conjuguer les autres verbes.

On appelle *verbes actifs* ceux qui expriment une action dont l'objet est énoncé ou sous-entendu, comme : aimer, *amar*; j'aime Dieu, *amo á Dios*; détester le vice, *aborrecer el vicio*.

On appelle *neutres* ou *intransitifs* les verbes après lesquels on ne peut pas mettre *quelqu'un* ni *quelque chose*, comme : dormir, *dormir*, naître, *nacer*.

Les verbes *réciproques* ou *pronominaux* sont ceux qui marquent l'action d'un sujet sur lui-même, et qui se conjuguent, ainsi que les verbes réfléchis, avec deux pronoms de la même personne, exprimés ou sous-entendus, comme : il se repent, *él se arrepiente*, ou *se arrepiente*; ils se louent les uns les autres, *ellos se alaban unos á otros*, ou *se alaban*, etc.

Les verbes *impersonnels* sont ceux qui ne s'emploient dans tous les temps qu'à la troisième personne du singulier, et à l'infinitif, comme : geler, *helar*; il gèle, *hiela*; il gelait, *helaba*, etc.

DES CONJUGAISONS.

Tous les infinitifs des verbes espagnols se terminent en *ar*, *er*, et *ir*. Les autres lettres qui composent le mot sont appelées *radicales :* ex. *am–ar*, aimer, *tem–er*, craindre, *part–ir*, partager, dont les lettres radicales sont *am*, *tem*, *part*, etc. Les verbes terminés en *ar* forment la première conjugaison, ceux en *er* la seconde, et ceux en *ir* la troisième.

Il y a dans ces trois conjugaisons un grand nombre de verbes irréguliers dont on fera connaître les irrégularités, après avoir parlé des verbes auxiliaires et des verbes réguliers.

VERBES AUXILIAIRES.

Conjugaison du verbe auxiliaire Haber, *Avoir.*

INFINITIF.

PRÉSENT. *Haber*, avoir. — PRÉTÉRIT. *Haber habido*, avoir eu.
GÉRONDIF. *Habiendo*, ayant. — PARTICIPE PASSÉ. *Habido*, eu.

INDICATIF.

PRÉSENT.

Yo he (1), j'ai. *Nosotros—as hemos*, nous avons.
Tú has, tu as. *Vosotros—as habeis*, vous avez.
Él ou *ella ha*, il *ou* elle a. *Ellos—as han*, ils *ou* elles ont.

IMPARFAIT.

Yo habia, j'avais. *Nos. habíamos*, nous avions.

(1) On supprime en espagnol les pronoms personnels devant les verbes, et on dit : *he*, *has*, *ha*, etc. excepté lorsqu'il y en a deux en français ou que la phrase serait louche.

Tú habias, tu avais.
Él habia, il avait.
Vos. habíais, vous aviez.
Ellos habian, ils avaient.

PRÉTÉRIT DÉFINI.

Yo hube, j'eus.
Tú hubiste, tu eus.
Él hubo, il eut.
Nos. hubimos, nous eûmes.
Vos. hubísteis, vous eûtes.
Ellos hubiéron, ils eurent.

PRÉTÉRIT INDÉFINI.

Yo he habido, j'ai eu.
Tú has habido, tu as eu.
Él ha habido, il a eu.
Nos. hemos habido, nous avons eu.
Vos. habeis habido, vous avez eu.
Ellos han habido, ils ont eu.

PRÉTÉRIT ANTÉRIEUR.

Yo hube habido, j'eus eu.
Tú hubiste habido, tu eus eu.
Él hubo habido, il eut eu.
Nos. hubimos habido, nous eûmes eu.
Vos. hubísteis habido, vous eûtes eu.
Ellos hubiéron habido, ils eurent eu.

PLUSQUEPARFAIT.

Yo habia habido, j'avais eu.
Tú habias habido, tu avais eu.
Él habia habido, il avait eu.
Nos. habíamos habido, nous avions eu.
Vos. habíais habido, vous aviez eu.
Ellos habian habido, ils avaient eu.

FUTUR.

Yo habré, j'aurai.
Tú habrás, tu auras.
Él habrá, il aura.
Nos. habrémos, nous aurons.
Vos. habréis, vous aurez.
Ellos habrán, ils auront.

FUTUR COMPOSÉ.

Yo habré habido, j'aurai eu.
Tú habrás habido, tu auras eu.
Él habrá habido, il aura eu.
Nos. habrémos habido, nous aurons eu.
Vos. habréis habido, vous aurez eu.
Ellos habrán habido, ils auront eu.

IMPERATIF.

Ce verbe n'en a point comme auxiliaire.

SUBJONCTIF.

PRÉSENT.

Yo haya, que j'aie. *Nos. hayamos*, nous ayons.
Tú hayas, tu aies. *Vos. hayais*, vous ayez.
Él haya, il ait. *Ellos hayan*, ils aient.

IMPARFAIT.

Yo hubiera, habria, hubiese, j'aurais, j'eusse.
Tú hubieras, habrias, hubieses, tu aurais, tu eusses.
Él hubiera, habria, hubiese, il aurait, il eût.
Nos. hubiéramos, habríamos, hubiésemos, nous aurions, nous eussions.
Vos. hubiérais, habríais, hubiéseis, vous auriez, vous eussiez.
Ellos hubieran, habrian, hubiesen, ils auraient, ils eussent.

PRÉTÉRIT.

Yo haya habido, que j'aie eu. *Nos. hayamos habido*, nous ayons eu.
Tú hayas habido, tu aies eu. *Vos. hayais habido*, vous ayez eu.
Él haya habido, il ait eu. *Ellos hayan habido*, ils aient eu.

PLUSQUEPARFAIT.

Yo hubiera, habria, hubiese habido, j'aurais eu, j'eusse eu.
Tú hubieras, habrias, hubieses habido, tu aurais eu, tu eusses eu.
Él hubiera, habria, hubiese habido, il aurait eu, il eût eu.
Nos. hubiéramos, habríamos, hubiésemos habido, nous aurions eu, nous eussions eu.
Vos. hubiérais, habríais, hubiéseis habido, vous auriez eu, vous eussiez eu.
Ellos hubieran, habrian, hubiesen habido, ils auraient eu, ils eussent eu.

FUTUR.

Yo hubiere, j'aurai. *Nos. hubiéremos*, nous aurons.
Tú hubieres, tu auras. *Vos. hubiéreis*, vous aurez.
Él hubiere, il aura. *Ellos hubieren*, ils auront.

FUTUR COMPOSÉ.

Yo hubiere habido, j'aurai eu. *Nos hubiéremos habido*, nous aurons eu.
Tú hubieres habido, tu auras eu. *Vos. hubiéreis habido*, vous aurez eu.
Él hubiere habido, il aura eu. *Ellos hubieren habido*, ils auront eu.

CONJUGAISON du verbe auxiliaire Tener, *Avoir*, ou *Posséder*.

INFINITIF.

Présent. *Tener*, avoir. — Prétérit. *Haber tenido*, avoir eu.
Gérondif. *Teniendo*, ayant. — Participe passé. *Tenido*, eu.

INDICATIF.

PRÉSENT.

Yo tengo, j'ai. *Nos. tenemos*, nous avons.
Tú tienes, tu as. *Vos. teneis*, vous avez.
Él tiene, il a. *Ellos tienen*, ils ont.

IMPARFAIT.

Yo tenia, j'avais. *Nos. teníamos*, nous avions.
Tú tenias, tu avais. *Vos. teníais*, vous aviez.
Él tenia, il avait. *Ellos tenian*, ils avaient.

PRÉTÉRIT DÉFINI.

Yo tuve, j'eus. *Nos. tuvimos*, nous eûmes.
Tú tuviste, tu eus. *Vos. tuvisteis*, vous eûtes.
Él tuvo, il eut. *Ellos tuviéron*, ils eurent.

PRÉTÉRIT INDÉFINI.

Yo he tenido, j'ai eu. *Nos. hemos tenido*, nous avons eu.
Tú has tenido, tu as eu. *Vos. habeis tenido*, vous avez eu.
Él ha tenido, il a eu. *Ellos han tenido*, ils ont eu.

PRÉTÉRIT ANTÉRIEUR.

Yo hube tenido, j'eus eu. *Nos. hubimos tenido*, nous eûmes eu.
Tú hubiste tenido, tu eus eu. *Vos. hubisteis tenido*, vous eûtes eu.
Él hubo tenido, il eut eu. *Ellos hubiéron tenido*, ils eurent eu.

PLUSQUEPARFAIT.

Yo habia tenido, j'avais eu.
Tú habias tenido, tu avais eu.
Él habia tenido, il avait eu.
Nos. habíamos tenido, nous avions eu.
Vos habíais tenido, vous aviez eu.
Ellos habian tenido, ils avaient eu

FUTUR.

Yo tendré, j'aurai.
Tú tendrás, tu auras.
Él tendrá, il aura.
Nos. tendrémos, nous aurons.
Vos. tendréis, vous aurez.
Ellos tendrán, ils auront.

FUTUR COMPOSÉ.

Yo habré tenido, j'aurai eu.
Tú habrás tenido, tu auras eu.
Él habrá tenido, il aura eu.
Nos. habrémos tenido, nous aurons eu.
Vos habréis tenido, vous aurez eu.
Ellos habrán tenido, ils auront eu.

IMPERATIF.

PRÉSENT.

Ten tú, aie.
Tenga él, qu'il ait.
Tengamos, ayons.
Tened vosotros, ayez.
Tengan ellos, qu'ils aient.

SUBJONCTIF.

PRÉSENT.

Yo tenga, que j'aie.
Tú tengas, tu aies.
Él tenga, il ait.
Nos. tengamos, nous ayons.
Vos. tengais, vous ayez.
Ellos tengan, ils aient.

IMPARFAIT.

Yo tuviera, tendria, tuviese, j'aurai, j'eusse.
Tú tuvieras, tendrias, tuvieses, tu aurais, tu eusses.
Él tuviera, tendria, tuviese, il aurait, il eût.
Nos. tuviéramos, tendríamos, tuviésemos, nous aurions, nous eussions
Vos. tuviérais, tendríais, tuviéseis, vous auriez, vous eussiez.
Ellos tuvieran, tendrian, tuviesen, ils auraient, ils eussent.

PRÉTÉRIT.

Yo haya tenido, que j'aie eu.
Tú hayas tenido, tu aies eu.
Él haya tenido, il ait eu.
Nos. hayamos tenido, nous ayons eu.
Vos. hayais tenido, vous ayez eu.
Ellos hayan tenido, ils aient eu.

PLUSQUEPARFAIT.

Yo hubiera, habria, hubiese tenido, j'aurais eu, j'eusse eu.
Tú hubieras, habrias, hubieses tenido, tu aurais eu, tu eusses eu.
Él hubiera, habria, hubiese tenido, il aurait eu, il eût eu.
Nos. hubiéramos, habríamos, hubiésemos tenido, nous aurions eu, nous eussions eu.
Vos. hubiérais, habríais, hubiéseis tenido, vous auriez eu, vous eussiez eu.
Ellos hubieran, habrian, hubiesen tenido, ils auraient eu, ils eussent eu.

FUTUR.

Yo tuviere, j'aurai.
Tú tuvieres, tu auras.
Él tuviere, il aura.
Nos. tuviéremos, nous aurons.
Vos. tuviéreis, vous aurez.
Ellos tuvieren, ils auront.

FUTUR COMPOSÉ.

Yo hubiere tenido, j'aurai eu.
Tú hubieres tenido, tu auras eu.
Él hubiere tenido, il aura eu.
Nos. hubiéremos tenido, nous aurons eu.
Vos. hubiéreis tenido, vous aurez eu.
Ellos hubieren tenido, ils auront eu.

Remarques.

Haber, signifiant *tenir* ou *posséder*, cesse d'être auxiliaire, et alors il a un impératif qui se forme de la manière suivante : *haya él*, qu'il ait; *habed vosotros*, ayez; *hayan ellos*, qu'ils aient.

Le verbe *haber*, signifiant *exister*, devient impersonnel : ex. *il y a*, *il y avait*, *il y eut*, *il y aura*, etc. *hay*, *habia*, *hubo*, *habrá*, etc. et ainsi de suite pour les autres temps, en mettant toujours le verbe à la troisième personne du singulier, quand même il serait suivi d'un substantif au pluriel : ex. il y a des hommes, *hay hombres*; il y avait une fête, *habia una fiesta*, etc.

Avoir, lorsqu'il est auxiliaire, s'exprime toujours

par *haber*; et par *tener*, lorsqu'il est employé comme verbe actif, ou qu'il dénote la possession.

Avoir à, suivi d'un verbe à l'infinitif, se rend par *tener que* : ex. j'ai à lui parler, *tengo que hablar con él*; j'ai bien des choses à lui dire, *tengo muchas cosas que decirle*.

Les verbes espagnols, comme on l'a vu dans les conjugaisons des verbes *haber* et *tener*, ont trois imparfaits du subjonctif : l'un terminé en *ra*, (*hubiera*), le second en *ria* (*habria*), et le troisième en *se* (*hubiese*). Les règles suivantes indiquent d'une manière précise les cas où l'on doit faire usage de chacun d'eux, ainsi que du futur du subjonctif.

1.° Lorsque le verbe est en français à l'imparfait ou au plusqueparfait de l'indicatif, et qu'il est précédé de la conjonction *si* exprimant une condition future, on le met en espagnol au premier ou au troisième imparfait indifféremment : ex. si tu lisais de bons livres, tu serais plus instruit, *si leyeras*, ou *leyeses buenos libros*, *serias mas instruido*; si les richesses avaient pu satisfaire mes désirs, je les aurais aimées, *si las riquezas hubieran*, ou *hubiesen podido saciar mis deseos*, *las habria amado*.

2.° Si le verbe, à l'imparfait du subjonctif, n'est précédé d'aucune conjonction conditionnelle, on le rend par le premier ou le second imparfait : ex. il ferait mieux de traiter avec lui, *hiciera*, ou *haria mejor de tratar con él*. Si, au contraire, il est précédé d'une conjonction conditionnelle, ou d'une interjection qui marque un *désir* ou un *souhait*, on se servira de la première ou de la troisième terminaison : ex. quand même la paix aurait lieu, *aun cuando hubiera*, ou *hubiese paz*; plut-à-dieu que cela fût! *¡ojalá eso fuera* ou *fuese!* Dans ce cas, si le même temps est répété dans le second membre de la phrase, on emploiera pour ce dernier la seconde terminaison : ex. quand même il y aurait plus d'harmonie parmi les hommes il y aurait toujours des procès, *aun cuando hubiera* ou *hubiese mayor armonía entre los hombres*, *habria siempre pleitos.* —On voit, par ces divers exemples, que le second et le troisième imparfait s'emploient toujours dans un sens différent, et qu'ils servent à exprimer les deux extrêmes de la condition.

3.° Si l'imparfait du subjonctif a pour antécédent l'imparfait, l'un des trois prétérits, ou le plusque-parfait de l'indicatif des verbes qui signifient *parler* ou *penser*, on l'exprimera à volonté par l'une des trois terminaisons, en y ajoutant la conjonction *que*: ex. il disait, il dit, il avait dit qu'il viendrait, *decia*, *dijo*, *habia dicho que viniera* ou *vendria*, ou *viniese.* Mais si cet antécédent est un verbe qui marque le *désir* ou la *volonté*, on se servira de la première ou de la troisième terminaison, et jamais de la seconde : ex. je voulais qu'il m'obéît, *queria que me obedeciera*, ou *obedeciese.*

4.° On emploie le futur du subjonctif, mais on peut conserver le présent lui-même, lorsque le verbe se trouve en français au présent de l'indicatif, précédé de la conjonction *si*, et que la phrase exprime une action future : ex. tu viendras ici, si tu peux, *vendrás acá si pudieres*, ou *puedes*; et l'on se sert indifféremment du présent ou du futur du subjonctif, lorsque le verbe, au futur de l'indicatif, a pour antécédent *celui qui*, *celle qui*, *ce qui*, *tout ce que*, ou *quand* :

ex. choisis de ces deux places celle qui te conviendra le mieux, *elige de estos dos puestos el que mas te agrada*, ou *agradare*; dis tout ce que tu voudras, *di cuanto quieras*, ou *quisieres*; quand tu auras le temps, *cuando tengas* ou *tuvieres tiempo*. Enfin, lorsque le futur français est conditionnel, on le rendra toujours par le futur ou le présent du subjonctif : ex. quand je lui écrirai, je le lui dirai, *cuando le escriba* ou *escribiere*, *se lo diré*.

On observera que le participe passé, lorsqu'il est joint au verbe *haber*, avoir, pour la formation des temps composés, ne varie jamais de terminaison : ex. elle avait aimé, *ella habia amado*; elles avaient aimé, *ellas habian amado*; et non *amada* et *amadas*.

THÊME.

Les richesses et la pauvreté ont une grande influence sur
riqueza pobreza influjo sobre
les hommes. Vous avez la même manière de voir que moi.
mismo modo ver
J'avais des protecteurs, mais je les ai perdus. Nous avions
protector perdido.
fait une société qui n'a pas | réussi. | Nous avons éprouvé
hecho aparecerla salido bien. padecido
de grandes pertes. Nous eûmes hier une belle journée, mais
pérdida. ayer bueno dia
je crains que demain nous n'ayons mauvais temps. Il a eu
temo mañana malo
| bien de la peine à se tirer d'embarras. | Vous aviez eu
mucho trabajo á salirse de cuidados.
bonne opinion de lui. Ayez du courage. Ayons l'amour du
concepto ánimo.
travail. Il aura eu le bon esprit de ne pas suivre mes conseils.
trabajo. genio seguir consejo.

| Il faut | qu'il ait eu de la bravoure pour avoir osé se dé-
Es menester *brio* *osado* *de-*
fendre contre les voleurs qui l'ont attaqué. Il y a dix ans
fender *de* *ladron* *acometido.*
que je | voyage | en Angleterre. Il y a eu un grand combat
estoy viajando *Inglaterra.* *batalla*
où nous avons tué beaucoup de monde à l'ennemi. Nous
matado *gente* *enemigo.*
avons eu deux colonels et deux cents soldats tués; mais
coronel *soldado muerto*
nous aurions perdu plus de monde, si le général n'avait pas
perdido *general*
fait d'aussi habiles dispositions. Si nous avions eu dix
tomado tan *bueno* *providencia.*
mille hommes de plus, il n'eût pas | échappé | un soldat
se *escapado ni*
de l'armée ennemie. Si vous aviez moins de défauts, vous
ejército *defecto*
auriez raison de parler de ceux des autres. Si j'avais parié
razon *apostado*
avec vous j'aurais gagné, car l'événement a justifié mon
ganado pues *suceso* *justificado*
opinion, et nous avons encore la guerre. Nous eussions
opinion *todavía* *guerra.*
mieux fait, si nous avions | mis à profit | ses sages conseils.
aprovechado de *sabio*
Quand vous écrirez à M. Ribeiro vous aurez soin de lui
escriba *cuidado*
parler de l'affaire dont il m'a chargé. Quand j'aurai achevé
asunto *que* *encargado.* *acabado*
mon ouvrage, je vous le communiquerai. Quand nous au-
comunicaré.
rons terminé notre affaire, je vous en proposerai | une
acabado *propondré*
nouvelle. | J'irai voir demain M. l'intendant, si j'ai le
otro. *iré á ver* *intendente*

temps. |Je rendrai service | à votre frère, si j'en ai l'occa-
favorecerè *oca-*
sion. Il y aurait moins de malheureux, s'il y avait moins
sion.
de paresseux. J'aurais plus d'argent, si je n'avais | pas aimé
holgazan. *gustado*
à obliger | mes amis. Il aurait eu les premiers emplois,
de servir á *empleo*
s'il avait eu plus d'ambition.
ambicion.

LEÇON XIII.

CONJUGAISON du verbe auxiliaire Ser, *Être.*

INFINITIF.

PRÉSENT. *Ser*, être. — PRÉTÉRIT. *Haber sido,* avoir été.
GÉRONDIF. *Siendo,* étant. — PARTICIPE PASSÉ. *Sido,* été.

INDICATIF. — PRÉSENT.

Yo soy, je suis.	*Nos. somos*, nous sommes.
Tú eres, tu es.	*Vos. sois*, vous êtes.
Él es, il est.	*Ellos son*, ils sont.

IMPARFAIT.

Yo era, j'étais.	*Nos. éramos*, nous étions.
Tú eras, tu étais.	*Vos. érais*, vous étiez.
Él era, il était.	*Ellos eran*, ils étaient.

PRÉTÉRIT DÉFINI.

Yo fui, je fus.	*Nos. fuimos*, nous fûmes.
Tú fuiste, tu fus.	*Vos. fuisteis*, vous fûtes.
Él fué, il fut.	*Ellos fuéron*, ils furent.

PRÉTÉRIT INDÉFINI.

Yo he sido, j'ai été, etc. (1).

PRÉTÉRIT ANTÉRIEUR.

Yo hube sido, j'eus été, etc.

PLUSQUEPARFAIT.

Yo habia sido, j'avais été, etc.

FUTUR.

Yo seré, je serai.
Tú serás, tu seras.
Él será, il sera.
Nos. serémos, nous serons.
Vos. seréis, vous serez.
Ellos serán, ils seront.

FUTUR COMPOSÉ.

Yo habré sido, j'aurai été, etc.

IMPERATIF.

PRÉSENT *ou* FUTUR.

Sé tú, sois.
Sea él, qu'il soit.
Seamos, soyons.
Sed vosotros, soyez.
Sean ellos, qu'ils soient.

SUBJONCTIF.

PRÉSENT.

Yo sea, que je sois.
Tú seas, tu sois.
Él sea, il soit.
Nos. seamos, nous soyons.
Vos. seais, vous soyez.
Ellos sean, ils soient.

IMPARFAIT.

Yo fuera, seria, fuese, je serais, je fusse.
Tú fueras, serias, fueses, tu serais, tu fusses.
Él fuera, seria, fuese, il serait, il fût.
Nos. fuéramos, seríamos, fuésemos, nous serions, nous fussions.
Vos. fuérais, seríais, fuéseis, vous seriez, vous fussiez.
Ellos fueran, serian, fuesen, ils seraient, ils fussent.

---

(1) Pour former les autres personnes des temps composés, on n'aura qu'à conjuguer le verbe *haber* avec le participe *sido*. *(Voyez la conjugaison du verbe* Haber, *pag.* 73 *et suiv.)*

PRÉTÉRIT.

Yo haya sido, que j'aie été, etc.

PLUSQUEPARFAIT.

Yo hubiera, habria, hubiese sido, j'aurais, j'eusse été, etc.

FUTUR.

Yo fuere, je serai.
Tú fueres, tu seras.
Él fuere, il sera.
Nos. fuéremos, nous serons.
Vos. fuéreis, vous serez.
Ellos fueren, ils seront.

FUTUR COMPOSÉ.

Yo hubiere sido, j'aurais été, etc.

CONJUGAISON du verbe auxiliaire Estar, *Être.*

INFINITIF.

PRÉSENT. *Estar*, être. — PRÉTÉRIT. *Haber estado*, avoir été.
GÉRONDIF. *Estando*, étant. — PARTICIPE PASSÉ. *Estado*, été.

INDICATIF.

PRÉSENT.

Yo estoy, je suis.
Tú estás, tu es.
Él está, il est.
Nos. estamos, nous sommes.
Vos. estais, vous êtes.
Ellos estan, ils sont.

IMPARFAIT.

Yo estaba, j'étais.
Tú estabas, tu étais.
Él estaba, il était.
Nos. estábamos, nous étions.
Vos. estábais, vous étiez.
Ellos estaban, ils étaient.

PRÉTÉRIT DÉFINI.

Yo estuve, je fus.
Tú estuviste, tu fus.
Él estuvo, il fut.
Nos. estuvimos, nous fûmes.
Vos. estuvisteis, vous fûtes.
Ellos estuviéron, ils furent.

PRÉTÉRIT INDÉFINI.

Yo he estado, j'ai été, etc.

PRÉTÉRIT ANTÉRIEUR.

Yo hube estado, j'eus été, etc.

PLUSQUEPARFAIT.

Yo habia estado, j'avais été, etc.

FUTUR.

Yo estaré, je serai.
Tú estarás, tu seras.
Él estará, il sera.
Nos. estarémos, nous serons.
Vos. estaréis, vous serez.
Ellos estarán, ils seront.

FUTUR COMPOSÉ.

Yo habré estado, j'aurai été, etc.

IMPERATIF.

PRÉSENT *ou* FUTUR.

Está tú, sois.
Esté él, qu'il soit.
Estemos, soyons.
Estad vosotros, soyez.
Esten ellos, qu'ils soient.

SUBJONCTIF.

PRÉSENT.

Yo esté, que je sois.
Tú estés, tu sois.
Él esté, il soit.
Nos. estemos, nous soyons.
Vos. esteis, vous soyez.
Ellos esten, ils soient.

IMPARFAIT

Yo estuviera, estaria, estuviese, je serais, je fusse.
Tú estuvieras, estarias, estuvieses, tu serais, tu fusses.
Él estuviera, estaria, estuviese, il serait, il fût.
Nos. estuviéramos, estaríamos, estuviésemos, nous serions, nous fussions.
Vos. estuviérais, estaríais, estuviéseis, vous seriez, vous fussiez.
Ellos estuvieran, estarian, estuviesen, ils seraient, ils fussent.

PRÉTÉRIT.

Yo haya estado, que j'aie été, etc.

PLUSQUEPARFAIT.

Yo hubiera, habria, hubiese estado, j'aurais, j'eusse été, etc.

FUTUR.

Yo estuviere, je serai.
Tú estuvieres, tu seras.
Él estuviere, il sera.
Nos. estuviéremos, nous serons.
Vos. estuviéreis, vous serez.
Ellos estuvieren, ils seront.

FUTUR COMPOSÉ.

Yo hubiere estado, j'aurais été, etc.

Remarques sur Ser *et* Estar, *Être.*

Quoique *ser* et *estar* signifient *être*, on ne peut pas les employer indifféremment l'un pour l'autre; et c'est là une des plus grandes difficultés que la langue espagnole offre aux étrangers.

1.° On doit se servir du verbe *ser*, lorsqu'il s'agit de qualités essentielles au sujet : ex. *ser hombre*, être homme ; *ser mortal*, être mortel ; — de celles relatives à l'esprit ou au cœur : ex. *ser bueno*, être bon ; *ser malo*, être méchant ; *ser docto*, être savant ; *ser enamorado*, être amoureux ; — d'une dignité : ex. *ser general*, être général ; — d'un art : ex. *ser arquitecto*, *pintor*, être architecte, peintre ; — d'un emploi : ex. *ser juez*, être juge ; — d'une profession : ex. *ser librero*, être libraire ; — des dimensions d'un objet : ex. *ser alto*, *chico*, etc., être grand, petit, etc.

2.° *Ser*, ajouté au participe passé des verbes, forme la voix passive, et le participe s'accorde alors en genre et en nombre avec son sujet : ex. *él era amado*, il était aimé ; *ella fué amada*, elle fut aimée ; *ellos han sido amados*, ils ont été aimés, etc.

3.° On doit employer *estar*, toutes les fois qu'on veut exprimer l'état de la santé : ex. *estar bueno ;* être bien portant ; *estar malo*, être malade ; — l'existence dans un lieu quelconque : ex. *estar en el paseo*, *en el café*, *en el campo*, être à la promenade, au café, à la campagne, etc. — Joint à certains adjectifs, *estar* exprime un état, une manière d'être : ex. *estar sordo*, être sourd ; *estar contento*, être content ; *estar enfadado*, être fâché ; *estar enamorado de.....*, être amoureux de....., etc.

4.° *Estar* n'est employé comme auxiliaire que devant les gérondifs : ex. *estar comiendo*, dîner, *ou* être dînant ; *estar hablando*, parler, *ou* être parlant, etc.

THEME.

Je suis toujours de ton avis, et tu n'es jamais du mien.
parecer
Il est plus grand que moi de deux pouces. Les coutumes ne
pulgada. costumbre
sont pas les mêmes dans tous les pays. Ta sœur était au
region.
bal, et tu n'y étais pas. Nous étions les plus nombreux, et
baile numeroso
nous ne fûmes pas les plus forts. Fûtes-vous hier voir la
ayer á ver
pièce nouvelle? Oui, j'y fus avec votre cousin. L'auteur a
comedia nueva? Sí autor
dû être satisfait; il a été très-applaudi. Vous avez été très-
aplaudido.
heureux de revenir sain et sauf de la dernière campagne.
volver sano y salvo campaña.
On dit que les Turcs ont été battus par les Russes, et que
dice Turco derrotado Ruso
le grand visir a été fait prisonnier. J'ai été à la foire, et
visir hecho prisionero. feria
j'ai fait quelques emplettes. Il a été en Pologne, en Russie,
compra. Polonia Rusia
en Turquie, et dans tous ses voyages il n'a jamais été ma-
Turquía viage en-
lade. Je serai demain chez vous à onze heures du matin.
fermo.
Elle sera bien adroite s ielle me trompe. Sois poli et affable
diestro engañare. cortés

avec tes inférieurs. Soyez généreux, si vos moyens ne vous
inferior. generoso facultad
| empêchent pas de | l'être. Sois honnête avec tout le
impidieren el urbano
monde. A quelque rang que tu sois élevé, souviens-toi
puesto colocado acuerdate
de ce que tu as été auparavant. Il faut que nous soyons
ántes.
actifs, si nous voulons prospérer. Si tu n'étais pas si
diligente queremos prosperar.
prodigue, tu serais plus riche. Nous ne serions pas exposés
pródigo expuesto
à nous tromper si souvent, si nous avions plus de juge-
engañar tantas veces jui-
ment. J'aurais déjà quitté le commerce, si je n'avais pas
cio. dejado comercio
été si malheureux. Il serait très-grand architecte s'il avait
desafortunado.
continué à travailler. Il faut qu'il ait été bien mal con-
proseguido en acon-
seillé, pour n'avoir pas arrangé cette affaire | à l'amiable. |
sejado compuesto amigablemente.
Je vous croirai, quand je serai sûr que | vous dites la vé-
creeré cierto dice ver-
rité. | Êtes-vous content de lui ? Oui je le suis. Être con-
dad. satisfecho
tent de son sort, c'est être heureux. Avec qui étiez-vous
con suerte
hier ? j'étais avec votre frère. Avec qui était-il à travailler,
ayer ? trabajar
lorsque nous étions à écrire ? Il est à désirer qu'il arrive
escribir ? desear llegar
lorsque nous serons à broder. Il a été vivement pour-
bordar. per-

suivi, mais il doit être bien content d'avoir remporté la
seguir *alcanzar*
victoire.
victoria.

LEÇON XIV.

DES VERBES REGULIERS.

On entend par verbes réguliers ceux qui dans leur conjugaison suivent toujours la même règle. L'on verra plus bas que c'est sur l'infinitif que se forment tous les temps simples des verbes espagnols; or, dans ceux que l'on appelle réguliers, les lettres radicales sont constamment invariables, et ne peuvent subir d'autres changements que ceux que prescrit quelquefois l'orthographe; les terminaisons, quoique différentes en raison du mode, du temps, du nombre et des personnes, sont communes à tous les verbes compris sous la même conjugaison.

I.re CONJUGAISON EN AR.

AM—AR, *Aimer.*

INFINITIF.

PRÉSENT. *Am—ar,* aimer. — PRÉTÉRIT. *Haber am—ado,* avoir aimé. — GÉRONDIF. *Am—ando,* aimant. — PARTICIPE PASSÉ. *Am—ado,* aimé.

INDICATIF.

PRÉSENT.

Yo am—o, j'aime. *Nos. am—amos,* nous aimons.

Tú am—as, tu aimes. *Vos. am—ais*, vous aimez.
Él am—a, il aime. *Ellos am—an*, ils aiment.

IMPARFAIT.

Yo am—aba, j'aimais.	*Nos. am—ábamos*, nous aimions.
Tú am—abas, tu aimais.	*Vos. am—ábais*, vous aimiez.
Él am—aba, il aimait.	*Ellos am—aban*, ils aimaient.

PRÉTÉRIT DÉFINI.

Yo am—é, j'aimai.	*Nos. am—ámos*, nous aimâmes.
Tú am—aste, tu aimas.	*Vos. am—ásteis*, vous aimâtes.
Él am—ó, il aima.	*Ellos am—áron*, ils aimèrent.

PRÉTÉRIT INDÉFINI.

Yo he am—ado, j'ai aimé, etc.

PRÉTÉRIT ANTÉRIEUR.

Yo hube am—ado, j'eus aimé, etc.

PLUSQUEPARFAIT.

Yo habia am—ado, j'avais aimé, etc.

FUTUR.

Yo am—aré, j'amerai.	*Nos. am—arémos*, nous aimerons.
Tú am—arás, tu aimeras.	*Vos. am—aréis*, vous aimerez.
Él am—ará, il aimera.	*Ellos am—arán*, ils aimeront.

FUTUR COMPOSÉ.

Yo habré am—ado, j'aurai aimé, etc.

IMPERATIF.

PRÉSENT *ou* FUTUR.

	Am—emos, aimons.
Am—a tú, aime.	*Am—ad vosotros*, aimez.
Am—e él, qu'il aime.	*Am—en ellos*, qu'ils aiment. (1)

---

(1) Les deux troisièmes personnes, et la première du pluriel du présent du subjonctif, servent toujours pour l'impératif, tant dans l'affirmative que dans la négative : et même lorsque les deux secondes personnes de l'impératif sont négatives, il faut avoir recours au présent du subjonctif : ex. n'aime, n'aimez pas, *no ames*, *no ameis*.

SUBJONCTIF.

PRÉSENT.

Yo am—e, que j'a ime.
Tú am—es, tu aimes.
Él a—me, il aime.
Nos. am—emos, nous aimions
Vos. am—eis, vous aimiez.
Ellos am—en, ils aiment.

IMPARFAIT.

Yo am—ara, am—aria, am—ase, j'aimerais, j'aimasse.
Tú am—aras, am—arias, am—ases, tu aimerais, tu aimasses.
Él am—ara, am—aria, am—ase, il aimerait, il aimât.
Nos. am—áramos, am—aríamos, am—ásemos, nous aimerions, nous aimassions.
Vos. am—árais, am—aríais, am—áseis, vous aimeriez, vous aimassiez.
Ellos am—aran, am—arian, am—asen, ils aimeraient, ils aimassent.

PRÉTÉRIT.

Yo haya am—ado, que j'aie aimé, etc.

PLUSQUEPARFAIT.

Yo hubiera, habria, hubiese am—ado, j'aurais aimé, j'eusse aimé, etc.

FUTUR.

Yo am—are, j'aimerai.
Tú am—ares, tu aimeras.
Él am—are, il aimera.
Nos. am—áremos, nous aimerons.
Vos. am—áreis, vous aimerez.
Ellos am—aren, ils aimeront.

FUTUR COMPOSÉ.

Yo hubiere am—ado, j'aurai aimé, etc.

II.me CONJUGAISON EN ER.

TEM—ER, *Craindre*.

INFINITIF.

PRÉSENT. *Tem—er*, craindre. — PRÉTÉRIT. *Haber tem—ido*, avoir craint. — GÉRONDIF. *Tem—iendo*, craignant. — PARTICIPE PASSÉ. *Tem—ido*, craint.

INDICATIF.

PRÉSENT.

Yo tem-o, je crains.	*Nos. tem-emos*, nous craignons.
Tú tem-es, tu crains.	*Vos. tem-eis*, vous craigniez.
Él tem-e, il craint.	*Ellos em-en*, ils craignent.

IMPARFAIT.

Yo tem-ia, je craignais.	*Nos. tem-íamos*, nous craignions.
Tú tem-ias, tu craignais.	*Vos. tem-íais*, vous craigniez.
Él tem-ia, il craignait.	*Ellos tem-ian*, ils craignaient.

PRÉTÉRIT DÉFINI.

Yo tem-í, je craignis.	*Nos. tem-imos*, nous craignîmes.
Tú tem-iste, tu craignis.	*Vos. tem-ísteis*, vous craignîtes.
Él tem-ió, il craignit.	*Ellos tem-iéron*, ils craignirent.

PRÉTÉRIT INDÉFINI.

Yo he tem-ido, j'ai craint, etc.

PRÉTÉRIT ANTÉRIEUR.

Yo hube tem-ido, j'eus craint, etc.

PLUSQUEPARFAIT.

Yo habia tem-ido, j'avais craint, etc.

FUTUR.

Yo tem-eré, je craindrai.	*Nos. tem-erémos*, nous craindrons.
Tú tem-erás, tu craindras.	*Vos. tem-eréis*, vous craindrez.
Él tem-erá, il craindra.	*Ellos tem-erán*, ils craindront.

FUTUR COMPOSÉ.

Yo habré tem-ido, j'aurai craint, etc.

IMPERATIF.

PRÉSENT *ou* FUTUR.

	Tem-amos, craignons.
Tem-e tú, crains.	*Tem-ed vosotros*, craignez.
Tem-a él, qu'il craigne.	*Tem-an ellos*, qu'ils craignent

SUBJONCTIF.

PRÉSENT.

Yo tem—a, que je craigne.
Tú tem—as, tu craignes.
Él tem—a, il craigne.
Nos. tem—amos, nous craignions.
Vos. tem—ais, vous craigniez.
Ellos tem—an, ils craignent.

IMPARFAIT.

Yo tem—iera, tem—eria, tem—iese, je craindrais, je craignisse.
Tú te m—ieras, tem—erias, tem—ieses, tu craindrais, tu craignisses.
Él tem—iera, tem—eria, tem—iese, il craindrait, il craignît.
Nos. tem—iéramos, tem—eríamos, tem—iésemos, nous craindrions, nous craignissions.
Vos. tem—iérais, tem—eríais, tem—iéseis, vous craindriez, vous craignissiez.
Ellos tem—ieran, tem—erian, tem—iesen, ils craindraient, ils craignissent.

PRÉTÉRIT.

Yo haya tem—ido, que j'aie craint, etc.

PLUSQUEPARFAIT.

Yo hubiera, habria, hubiese tem—ido, j'aurais craint, j'eusse craint, etc.

FUTUR.

Yo tem—iere, je craindrai.
Tú tem—ieres, tu craindras.
Él tem—iere, il craindra.
Nos. tem—iéremos, nous craindrons.
Vos. tem—iéreis, vous craindrez.
Ellos tem—ieren, ils craindront.

FUTUR COMPOSÉ.

Yo hubiere tem—ido, j'aurais craint, etc.

III.me CONJUGAISON EN IR.

PART—IR, *Partager*.

INFINITIF.

Présent. ***Part—ir***, partager.—**Prétérit.** *Haber part—ido*, avoir partagé.—**Gérondif.** *Part—iendo*, partageant. —**Participe passé.** ***Part—ido***, partagé.

INDICATIF.

PRÉSENT.

Yo part—o, je partage.
Tú part—es, tu partages.
Él part—e, il partage.
Nos. part—imos, nous partageons.
Vos. part—is, vous partagez.
Ellos part—en, ils partagent.

IMPARFAIT.

Yo part—ia, je partageais.
Tú part—ias, tu partageais.
Él part—ia, il partageait.
Nos. part—íamos, nous partagions.
Vos. part—íais, vous partagiez.
Ellos part—ian, ils partageaient.

PRÉTÉRIT DÉFINI.

Yo part—í, je partageai.
Tú part—iste, tu partageas.
Él part—ió, il partagea.
Nos. part—ímos, nous partageâmes.
Vos. part—ísteis, vous partageâtes.
Ellos part—iéron, ils partagèrent.

PRÉTÉRIT INDÉFINI.

Yo he part—ido, j'ai partagé, etc.

PRÉTÉRIT ANTÉRIEUR.

Yo hube part—ido, j'eus partagé, etc.

PLUSQUEPARFAIT.

Yo habia part—ido, j'avais partagé, etc.

FUTUR.

Yo part—iré, je partagerai.
Tú part—irás, tu partageras.
Él part—irá, il partagera.
Nos. part—irémos, nous partagerons.
Vos. part—iréis, vous partagerez.
Ellos part—irán, ils partageront.

FUTUR COMPOSÉ.

Yo habré part—ido, j'aurai partagé, etc.

IMPERATIF.

PRÉSENT *ou* FUTUR.

Part—e tú, partage.
Part—a él, qu'il partage.
Part—amos, partageons.
Part—id vosotros, partagez.
Part—an ellos, qu'ils partagent.

SUBJONCTIF.

PRÉSENT.

Yo part—a, que je partage.
Tú part—as, tu partages.
Él part—a, il partage.
Nos. part—amos, nous partagions.
Vos. part—ais, vous partagiez.
Ellos part—an, ils partagent.

IMPARFAIT.

Yo part—iera, part—iria, part—iese, je partagerais, je partageasse.
Tú part—ieras, part—irias, part—ieses, tu partagerais, tu partageasses.
El part—iera, part—iria, part—iese, il partagerait, il partageât.
Nos. part—iéramos, part—iríamos, part—iésemos, nous partagerions, nous partageassions.
Vos. part—iérais, part—iríais, part—iéseis, vous partageriez, vous partageassiez.
Ellos part—ieran, part—irian, part—iesén, ils partageraient, ils partageassent.

PRÉTÉRIT.

Yo haya part—ido, que j'aie partagé, etc.

PLUSQUEPARFAIT.

Yo hubiera, habria, hubiese part—ido, j'aurais, j'eusse partagé.

FUTUR.

Yo part—iere, je partagerais.
Tú part—ieres, tu partageras.
El part—iere, il partagera.
Nos. part—iéremos, nous partagerons.
Vos. part—iéreis, vous partagerez.
Ellos part—ieren, ils partageront.

FUTUR COMPOSÉ.

Yo hubiere part—ido, j'aurais partagé.

Remarques.

Quoique dans les verbes réguliers les lettres radicales soient toujours invariables, il en est cependant où ces mêmes lettres subissent une légère altération nécessitée par l'orthographe, et qui pour cela ne cessent pas d'être réguliers.

1.° Les verbes terminés en *car* changent le *c* en *qu* dans la première personne du singulier du prétérit défini de l'indicatif, dans la troisième personne du singulier et du pluriel de l'impératif, et dans toutes celles du présent du subjonctif: ex. *tocar*, toucher, *toqué*, je touchai (et non *tocé*); *toque él*, *toquen ellos*, qu'il touche, qu'ils touchent; *toque*, *toques*, *toque*, *toquemos*, *toqueis*, *toquen*, que je touche, etc.

2.° Ceux terminés en *gar* prennent un *u* après le *g* dans les mêmes temps et personnes que ceux en *car*: ex. *pagàr*, payer, *pagué*, je payai; *pague él*, qu'il paie, etc.

3.° Ceux terminés en *cer* changent le *c* en *z* dans la première personne du singulier du présent de l'indicatif, dans la troisième personne du singulier et du pluriel de l'impératif, et dans toutes celles du présent du subjonctif: ex. *vencer*, vaincre; *venzo*, je vaincs; *venza él*, *venzan ellos*, qu'il vainque, qu'ils vainquent; *venza*, *venzas*, *venza*, *venzamos*, *venzais*, *venzan*, que je vainque, etc.

4.° Ceux terminés en *cir* changent le *c* en *z* dans les mêmes temps et personnes que ceux en *cer*: ex. *resarcir*, réparer, *resarzo*, je répare, etc.

5.° *Delinquir*, contrevenir à, change le *qu* en *c* dans les mêmes temps et personnes que les verbes terminés

en *cer* et en *cir :* ex. *delinco*, je contreviens; *delinca él*, qu'il contrevienne, etc.

6.° Ceux terminés en *ger* changent le *g* en *j* dans les mêmes temps et personnes que ceux en *cer* et en *cir :* ex. *escoger*, choisir; *escojo*, je choisis; *escoja*, *escojas*, que je choisisse, etc.

7.° Ceux terminés en *eer* changent l'*i* en *y* dans la troisième personne du singulier et du pluriel du prétérit défini de l'indicatif; dans les six personnes du premier et du troisième imparfait du subjonctif; dans toutes celles du futur du même mode, et dans le gérondif: ex. *creer*, croire; *creí*, je crus; *creyó*, il crut; *creyéron*, ils crurent; *creyera*, *creyeras*, etc. je croirais, etc.; *creyese*, *creyeses*, etc. je crusse, etc.; *creyere*, *creyeres*, etc. je croirai, etc.; *creyendo*, croyant.

8.° Enfin, ceux terminés en *uir* changent l'*i* en *y* dans les mêmes temps et personnes que ceux en *eer*, et de plus dans les trois personnes du singulier et dans la troisième du pluriel du présent de l'indicatif; dans les deux personnes du singulier et dans la troisième du pluriel de l'impératif, et dans toutes celles du présent du subjonctif: ex. *atribuir*, attribuer; *atribuyo*, *atribuyes*, *atribuye*, *atribuyen*, j'attribue, etc.; *atribuyó*, *atribuyéron*, il attribua, ils attribuèrent; *atribuye tú*, *atribuya él*, *atribuyan ellos*, attribue, qu'il attribue, qu'ils attribuent; *atribuya*, *atribuyas*, etc. que j'attribue, etc.; *atribuyera*, *atribuyese*, etc. j'attribuerais, j'attribuasse, etc.; *atribuyere*, etc. j'attribuerai, etc.; *atribuyendo*, attribuant.

Nota. Les terminaisons des verbes réguliers dans la seconde personne du pluriel n'ont pas toujours été telles qu'elles sont aujourd'hui : à la place de l'*i* qui précède l'*s* final, on mettait autrefois *de*, en sorte qu'au lieu d'*amais*, *amábais*; *temeis*, *temíais*; *partis*, *partíais*, etc. on disait : *amades*, *amábades*; *temedes*, *temíades*; *partides*, *partíades*, etc.

THÊME.

Il est aussi facile de se tromper soi-même sans s'en aper-
fácil *engañar á* *sin* *per-*
cevoir, qu'il est difficile de tromper les autres sans qu'ils
cibir *difícil*
s'en aperçoivent. Nous sommes si accoutumés à nous dé-
acostumbrado *dis-*
guiser aux autres, qu' | à la fin | nous nous déguisons à
frazar *al cabo*
nous-mêmes. Vous augmentez votre fortune, et la mienne
aumentar
diminue de jour en jour. Il y a des gens qui aiment à se
decaer *gustar de*
louer, parce que personne ne les loue. Nous oublions aisé-
alabar *olvidar* *fácil-*
ment nos fautes, quand nous croyons que tout le monde
mente *yerro* *creer*
les ignore. Je voyageais avec votre frère l'année dernière,
ignorar. *viajar*
et je croyais qu'il serait disposé à voyager avec moi en
dispuesto
Italie au commencement de l'automne. J'ai éprouvé de
Italia *otoño* *padecer*
grands malheurs. Il a commis bien des fautes. Nous avons
cometer *falta*
demeuré ensemble à Paris. Ils ont chassé hier le sanglier,
vivir *juntos* *en* *cazar* *jabalí*
et demain ils courront le cerf. Avez-vous parlé au mi-
correr tras *ciervo.* *hablar*
nistre ? As-tu rempli ma commission ? J'arrivai hier de
cumplir *con* *encargo?* *llegar*

Madrid, et je partirai demain pour Salamanque. Montez
marchar para Salamanca. Subir
au comptoir, et vous y trouverez une lettre pour vous.
escritorio hallar
Quand quitterez-vous la maison où vous demeurez? lorsque
dejar
j'en trouverai une plus commode. Examinons ce compte.
conveniente. registrar cuenta.
Payez-le. Verrez-vous M. Lopez aujourd'hui? Non, je le
pagar ver á
verrai demain. Croyez-vous à la paix? Non je crois à la
guerre. Il faut que je parle à votre oncle, et que je lui de-
es preciso tio pre-
mande des nouvelles de ses enfants. Envoie-moi ton mé-
guntar por enviar me-
moire, je le lirai avec attention. Il faut que tu consultes
morial leer atentamente. consultar
un bon avocat, et que tu cherches les moyens de te tirer
abogado buscar medio salir
d'affaire. Il veut qu'on lui paie ce qu'on lui doit, et il se
aprieto. quiere deber
refuse à payer ce qu'il doit aux autres. Il faut qu'il ait
rehusar de
été protégé par des amis puissants, pour avoir obtenu la
amparar poderoso lograr
place qu'on lui a accordée. Je souperai de bon appétit,
conceder. cenar gana
quoique j'aie bien dîné. Il étudie les mathématiques,
aunque comer. estudiar matemática
quoiqu'il ait renvoyé son maître. Si je voyageais, je préfé-
despedir gustar
rerais voyager en voiture qu'à cheval. Si nous fréquentions
mas de vivir con
les honnêtes gens, nous ne nous trouverions jamais mêlés
hombre de bien metido
dans des disputes. J'achèterais des livres, si on ne les ven-
contienda. comprar ven-

dait pas si cher. Il croirait vous honorer s'il vous accueillait
der caro. honrar acoger
comme vous le méritez. Nous dépenserions beaucoup d'ar-
merecer. gastar
gent à plaider s'il refusait d'arranger l'affaire à l'amiable.
en pleitear componer amigablemente.
Si vous profitiez de mes avis, vous fuiriez la mauvaise
aprovechar huir de
compagnie. Il serait utile que tous les princes protégeas-
compañía. favorecer
sent les sciences et les arts. J'espérais que vous appuyeriez
apoyar
mes prétentions. On m'avait assuré qu'il arriverait aujour-
pretension. asegurar llegar
d'hui. Si nous modérions notre ambition, nous trouverions
moderar.
plus aisément le bonheur que nous désirons, et qui s'é-
desear
loigne encore plus de nous quand nous croyons l'avoir
alejar
atteint. Si je te racontais mes malheurs, tu me plaindrais,
alcanzar contar desdicha compadecer
et le public me blâmerait. Choisissez de ces deux habits
vituperar escoger vestido
celui qui vous paraîtra le plus beau. Celui qui parlera mal
parecer
de son prochain ne sera pas reçu | chez moi. | Tout soldat
prójimo admitir en mi casa.
qui désertera sera pendu. Quand je le verrai, je l'avertirai.
desertar ahorcar. ver avisar.
Après avoir dirigé sa route sur Paris, il prit celle de Lyon.
dirigir camino hácia tomar Leon.
Après avoir volé son maître, il le tua. Après avoir résisté
robar matar. resistir
long-temps, il fut pris avec le corps qu'il commandait.
coger cuerpo mandar.

LEÇON XV.

DES VERBES NEUTRES, RÉFLÉCHIS, RÉCIPROQUES, ou PRONOMINAUX et IMPERSONNELS.

DES VERBES NEUTRES.

Les verbes neutres ou intransitifs suivent dans leurs temps simples la conjugaison à laquelle ils appartiennent; et dans leurs temps composés, ils se conjuguent avec le verbe *haber*, avoir, et le participe passé qui est invariable : ex. *llegar*, arriver; *haber llegado* (et non *ser llegado*), être arrivé; *habiendo llegado*, étant arrivé; *he llegado*, je suis arrivé; *hube llegado*, je fus arrivé; *habia llegado*, j'étais arrivé; *habré llegado*, je serai arrivé; *hubiera* ou *habria llegado*, je serais arrivé; *hubiese llegado*, je fusse arrivé; *haya llegado*, que je sois arrivé, *hubiere llegado*, je serai arrivé, etc.

DES VERBES RÉCIPROQUES.

Les verbes réfléchis, réciproques ou pronominaux, se conjuguent dans leurs temps composés comme les verbes neutres, avec *haber*; et dans tous les temps avec deux pronoms de la même personne, en observant qu'on supprime ordinairement le premier.

INFINITIF.

PRÉSENT. *Lisonjearse*, se flatter. — PRÉTÉRIT. *Haberse lisonjeado*, s'être flatté. — GÉRONDIF. *Lisonjeandose*, se flattant. — PARTICIPE PASSÉ. *Habiendose lisonjeado*, s'étant flatté.

INDICATIF.

PRÉSENT.

Yo me lisonjeo, je me flatte.
Tú te lisonjeas, tu te flattes.
Él se lisonjea, il se flatte.
Nos. nos lisonjeamos, nous nous flattons.
Vos. os lisonjeais, vous vous flattez.
Ellos se lisonjean, ils se flattent.

Les autres temps simples se conjuguent de même.

PRÉTÉRIT INDÉFINI.

Yo me he lisonjeado, je me suis flatté.
Tú te has lisonjeado, tu t'es flatté.
El se ha lisonjeado, il s'est flatté.
Nos. nos hemos lisonjeado, nous nous sommes flattés.
Vos. os habeis lisonjeado, vous vous êtes flattés.
Ellos se han lisonjeado, ils se sont flattés.

Tous les temps composés suivent la même marche.

IMPERATIF.

Lisonjeate, flatte-toi.
Lisonjeese, qu'il se flatte,
Lisonjeemonos, flattons-nous.
Lisonjeaos, flattez-vous.
Lisonjeense, qu'ils se flattent.

L'*s* de la première personne du pluriel et le *d* de la seconde se suppriment toujours à l'impératif dans les verbes réciproques et réfléchis; ainsi on dira : *amemonos*, *amaos*, aimons-nous, aimez-vous : et non *amemos nos*, *amad os*.

DES VERBES IMPERSONNELS.

Les verbes impersonnels, comme on l'a déjà dit page 79, ne s'emploient qu'à l'infinitif, et dans tous les autres temps qu'à la troisième personne du singulier : ex. *lloviznar*, bruiner ; *haber lloviznado*, avoir bruiné ; *llovizna*, il bruine ; *ha lloviznado*, il a bruiné ; *habia lloviznado*, il avait bruiné ; *lloviznará*, il bruinera, etc.

Liste des verbes impersonnels.

Acaecer, survenir.
Acontecer, arriver.
Alborear, poindre.
Amanecer, commencer à faire jour.
Anochecer, commencer à faire nuit.
Constar, être constant.
Convenir, convenir.
Escarchar, glacer, geler.
Granizar, greler.
Helar, geler.
Importar, importer.
Llover, pleuvoir.
Nevar, neiger.
Parecer, sembler.
Relampaguear, faire des éclairs.
Ser menester, falloir.
Suceder, arriver.
Tronar, tonner.
Ventear, faire du vent.
Ventiscar, neiger et venter.

dont les troisièmes personnes sont :

Acaece,	*acaecia*,	*acaeció*, etc.
Acontece,	*acontecia*,	*aconteció*, etc.
Alborea,	*alboreaba*,	*alboreó*, etc. etc.

Remarques.

Tous ces verbes peuvent être employés figurément, et alors ils ont toutes leurs personnes; mais au propre ils sont impersonnels, et n'ont que la troisième du singulier.

Amanecer et *Anochecer* ne sont impersonnels que lorsqu'ils expriment le lever ou le coucher du soleil. Ils se conjuguent dans tous les temps avec les trois personnes, et alors ils signifient *arriver*, *être*, *se trouver dans tel lieu*, *dans tel état*, *au lever ou au coucher du soleil :* ex. *yo amanecí en Madrid*, *y anochecí en Toledo*, j'arrivai à Madrid au point du jour, et à Tolède au coucher du soleil; *tú anocheciste bueno*, *y amaneciste malo*, tu te couchas bien portant, et tu te levas malade.

THÊME.

Je suis sorti | de bonne heure. | Tu es venu tard. Votre
salir *temprano.* *venir*

billet est échu. Vous étiez parti avant moi ; il n'est donc
vale caer. partir ántes pues
pas étonnant que vous soyez arrivé plus tôt. Nous serions
extraño primero.
venus plus tôt si nous l'avions pu. Vous vous fâchez sou-
mas ántes poder. enfadar
vent sans raison. Je me suis disputé vivement avec lui, et
disputar
cependant nous sommes demeurés bons amis. Tu t'es
sin embargo quedar
couché tard, et je me suis levé | de grand matin. | Nous
acostar muy de mañana.
nous étions séparés à Dijon, et nous nous sommes rejoints
apartar juntar
à Châlons. Félicite-toi de t'être conduit ainsi. Réjouissons-
congratular portar alegrar
nous de nos succès contre nos ennemis. Contentons-nous
contentar
de ce que nous avons. Contentez-vous de peu. Dirigeons-
con portarse.
nous d'après les préceptes de l'Evangile. Je serais déjà parti
segun ya
si je ne t'avais attendu. Nous nous serions moins fatigués,
esperar cansar
si nous nous étions reposés à moitié chemin. Il grêle. Il
descansar granizar.
a grelé. Il a plu hier. Il neigera demain. Il fait des éclairs.
llover nevar relampaguear.
Il aurait gelé, si le vent du sud ne se fût pas levé. Il
helar sur levantar.
arriva que.... Il paraît que... Il faudra que je lui parle.
suceder parecer ser menester
Il faut que vous vous désistiez de vos prétentions.
desistir

LEÇON XVI.

DES VERBES IRREGULIERS.

Les verbes irréguliers sont ceux qui, dans quelques-uns de leur temps et de leurs personnes, s'écartent des règles qu'observent constamment les verbes réguliers, c'est-à-dire, qui éprouvent dans leurs lettres radicales un changement autre que celui qui est prescrit par l'orthographe, dont on a déjà parlé dans la XIV.e Leçon.

Il y a, dans les trois conjugaisons, diverses sortes de verbes irréguliers; mais comme dans la plupart d'entre eux cette irrégularité est bornée à certains modes, temps et personnes, toujours les mêmes, ces verbes offrent jusque dans leurs écarts, une sorte de régularité qui en facilite l'étude. Ces modes et temps dont la formation sort des règles générales, les seuls par conséquent dont il soit nécessaire de présenter le tableau, sont le présent de l'indicatif et celui du subjonctif dans les trois personnes du singulier, et seulement dans la troisième personne du pluriel, l'impératif dans les seconde et troisième personne du singulier, et dans la troisième du pluriel.

Une observation non moins propre à simplifier l'étude des verbes anomales, c'est que les temps irréguliers, soit de l'impératif, soit du subjonctif, se forment constamment sur ceux de l'indicatif, et toujours de la même manière. Ainsi, de *vengo*, je viens, on dit : *venga*, *vengan*, qu'il vienne, qu'ils viennent; *venga*, *vengas*, etc. que je vienne, etc.; de *vine*, je vins, *viniera* et *viniese*, je viendrais, je vinsse, et *viniere*, je viendrais; de *vendré*, je viendrai, *vendria*, *vendrias*, etc. je viendrais, etc. D'où il suit que du présent de l'indicatif se forment l'impératif et le présent du subjonctif: du prétérit défini, le premier et le troisième imparfait du subjonctif et le futur du même mode; et enfin du futur, le second imparfait du subjonctif.

Le petit nombre d'exceptions auxquelles cette règle est soumise, fait qu'elle peut être regardée à peu près comme générale.

I.re CONJUGAISON EN *AR.*

ACERTAR, *réussir.*

L'irrégularité de ce verbe consiste en ce qu'il prend un *i* devant l'*e*, qui fait partie de ses lettres radicales, dans les personnes et les temps ci-après.

INDICATIF. — PRÉSENT.

Acierto, je réussis.
Aciertas, tu réussis.
Acierta, il réussit. *Aciertan*, ils réussissent.

IMPERATIF.

Acierta tú, réussis.
Acierte él, qu'il réussisse. *Acierten ellos*, qu'ils réussissent.

SUBJONCTIF. — PRÉSENT.

Acierte, que je réussisse.
Aciertes, tu réussisses.
Acierte, il réussisse. *Acierten*, ils réussissent.

Remarques.

Tous les autres temps et personnes de ce verbe et de ceux contenus dans la liste suivante sont réguliers, et se forment d'après les règles ordinaires des conjugaisons. On a placé dans cette liste, à côté de l'infinitif de chaque verbe, la troisième personne du singulier du présent de l'indicatif, pour que l'Elève s'aperçoive que lorsque les lettres radicales ont plusieurs *e*, l'*i* se place devant le dernier. Cette remarque s'étend à toutes les listes du même genre que nous donnerons ci-après.

Verbes qui prennent un i *devant l'*e *radical, et qui se conjuguent comme* Acertar. (1)

Acrecentar, augmenter;	*acrecienta*, il augmente.
Adestrar, rendre adroit;	*adiestra*, il rend adroit.
Alentar, encourager;	*alienta*, il encourage.
Apacentar, repaître;	*apacienta*, il repaît.
Apretar, serrer;	*aprieta*, il serre.
Arrendar, prendre à ferme;	*arrienda*, il prend à ferme.
Asentar, asseoir;	*asienta*, il asseoit.
Aserrar, scier;	*asierra*, il scie.
Asestar, viser;	*asiesta*, il vise.
Atentar, attenter à;	*atienta*, il attente à.
Aterrar, terrasser;	*atierra*, il terrasse.
Atestar, remplir;	*atiesta*, il remplit.
Atravesar, traverser;	*atraviesa*, il traverse.
Aventar, éventer;	*avienta*, il évente.
Aventarse, s'enfuir;	*avientase*, il s'enfuit.
Calentar, chauffer;	*calienta*, il chauffe.
Cegar, aveugler;	*ciega*, il aveugle.
Cerrar, fermer;	*cierra*, il ferme.
Cimentar, cimenter;	*cimienta*, il cimente.
Comenzar, commencer;	*comienza*, il commence.
Concertar, concerter;	*concierta*, il concerte.
Confesar, avouer;	*confiesa*, il avoue.

(1) On ne trouvera point les trois verbes composés *contentar*, *detentar*, *ententar*, parce qu'ils sont réguliers.

Decentar, entamer;	*decienta,* il entame.
Denegar, nier;	*deniega,* il nie.
Derrengar, éreinter;	*derrienga,* il éreinte.
Desacertar, se tromper;	*desacierta,* il se trompe.
Desalentar, décourager;	*desalienta,* il décourage.
Desapretar, desserrer;	*desaprieta,* il desserre.
Desasosegar, inquiéter;	*desasosiega,* il inquiète.
Desatentar, troubler;	*desatienta,* il trouble.
Desconcertar, déranger;	*desconcierta,* il dérange.
Desempedrar, dépaver;	*desempiedra,* il dépave.
Desencerrar, mettre en liberté;	*desencierra,* il met en liberté.
Desenterrar, déterrer;	*desentierra,* il déterre.
Deshelar, dégeler;	*deshiela,* il dégèle.
Desherrar, déferrer;	*deshierra,* il déferre.
Desmembrar, démembrer;	*desmiembra,* il démembre.
Despedrar, épierrer;	*despiedra,* il épierre.
Despernar, couper les jambes;	*despierna,* il coupe les jambes.
Despertar, réveiller;	*despierta,* il réveille.
Desplegar, déplier;	*despliega,* il déplie.
Desterrar, exiler;	*destierra,* il exile.
Diezmar, dîmer;	*diezma,* il dîme.
Empedrar, paver;	*empiedra,* il pave.
Empezar, commencer;	*empieza,* il commence.
Encerrar, enfermer;	*encierra,* il enferme.
Encensar, encenser;	*enciensa,* il encense.
Encomendar, recommander;	*encomienda,* il recommande.
Encubertar, couvrir d'une couverture;	*encubierta,* il couvre d'une couverture.
Enmendar, corriger;	*enmienda,* il corrige.
Ensangrentar, ensanglanter;	*ensangrienta,* il ensanglante.
Enterar, enterrer;	*entierra,* il enterre.
Errar, errer;	*yerra,* il erre.
Escarmentar, corriger;	*escarmienta,* il corrige.
Estregar, frotter;	*estriega,* il frotte.
Fregar, laver;	*friega,* il lave.
Gobernar, gouverner;	*gobierna,* il gouverne.
Helar, geler;	*hiela,* il gèle.
Herrar, ferrer;	*hierra,* il ferre.
Infernar, damner;	*infierna,* il damne.
Invernar, hiverner;	*invierna,* il hiverne.

Manifestar, manifester; *manifiesta*, il manifeste.
Mentar, mentionner; *mienta*, il mentionne.
Merendar, goûter; *merienda*, il goûte.
Negar, nier; *niega*, il nie.
Nevar, neiger; *nieva*, il neige.
Pensar, penser; *piensa*, il pense.
Perniquebrar, rompre les jambes; *perniquiebra*, il rompt les jambes.
Plegar, plier; *pliega*, il plie.
Quebrar, rompre; *quiebra*, il rompt.
Recomendar, recommander; *recomienda*, il recommande.
Regar, arroser; *riega*, il arrose.
Remendar, rapiécer; *remienda*, il rapièce.
Renegar, renier; *reniega*, il renie.
Requebrar, cajoler; *requiebra*, il cajole.
Retemblar, avoir des tremblements répétés; *retiembla*, il a des tremblements répétés.
Retentar, menacer de rechute; *retienta*, il menace de rechute.
Reventar, crever; *revienta*, il crève.
Segar, faucher; *siega*, il fauche.
Sembrar, semer; *siembra*, il sème.
Sentarse, s'asseoir; *sientase*, il s'asseoit.
Serrar, scier; *sierra*, il scie.
Sosegar, reposer; *sosiega*, il repose.
Soterrar, enfouir; *sotierra*, il enfouit.
Subarendar, sous-affermer; *subarienda*, il sous-afferme.
Temblar, trembler; *tiembla*, il tremble.
Tentar, tenter; *tienta*, il tente.
Trasegar, transvaser; *trasiega*, il transvase.
Tropezar, broncher; *tropieza*, il bronche.

ALMORZAR, *déjeûner*.

Ce verbe change son *o* radical en *ue*, dans les mêmes temps et personnes où le verbe *Acertar* prend un *i*.

INDICATIF.

PRÉSENT.

Almuerzo, je déjeûne.
Almuerzas, tu déjeûnes.
Almuerza, il déjeûne. *Almuerzan*, ils déjeûnent.

IMPERATIF.

Almuerza tú, déjeûne.
Almuerze él, qu'il déjeûne. *Almuerzen ellos*, qu'ils déjeûnent.

SUBJONCTIF.

PRÉSENT.

Almuerze, que je déjeûne.
Almuerzes, tu déjeûnes.
Almuerze, il déjeûne. *Almuerzen*, ils déjeûnent.

Les verbes suivants ont la même irrégularité, et se conjuguent comme *Almorzar*.

Acordar, convenir ; *acuerda*, il convient.
Acordarse, se souvenir ; *acuerdase*, il se souvient.
Acostarse, se coucher ; *acuestase*, il se couche.
Agorar, augurer ; *agüera*, il augure.
Amolar, aiguiser ; *amuela*, il aiguise.
Aporcar, enchausser; *apuerca*, il enchausse.
Aportar, aborder ; *apuerta*, il aborde.
Apostar, parier ; *apuesta*, il parie.
Aprobar, approuver ; *aprueba*, il approuve.
Asolar, ravager ; *asuela*, il ravage.
Asoldar, soudoyer ; *asuelda*, il soudoie.
Asonar, mettre les sons d'accord ; *asuena*, il met les sons d'accord.
Avergonzar, faire honte ; *avergüenza*, il fait honte.
Colar, couler, *cuela*, il coule.
Colgar, suspendre ; *cuelga*, il suspend.
Comprobar, prouver ; *comprueba*, il prouve.
Concordar, accorder ; *concuerda*, il accorde.
Consolar, consoler ; *consuela*, il console.
Consonar, s'accorder ; *consuena*, il s'accorde.
Contar, compter ; *cuenta*, il compte.
Costar, coûter ; *cuesta*, il coûte.
Degollar, décapiter ; *degüella*, il décapite.
Demostrar, démontrer, *demuestra*, il démontre.
Denostar, injurier ; *denuesta*, il injurie.
Desacordar, être discordant ; *desacuerda*, il est discordant.
Desaprobar, désapprouver ; *desaprueba*, il désapprouve.

Descollar, surpasser en hauteur;	*descuella*, il surpasse, etc.
Descolgar, décrocher;	*descuelga*, il décroche.
Desconsolar, désoler;	*desconsuela*, il désole.
Descontar, escompter;	*descuenta*, il escompte.
Desengrosar, dégrossir;	*desengruesa*, il dégrossit.
Desflocar, effiler;	*desflueca*, il effile.
Desfogar, jeter son feu;	*desfuega*, il jette son feu.
Désolar, désoler;	*desuela*, il désole.
Desollar, écorcher;	*desuella*, il écorche.
Desovar, frayer (1);	*desueva*, il fraie.
Despoblar, dépeupler;	*despuebla*, il dépeuple.
Destrocar, défaire un troc;	*destrueca*, il défait un troc.
Desvergonzarse, perdre toute pudeur;	*desvergüenzase*, il perd toute pudeur.
Emporcar, salir;	*empuerca*, il salit.
Encordar, garnir de cordes;	*encuerda*, il garnit, etc.
Encontrar, rencontrer;	*encuentra*, il rencontre.
Engrosar, grossir;	*engruesa*, il grossit.
Enrodar, rouer;	*enrueda*, il roue.
Esforzar, animer;	*esfuerza*, il anime.
Forzar, forcer.	*fuerza*, il force.
Holgar, se reposer;	*huelga*, il se repose.
Hollar, fouler;	*huella*, il foule.
Mostrar, montrer;	*muestra*, il montre.
Poblar, peupler;	*puebla*, il peuple.
Probar, prouver;	*prueba*, il prouve.
Recordar, rappeler;	*recuerda*, il rappelle.
Recordarse, se souvenir;	*recuerdase*, il se souvient.
Recostarse, se coucher sur un côté;	*recuestase*, il se couche sur un côté.
Reforzar, renforcer;	*refuerza*, il renforce,
Regoldar, roter;	*regüelda*, il rote.
Renovar, renouveler;	*renueva*, il renouvelle.
Reprobar, réprouver;	*reprueba*, il réprouve.
Rescontrar, compenser;	*rescuentra*, il compense.
Resollar, souffler;	*resuella*, il souffle.

(1) Parlant des poissons.

Resonar, résonner; *resuena*, il résonne.
Revolar, voler de nouveau; *revuela*, il vole de nouveau.
Revolcarse, se vautrer; *revuelcase*, il se vautre.
Rodar, roder. *rueda*, il roule.
Rogar, prier; *ruega*, il prie.
Soldar, souder; *suelda*, il soude.
Soltar, délier; *suelta*, il délie.
Sonar, sonner; *suena*, il sonne.
Sonarse, se moucher; *suenase*, il se mouche.
Soñar, rêver; *sueña*, il rêve.
Tostar, rôtir; *tuesta*, il rôtit.
Trascolar, filtrer; *trascuela*, il filtre.
Trascordarse de, oublier; *trascuerdase de*, il oublie.
Trasoñar, rêver; *trasueña*, il rêve.
Trocar, troquer; *trueca*, il troque.
Tronar, tonner; *truena*, il tonne.
Volar, voler; *vuela*, il vole.
Volcar, bouleverser; *vuelca*, il bouleverse.

ANDAR, *aller*.

Les temps irréguliers de ce verbe sont le prétérit défini de l'indicatif, le premier et le troisième imparfait du subjonctif, et le futur du même mode.

INDICATIF.

PRÉTÉRIT DÉFINI.

Anduve, j'allai. *Anduvimos*, nous allâmes.
Anduviste, tu allas. *Anduvisteis*, vous allâtes.
Anduvo, il alla. *Anduviéron*, ils allèrent.

SUBJONCTIF.

IMPARFAIT.

Anduviera, anduviese, j'irai, j'allasse.
Anduvieras, anduvieses, tu irais, tu allasses.
Anduviera, anduviese, il irait, il allât.
Anduviéramos, anduviésemos, nous irions, nous allassions.
Anduviérais, anduviéseis, vous iriez, vous allassiez.
Anduvieran, anduviesen, ils iraient, ils allassent.

FUTUR.

Anduviere, j'irai.
Anduvieres, tu iras.
Anduviere, il ira.
Anduviéremos, nous irons.
Anduviéreis, vous irez.
Anduvieren, ils iront.

DAR, *donner*.

Ce verbe est irrégulier à la première personne du présent de l'indicatif, au prétérit défini du même mode, au premier et au troisième imparfait, et au futur du subjonctif.

INDICATIF.

PRÉSENT. — *Doy*, je donne.

PRÉTÉRIT DÉFINI.

Di, je donnai.
Diste, tu donnas.
Dió, il donna.
Dimos, nous donnâmes.
Distéis, vous donnâtes.
Diéron, ils donnèrent.

SUBJONCTIF.

IMPARFAIT.

Diera, *diese*, je donnerais, je donnasse.
Dieras, *dieses*, tu donnerais, tu donnasses.
Diera, *diese*, il donnerait, il donnât.
Diéramos, *diésemos*, nous donnerions, nous donnassions.
Diérais, *diéseis*, vous donneriez, vous donnassiez.
Dieran, *diesen*, ils donnèrent, ils donnassent.

FUTUR.

Diere, je donnerai.
Dieres, tu donneras.
Diere, il donnera.
Diéremos, nous donnerons.
Diéreis, vous donnerez.
Dieren, ils donneront.

JUGAR, *jouer*.

Ce verbe prend un *e* après l'*u* radical dans les temps et personnes qui suivent :

INDICATIF.

PRÉSENT.

Juego, je joue.
Juegas, tu joues.
Juega, il joue. *Juegan*, ils jouent.

IMPERATIF.

Juega tú, joue.
Juegue él, qu'il joue. *Jueguen ellos*, qu'ils jouent.

SUBJONCTIF.

PRÉSENT.

Juegue, que je joue.
Juegues, tu joues.
Juegue, il joue. *Jueguen*, ils jouent.

THÈME.

Je parie de deviner ce que vous pensez, et que vous ne
apostar adivinar pensar
deviniez pas ce que je pense. Cet homme manifeste de
manifestar
bonnes intentions. J'avoue mes fautes, et tu nies les tien-
confesar negar
nes. Pourquoi commencez-vous si tard votre journée? A
empezar
quelle heure vous éveillez-vous? Je m'éveille | au point du
despertar al amane-
jour | je déjeûne à huit heures, je dîne à une, je goûte à
cer almorzar comer merendar
sept, et je me couche à dix. La guerre dépeuple les états,
acostar despoblar
et ensanglante les lieux qui en sont le théâtre. Escomptez-
ensangrentar descontar
moi cette lettre-de-change. Je crains que vous ne me dé-
letra cambio. temer de-

sapprouviez. Je ne crois pas qu'ils s'accordent ensemble.
saprobar. creer acordar
Je doute qu'ils se souviennent de moi. Il veut que je troque
dudar recordar querer trocar
ma montre contre la sienne. Je doute que ce maréchal
relox por albeitar
ferre bien mon cheval. Il n'est pas de si bon cheval qui ne
herrar haber
bronche. Je crains qu'il ne gêle. Je crains qu'il ne vous
tropezar. helar.
recommande pas à ses amis aussi bien qu'il vous l'a promis.
encomendar prometer.
Nous marchâmes deux heures sans rencontrer personne.
andar encontrar á
Si tu marchais aussi bien que moi, nous arriverions
llegar
| avant la nuit. | Je lui donne dix points au billard, et
ántes de anochecer. dar tanto billar
cependant il joue assez bien. Je donnai mon épée à M.
jugar
Pinto, et il me donna un très-beau sabre. Nous donnâmes
hier une fête où assista la meilleure compagnie de la ville.
festejo concurrir
On lui donna dix louis pour son ouvrage, et il fut très-
luis quedar
satisfait. S'il donnait moins aux pauvres, il ne serait pas
pobre
si arriéré. Il grossirait moins, s'il marchait plus sou-
atrasado. engrosar
vent. Soutirez vos vins, si vous voulez les bonifier. J'ap-
Trasegar mejorar. Apro-
prouve | tout ce qu' | il fait. Recommande ton âme à
bar cuanto hacer. alma
Dieu. Souviens-toi de tes promesses.
Acordar

LEÇON XVII.

SUITE DES VERBES IRREGULIERS.

II.me CONJUGAISON EN ER.

Tous les verbes terminés en *acer*, *ecer* et *ocer*, tels que *nacer*, naître, *empobrecer*, appauvrir, *conocer*, connaître, prennent un *z* avant leur *c* radical, dans la première personne du singulier du présent de l'indicatif, dans la troisième personne du singulier et du pluriel de l'impératif, et dans toutes celles du présent du subjonctif.

Conocer, *connaître.*

INDICATIF.

PRÉSENT.

Conozco, je connais.

IMPERATIF.

Conozca él, qu'il connaisse. *Conozcan ellos,* qu'ils connaissent.

SUBJONCTIF.

PRÉSENT.

Conozca, que je connaisse.
Conozcas, tu connaisses.
Conozca, il connaisse.
Conozcamos, nous connaissions.
Conozcais, vous connaissiez.
Conozcan, il connaissent.

On exceptera de cette règle générale le verbe *hacer*, faire, et ses composés, tels que *deshacer*, défaire, *rehacer*, refaire, *contrahacer*, contrefaire, etc. dont l'irrégularité consiste dans les temps et personnes ci-après.

HACER, *faire.*

INDICATIF.

PRÉSENT. — *Hago*, je fais.

PRÉTÉRIT DÉFINI.

Hice, je fis.
Hiciste, tu fis.
Hizo, il fit.
Hicimos, nous fîmes.
Hicisteis, vous fîtes.
Hiciéron, ils firent.

FUTUR.

Haré, je ferai.
Harás, tu feras.
Hará, il fera.
Harémos, nous ferons.
Haréis, vous ferez.
Harán, ils feront.

IMPERATIF.

Haz, fais.
Haga, qu'il fasse.
Hagan, qu'ils fassent.

SUBJONCTIF.

PRÉSENT.

Haga, que je fasse.
Hagas, tu fasses.
Haga, il fasse.
Hagamos, nous fassions.
Hagais, vous fassiez.
Hagan, ils fassent.

IMPARFAIT.

Hiciera, *haria*, *hiciese*, je ferais, je fisse.
Hicieras, *harias*, *hicieses*, tu ferais, tu fisses.
Hiciera, *haria*, *hiciese*, il ferait, il fit.
Hiciéramos, *haríamos*, *hiciésemos*, nous ferions, nous fissions.
Hiciérais, *haríais*, *hiciéseis*, vous feriez, vous fissiez.
Hicieran, *harian*, *hiciesen*, ils feraient, ils fissent.

FUTUR.

Hiciere, je ferai.
Hicieres, tu feras.
Hiciere, il fera.
Hiciéremos, nous ferons.
Hiciéreis, vous ferez.
Hicieren, ils feront.

Satisfacer, satisfaire, se conjugue comme *hacer*, en faisant précéder ce dernier verbe de l'adverbe latin *satis*, et changeant l'*h* en *f* : ex. *satisfago*, je satisfais ; *satisfice*, je satisfis ; *satisfaré*, je satisferai ; *satisfaga*, que je satisfasse, etc. Il diffère seulement de *hacer* dans la seconde personne du singulier de l'impératif, où il fait *satisfaz* et *satisface*, satisfais.

ASCENDER, *monter*.

Ce verbe prend un *i* avant son *e* radical dans les mêmes temps et personnes que le verbe *Acertar*. (Voyez pag. 107.) La même irrégularité est commune aux verbes suivants :

Atender, s'appliquer ;	*atiende*, il s'applique.
Cerner, bluter ;	*cierne*, il blute.
Condescender, condescendre ;	*condesciende*, il condescend.
Contender, disputer ;	*contiende*, il dispute.
Defender, défendre ;	*defiende*, il défend.
Desatender, ne pas faire attention ;	*desatiende*, il ne fait pas attention.
Descender, descender ;	*desciende*, il descend.
Desentender, feindre d'ignorer ;	*desentiende*, il feint d'ignorer.
Encender, allumer ;	*enciende*, il allume.
Entender, entendre ;	*entiende*, il entend.
Extender, étendre ;	*extiende*, il étend.
Heder, puer ;	*hiede*, il pue.
Hender, fendre ;	*hiende*, il fend.
Perder, perdre ;	*pierde*, il perd.
Reverter, déborder ;	*revierte*, il déborde.
Tender, tendre ;	*tiende*, il tend.
Trascender, pénétrer ;	*trasciende*, il pénètre.
Verter, verser ;	*vierte*, il verse.

ABSOLVER, *absoudre*.

Ce verbe et les suivants changent leur *o* radical en *ue* dans les mêmes temps et personnes que le verbe *Almorzar*. (Voyez pag. 110.)

Cocer (1), cuire ;	*cuece*, il cuit.

(1) *Cocer*, *escocer*, *recocer*, s'écartent de la règle générale donnée pour les verbes terminés en *acer*, *ecer* et *ocer*, et au lieu de prendre le

Condoler, compatir ;	*conduele*, il compatit.
Conmover, émouvoir ;	*conmueve*, il émeut.
Demoler, démolir ;	*demuele*, il démolit.
Desenvolver, dérouler ;	*desenvuelve*, il déroule.
Destorcer, détordre ;	*destuerce*, il détord.
Devolver, renvoyer ;	*devuelve*, il renvoie.
Disolver, dissoudre ;	*disuelve*, il dissout.
Doler, faire mal ;	*duele*, il fait mal.
Envolver, envelopper ;	*envuelve*, il enveloppe.
Escocer, cuire, démanger ;	*escuece*, il démange.
Llover, pleuvoir ;	*llueve*, il pleut.
Moler, moudre ;	*muele*, il moud.
Morder, mordre ;	*muerde*, il mord.
Mover, mouvoir ;	*mueve*, il meut.
Oler, sentir, flairer ;	*huele*, il sent.
Promover, élever à une dignité ;	*promueve*, il élève, etc.
Recocer, recuire ;	*recuece*, il recuit.
Remorder, remordre, causer des remords ;	*remuerde*, il remord.
Remover, remuer ;	*remueve*, il remue.
Resolver, résoudre ;	*resuelve*, il résout.
Retorcer, retordre, rétorquer ;	*retuerce*, il rétorque.
Revolver, remuer, troubler ;	*revuelve*, il remue.
Soler, avoir coutume ;	*suele*, il a coutume.
Torcer, tordre ;	*tuerce*, il tord.
Volver, revenir, rendre ;	*vuelve*, il revient.

Caer (1), *tomber*.

Ce verbe et ses composés *decaer*, déchoir, et *recaer*,

---

z avant le *c*, dans les temps et personnes où ces verbes l'admettent, ils changent, à cause de l'orthographe, le *c* en *z*, de la même manière que les verbes en *cer*, dont on a déjà parlé page 97, ainsi on dit : *cuezo*, je cuis ; *cueza*, *cuezan*, qu'il cuise, qu'ils cuisent ; *cueza*, *cuezas*, etc., que je cuise, etc. ; et non *cuezco*, *cuezca*, etc.

(1) *Caer*, et ses composés changent l'*i* en *y* devant l'*o* et l'*e* dans les mêmes temps et personnes que les verbes terminés en *eer*. (Voyez page 98.) Ainsi l'on écrit *cayó*, *cayera*, *cayese* ; et non *caió*, *caiera*, etc. L'irrégularité de ces verbes ne consiste pas dans cette variation qui provient uniquement de l'orthographe, mais bien en ce que dans quelques temps et personnes, ils admettent *ig*, comme on peut le voir dans la conjugaison ci-après.

retomber, sont irréguliers dans la première personne du singulier du présent de l'indicatif, dans la troisième du singulier et du pluriel de l'impératif, et dans toutes celles du présent du subjonctif.

INDICATIF.

PRÉSENT.

Caigo, je tombe.

IMPERATIF.

Caiga, qu'il tombe. *Caigan*, qu'ils tombent.

SUBJONCTIF.

PRÉSENT.

Caiga, que je tombe.
Caigas, tu tombes.
Caiga, il tombe.
Caigamos, nous tombions.
Caigais, vous tombiez.
Caigan, ils tombent.

CABER, *contenir*, *être contenu*.

INDICATIF.

PRÉSENT.

Quepo, je contiens.

PRÉTÉRIT DÉFINI.

Cupe, je contins.
Cupiste, tu contins.
Cupo, il contint.
Cupimos, nous contînmes.
Cupisteis, vous contîntes.
Cupiéron, ils continrent.

FUTUR.

Cabré, je contiendrai.
Cabrás, tu contiendras.
Cabrá, il contiendra.
Cabrémos, nous contiendrons.
Cabréis, vous contiendrez.
Cabrán, ils contiendront.

IMPERATIF.

Quepa, qu'il contienne. *Quepan*, qu'ils contiennent.

SUBJONCTIF.

PRÉSENT.

Quepa, que je contienne.
Quepas, tu contiennes.
Quepa, il contienne.
Quepamos, nous contenions.
Quepais, vous conteniez.
Quepan, ils contiennent.

IMPARFAIT.

Cupiera, *cabria*, *cupiese*, je contiendrais, je continsse.
Cupieras, *cabrias*, *cupieses*, tu contiendrais, tu continsses.
Cupiera, *cabria*, *cupiese*, il contiendrait, il contînt.
Cupiéramos, *cabríamos*, *cupiésemos*, nous contiendrions, nous continssions.
Cupiérais, *cabríais*, *cupiéseis*, vous contiendriez, vous continssiez.
Cupieran, *cabrian*, *cupiesen*, ils contiendraient, ils continssent.

FUTUR.

Cupiere, je contiendrai.
Cupieres, tu contiendras.
Cupiere, il contiendra.
Cupiéremos, nous contiendrons.
Cupiéreis, vous contiendrez.
Cupieren, ils contiendront.

Remarque. *Contenir*, ne s'exprime par *caber* qu'autant qu'il signifie *être* ou *pouvoir être contenu*, et dans ce sens le régime du verbe en devient le sujet par l'inversion de la phrase : ex. la cathédrale de Burgos contient beaucoup de monde, *ou* beaucoup de monde peut être contenu dans la cathédrale de Burgos, *en la catedral de Burgos cabe mucha gente*.

PODER, *pouvoir*.

INFINITIF.

GÉRONDIF. — *Pudiendo*, pouvant.

INDICATIF.

PRÉSENT.

Puedo, je peux.
Puedes, tu peux.
Puede, il peut.
Pueden, ils peuvent.

PRÉTÉRIT DÉFINI.

Pude, je pus.
Pudiste, tu pus.
Pudo, il put.
Pudimos, nous pûmes.
Pudisteis, vous pûtes.
Pudiéron, ils purent.

FUTUR.

Podré, je pourrai. *Podrémos*, nous pourrons.
Podrás, tu pourras. *Podréis*, vous pourrez.
Podrá, il pourra. *Podrán*, ils pourront.

SUBJONCTIF.

PRÉSENT.

Pueda, que je puisse.
Puedas, tu puisses.
Pueda, il puisse. *Puedan*, ils puissent.

IMPARFAIT.

Pudiera, *podria*, *pudiese*, je pourrais, je pusse.
Pudieras, *podrias*, *pudieses*, tu pourrais, tu pusses.
Pudiera, *podria*, *pudiese*, il pourrait, il pût.
Pudiéramos, *podríamos*, *pudiésemos*, nous pourrions, nous pussions.
Pudiérais, *podríais*, *pudiéseis*, vous pourriez, vous pussiez.
Pudieran, *podrian*, *pudiesen*, ils pourraient, ils pussent.

FUTUR.

Pudiere, je pourrai. *Pudiéremos*, nous pourrons.
Pudieres, tu pourras. *Pudiéreis*, vous pourrez.
Pudiere, il pourra. *Pudieren*, ils pourront.

PONER, *mettre*.

INDICATIF.

PRÉSENT. — *Pongo*, je mets.

PRÉTÉRIT DÉFINI.

Puse, je mis. *Pusimos*, nous mîmes.
Pusiste, tu mis. *Pusisteis*, vous mîtes.
Puso, il mit. *Pusiéron*, ils mirent.

FUTUR.

Pondré, je mettrai. *Pondrémos*, nous mettrons.
Pondrás, tu mettras. *Pondréis*, vous mettrez.
Pondrá, il mettra. *Pondrán*, ils mettront.

IMPERATIF.

Pon, mets.
Ponga, qu'il mette. *Pongan*, qu'ils mettent.

SUBJONCTIF.

PRÉSENT.

Ponga, que je mette.
Pongas, tu mettes.
Ponga, il mette.
Pongamos, nous mettions.
Pongais, vous mettiez.
Pongan, ils mettent.

IMPARFAIT.

Pusiera, *pondria*, *pusiese*, je mettrais, je misse.
Pusieras, *pondrias*, *pusieses*, tu mettrais, tu misses.
Pusiera, *pondria*, *pusiese*, il mettrait, il mît.
Pusiéramos, *pondríamos*, *pusiésemos*, nous mettrions, nous missions.
Pusiérais, *pondríais*, *pusiéseis*, vous mettriez, vous missiez.
Pusieran, *pondrian*, *pusiesen*, ils mettraient, ils missent.

FUTUR.

Pusiere, je mettrai.
Pusieres, tu mettras.
Pusiere, il mettra.
Pusiéremos, nous mettrons.
Pusiéreis, vous mettrez.
Pusieren, ils mettront.

Les verbes suivants, composés du verbe *poner*, ont la même irrégularité.

Anteponer, préférer.
Componer, arranger.
Deponer, déposer.
Descomponer, déranger.
Disponer, disposer.
Exponer, exposer.
Imponer, imposer.
Indisponer, indisposer.
Oponer, opposer.
Proponer, proposer.
Reponer, remettre.
Sobreponer, mettre par-dessus.
Suponer, supposer.
Trasponer, transposer.

QUERER, *vouloir* ou *aimer*.

INDICATIF.

PRÉSENT.

Quiero, je veux.
Quieres, tu veux.
Quiere, il veut.
Quieren, ils veulent.

PRÉTÉRIT DÉFINI.

Quise, je voulus.
Quisiste, tu voulus.
Quiso, il voulut.
Quisimos, nous voulûmes.
Quisisteis, vous voulûtes.
Quisiéron, ils voulurent.

FUTUR.

Querré, je voudrai. *Querrémos*, nous voudrons.
Querrás, tu voudras. *Querréis*, vous voudrez.
Querrá, il voudra. *Querrán*, ils voudront.

IMPERATIF.

Quiera, qu'il veuille. *Quieran*, qu'ils veuillent.

SUBJONCTIF.

PRÉSENT.

Quiera, que je veuille.
Quieras, tu veuilles.
Quiera, il veuille. *Quieran*, ils veuillent.

IMPARFAIT.

Quisiera, *querria*, *quisiese*, je voudrais, je voulusse.
Quisieras, *querrias*, *quisieses*, tu voudrais, tu voulusses.
Quisiera, *querria*, *quisiese*, il voudrait, il voulût.
Quisiéramos, *querríamos*, *quisiésemos*, nous voudrions, nous voulussions.
Quisiérais, *querríais*, *quisiéseis*, vous voudriez, vous voulussiez.
Quisieran, *querrian*, *quisiesen*, ils voudraient, ils voulussent.

FUTUR.

Quisiere, je voudrai. *Quisiéremos*, nous voudrons.
Quisieres, tu voudras. *Quisiéreis*, vous voudrez.
Quisiere, il voudra. *Quisieren*, ils voudront.

SABER, *savoir*.

INDICATIF.

PRÉSENT. — *Sé*, je sais.

PRÉTÉRIT DÉFINI.

Supe, je sus. *Supimos*, nous sûmes.
Supiste, tu sus. *Supisteis*, vous sûtes.
Supo, il sut. *Supiéron*, ils surent.

FUTUR.

Sabré, je saurai. *Sabrémos*, nous saurons.
Sabrás, tu sauras. *Sabréis*, vous saurez.
Sabrá, il saura. *Sabrán*, ils sauront.

IMPERATIF.

Sepa, qu'il sache. *Sepan*, qu'ils sachent.

SUBJONCTIF.

PRÉSENT.

Sepa, que je sache.
Sepas, tu saches.
Sepa, il sache.
Sepamos, nous sachions.
Sepais, vous sachiez.
Sepan, ils sachent.

IMPARFAIT.

Supiera, *sabria*, *supiese*, je saurais, je susse.
Supieras, *sabrias*, *supieses*, tu saurais, tu susses.
Supiera, *sabria*, *supiese*, il saurait, il sût.
Supiéramos, *sabríamos*, *supiésemos*, nous saurions, nous sussions.
Supiérais, *sabríais*, *supiéseis*, vous sauriez, vous sussiez.
Supieran, *sabrian*, *supiesen*, ils sauraient, ils sussent.

FUTUR.

Supiere, je saurai.
Supieres, tu sauras.
Supiere, il saura.
Supiéremos, nous saurons.
Supiéreis, vous saurez.
Supieren, ils sauront.

TENER, *avoir*, ou *posséder*.

(*Voyez sa conjugaison*, *page* 69.)

Les verbes suivants, composés de *tener*, se conjuguent de la même manière.

Atener, tenir sa parole.
Contener, contenir.
Detener, arrêter.
Entretener, entretenir.
Mantener, maintenir.
Obtener, obtenir.
Retener, retenir.
Sostener, soutenir.

TRAER, *apporter*.

INDICATIF.

PRÉSENT. — *Traigo*, j'apporte.

PRÉTÉRIT DÉFINI.

Traje, j'apportai.
Trajiste, tu apportas.
Trajo, il apporta.
Trajimos, nous apportâmes.
Trajisteis, vous apportâtes.
Trajéron, ils apportèrent.

IMPERATIF.

Traiga, qu'il apporte.

Traigan, qu'ils apportent.

SUBJONCTIF.

PRÉSENT.

Traiga, que j'apporte.
Traigas, tu apportes.
Traiga, il apporte.

Traigamos, nous apportions.
Traigais, vous apportiez.
Traigan, ils apportent.

IMPARFAIT.

Trajera, *trajese*, j'apporterais, j'apportasse.
Trajeras, *trajeses*, tu apporterais, tu apportasses.
Trajera, *trajese*, il apporterait, il apportât.
Trajéramos, *trajésemos*, nous apporterions, nous apportassions.
Trajérais, *trajéseis*, vous apporteriez, vous apportassiez.
Trajeran, *trajesen*, ils apporteraient, ils apportassent.

FUTUR.

Trajere, j'apporterai.
Trajeres, tu apporteras.
Trajere, il apportera.

Trajéremos, nous apporterons.
Trajéreis, vous apporterez.
Trajeren, ils apporteront.

Les verbes suivants, composés de *traer*, ont la même irrégularité.

Abstraer, abstraire.
Atraer, attirer.
Contraer, contracter.
Detraer, écarter.
Distraer, distraire.

Extraer, extraire.
Retraer, retirer.
Retrotraer, donner un effet rétroactif.
Sustraer, soustraire.

VALER, *valoir*.

INDICATIF.

PRÉSENT.

Valgo, je vaux.

FUTUR.

Valdré, je vaudrai.
Valdrás, tu vaudras.
Valdrá, il vaudra.

Valdrémos, nous vaudrons.
Valdréis, vous vaudrez.
Valdrán, ils vaudront.

IMPERATIF.

Valga, qu'il vaille. *Valgan*, qu'ils vaillent.

SUBJONCTIF.

PRÉSENT.

Valga, que je vaille. *Valgamos*, nous valions.
Valgas, tu vailles. *Valgais*, vous valiez.
Valga, il vaille. *Valgan*, ils vaillent.

IMPARFAIT.

Valdria, je vaudrais. *Valdriamos*, nous vaudrions.
Valdrias, tu vaudrais. *Valdriais*, vous vaudriez.
Valdria, il vaudrait. *Valdrian*, ils vaudraient.

Équivaler, équivaloir, a la même irrégularité.

VER, *voir*.

INFINITIF.

GÉRONDIF. — *Viendo*, voyant. PARTICIPE PASSÉ. — *Visto*, vu.

INDICATIF.

PRÉSENT.

Veo, je vois. *Vemos*, nous voyons.
Ves, tu vois. *Veis*, vous voyez.
Ve, il voit. *Ven*, ils voient.

IMPARFAIT.

Veia, je voyais. *Veiamos*, nous voyions.
Veias, tu voyais. *Veiais*, vous voyiez.
Veia, il voyait. *Veian*, ils voyaient.

PRÉTÉRIT DÉFINI.

Vi, je vis. *Vimos*, nous vîmes.
Viste, tu vis. *Visteis*, vous vîtes.
Vió, il vit. *Viéron*, ils virent.

FUTUR.

Veré, je verrai. *Verémos*, nous verrons.
Verás, tu verras. *Veréis*, vous verrez.
Verá, il verra. *Verán*, ils verront.

IMPERATIF.

Veamos, voyons.
Ve, vois. *Ved*, voyez.
Vea, qu'il voie. *Vean*, qu'ils voient.

SUBJONCTIF.

PRÉSENT.

Vea, que je voie.
Veas, tu voies.
Vea, il voie.
Veamos, nous voyions.
Veais, vous voyiez.
Vean, ils voient.

IMPARFAIT.

Viera, *veria*, *viese*, je verrais, je visse.
Vieras, *verias*, *vieses*, tu verrais, tu visses.
Viera, *veria*, *viese*, il verrait, il vît.
Viéramos, *veriamos*, *viésemos*, nous verrions, nous vissions.
Viérais, *veriais*, *viéseis*, vous verriez, vous vissiez.
Vieran, *verian*, *viesen*, ils verraient, ils vissent.

FUTUR.

Viere, je verrai.
Vieres, tu verras.
Viere, il verra.
Viéremos, nous verrons.
Viéreis, vous verrez.
Vieren, ils verront.

Les verbes suivants, composés du verbe *ver*, ont la même irrégularité.

Entrever, entrevoir.
Prever, prévoir.

Remarques.

Il y a dans les verbes irréguliers de la seconde conjugaison quelques verbes défectueux, ainsi nommés parce qu'on ne peut les employer qu'à certaines personnes et à certains temps : tels que *placer*, plaire, *soler*, avoir coutume, et *yacer*, gîre.

Placer n'est usité qu'à la troisième personne du présent, de l'imparfait et du prétérit défini de l'indicatif : ex. *me place*, il me plaît; *me placia*, il me plaisait; *meplugo*, il me plut : à la troisième personne du présent, du premier et du troisième imparfait et du futur du subjonctif, seulement dans les phrases suivantes : *plegue á Dios*, qu'il plaise à Dieu ;

pluguiera et *pluguiese á Dios*, s'il plaisait, **ou** qu'il plût à Dieu ; *si me pluguiere*, s'il me plaît.

Soler est usité dans les six personnes du présent et de l'imparfait de l'indicatif : *suelo*, j'ai coutume, etc., *solia*, j'avais coutume, etc. Le prétérit défini *solí*, le futur, l'impératif, le présent et l'imparfait du subjonctif, dont la seconde terminaison *soldria* ou *soleria* est inusitée, s'emploient très-rarement.

Du verbe *yacer*, les deux seuls temps usités à la troisième personne sont le présent et l'imparfait de l'indicatif : ex. *aquí yace*, *aquí yacia*, ici gît, ici gissait.

THÈME.

Il y a des gens qui perdent beaucoup | à se faire | con-
perder *en darse á* *co-*
naître. Je sais qu'il a des liaisons avec le ministre, et qu'il
nocer. *saber* *empeño*
peut vous être utile s'il le veut. Je connais vos juges, et je
poder *querer.* *juez*
suis assuré qu'ils feront pour vous tout ce qu'ils pourront.
cierto *hacer*
Quand voulez-vous que nous fassions cette affaire ? Je fis hier le pari que nous aurions la paix avant six mois. Quoi-
apuesta
qu'il pleuve à verse, il faut que je retourne | chez moi. |
llover á cántaros *volver* *á casa.*
Garçon, allumez le feu, et apportez-moi mon bonnet,
Muchacho encender lumbre *traer* *gorro de dormir*
car | j'ai (1) grand mal de | tête, et je veux me coucher.
doler mucho *cabeza*
Votre chien mord tous ceux qui veulent entrer | chez
perro morder *en su*

(1) Tournez la phrase, et dites : *la tête me fait grand mal.*

vous. | Il a coutume d'écrire à son père toutes les semaines.
casa. soler escribir
Retournes-tu bientôt à Paris? Il se peut que j'y retourne au
luego
printemps prochain. Plût à Dieu que je pusse y aller avec
primavera ir
toi! O mon Dieu, s'écrie le pécheur à l'heure de la mort,
exclamar pecador en
en vous seul je mets mon espérance. Mettez vos fonds à la
poner caudal en
banque, ils y seront plus | en sûreté | qu'ailleurs. Je les
banco seguros en otra parte.
y mettrai demain. Ton neveu voulut venir avec moi, mais
sobrino
il ne put jamais me suivre. Nous serions bien savants, si
seguir
nous savions la centième partie de ce que nous ignorons.
centésimo ignorar.
Nous nous mîmes en route hier à cinq heures, et nous fîmes
camino
halte à midi : demain nous ferons une journée plus longue.
alto jornada
Sachez que je veux que l'on m'obéisse. Je m'arrêterai quel-
obedecer. detener
ques jours à Marseille, si vous voulez vous y arrêter avec
en Marsella pararse
moi. Pouvez-vous me prêter cent francs? Je ne puis pas; si
prestar francos
je le pouvais, je le ferais de bon cœur. Croyez-vous que
gana.
le drap de Sédan vaille mieux que celui de Louviers? Le
paño valer mas
théâtre de Bordeaux contient deux mille personnes. Cette
Burdeos caber (1)

---

(1) Voyez la remarque *Caber*, page 122.

futaille contiendrait dix veltes | de plus | si le bois n'en
tonel velta mas madera
était pas si épais. Cette malle contiendrait beaucoup plus
grueso. cofre
de hardes, si vous les arrangez mieux. Il tomba dans un
componer
étrange embarras, quand il apprit cette nouvelle. Il faut
embarazo
que vous tombiez dans la misère pour mieux apprécier
pobreza valuar
la valeur de l'argent. Le juge condamne quelquefois l'in-
precio condenar ino-
nocent, et souvent il absout le coupable. Qu'on me pré-
cente absolver reo com-
pare un bon lit et qu'on y mette des draps propres. Ces
poner sábana limpio.
fruits ont une bonne odeur. Ces légumes sont de bonne
oler bien legumbre
qualité, ils cuisent bien. Fais ce que tu peux, et jamais
cocer
au-delà de tes moyens. Aussitôt que je sus que sa femme
mas allá facultad. Luego que
était arrivée, je fus lui | rendre visite. | Je doute que ces
fui á visitar.
pois cuisent aussi bien que les lentilles que je vous donnai
guisante lenteja
l'autre jour. Votre sœur fit plus de progrès dans un an,
progreso
que les miennes n'en firent en deux. Dieu veuille que le
messager m'apporte les fonds que j'attends, et qu'il se
ordinario traer dinero
défende avec courage s'il est attaqué par des voleurs. Si
defender brio acometer
je portais ma fortune avec moi, je ne me mettrais en route
que bien escorté. Si nous savions l'avenir, nous serions
no escoltado. futuro

malheureux. Pour obtenir ce que nous voulons, nous
conseguir
devons permettre que les autres obtiennent ce qu'ils veu-
permitir *obtener*
lent. Fais-moi cette grâce, et je t'en | saurai gré. | Mon
agradecer
frère fend du bois, et je scie un soliveau.
hender *leña* *serrar* *cuarton.*

LEÇON XVIII.

SUITE DES VERBES IRREGULIERS.

III.me CONJUGAISON EN IR.

Les verbes terminés en *ucir*, tels que *lucir*, luire, etc. ont la même irrégularité que ceux de la seconde conjugaison terminés en *ecer* : ainsi, comme *empobrecer* fait *empobrezco*, *empobrezca ; lucir* fera *luzco*, *luzca*, etc. (1).

Ceux terminés en *ducir*, comme *conducir*, conduire ; *deducir*, déduire, *inducir*, induire; *traducir*, traduire, etc. outre l'irrégularité désignée ci-dessus, en ont une particulière qu'on verra dans l'exemple suivant.

CONDUCIR, *conduire.*

INDICATIF.

PRÉTÉRIT DÉFINI.

Conduje, je conduisis. *Condujimos*, nous conduisîmes.

(1) Se rappeler pour ce verbe ce que nous avons dit à la deuxième conjugaison, à l'égard des verbes en *acer*, *ecer*, *ocer*.

Condujiste, tu conduisis.
Condujo, il conduisit.
Condujísteis, vous conduisîtes.
Condujéron, ils conduisirent.

SUBJONCTIF.

IMPARAIT.

Condujera, *condujese*, je conduirais, je conduisisse.
Condujeras, *condujeses*, tu conduirais, tu conduisisses.
Condujera, *condujese*, il conduirait, il conduisît.
Condujéremos, *condujésemos*, nous conduirions, nous conduisissions.
Condujérais, *condujéseis*, vous conduiriez, vous conduisissiez.
Condujeran, *condujesen*, ils conduiraient, ils conduisissent.

FUTUR.

Condujere, je conduirai.
Condujeres, tu conduiras.
Condujere, il conduira.
Condujéremos, nous conduirons.
Condujéreis, vous conduirez.
Condujeren, ils conduiront.

SENTIR (1), *sentir*.

Ce verbe dans certaines personnes, prend un *i* avant son *e* radical, et dans quelques autres change cet *e* en *i*.

INFINITIF.

GÉRONDIF. — *Sintiendo*, sentant.

INDICATIF.

PRÉSENT.

Siento, je sens.
Sientes, tu sens.
Siente, il sent.
Sienten, ils sentent.

---

(1) Ce verbe change l'*e* en *i* dans les mêmes temps et personnes que le verbe *acertar*, de la première conjugaison, et que le verbe *ascender*, de la seconde, dans les trois personnes du singulier, et par conséquent la troisième personne du pluriel des trois présents personnels. Aussi conseillons-nous à l'Elève d'étudier cette irrégularité avant la seconde, qui consiste à changer l'*e* en *i* au gérondif, les deux troisièmes personnes du prétérit défini, par conséquent l'imparfait *ra*, *se*, et le futur conjonctif, et outre cela les deux premières personnes du pluriel du présent du subjonctif.

PRÉTÉRIT DÉFINI.

Sintió, il sentit.	*Sintiéron*, ils sentirent.

IMPERATIF.

Siente, sens.	
Sinta, qu'il sente.	*Sintan*, qu'ils sentent.

SUBJONCTIF.

PRÉSENT.

Sienta, que je sente.	*Sintamos*, nous sentions.
Sientas, tu sentes.	*Sintais*, vous sentiez.
Sienta, il sente.	*Sientan*, ils sentent.

IMPARFAIT.

Sintiera, ***sintiese***, je sentirais, je sentisse.
Sintieras, ***sintieses***, tu sentirais, tu sentisses.
Sintiera, ***sintiese***, il sentirait, il sentît.
Sintiéramos, ***sintiésemos***, nous sentirions, nous sentissions.
Sintiérais, ***sintiéseis***, vous sentiriez, vous sentissiez.
Sintieran, ***sintiesen***, ils sentiraient, ils sentissent.

FUTUR.

Sintiere, je sentirai.	*Sintiéremos*, nous sentirons.
Sintieres, tu sentiras.	*Sintiéreis*, vous sentirez.
Sintiere, il sentira.	*Sintieren*, ils sentiront.

L'irrégularité du verbe *sentir* est commune aux verbes suivants :

Adherir, adhérer (1);	*adhiere*,	*adhirió*.
Adquirir, acquérir;	*adquiere*,	*adquirió*.
Advertir, prendre garde;	*advierte*,	*advirtió*.
Arrepentirse, se repentir;	*arrepientese*,	*arrepintióse*.
Asentir, consentir;	*asiente*,	*asintió*.
Conferir, conférer;	*confiere*,	*confirió*.
Consentir, consentir;	*consiente*,	*consintió*.

---

(1) La première colonne de cette ligne désigne l'infinitif; la seconde, la troisième personne du singulier du présent de l'indicatif; et la troisième, la même personne du prétérit défini.

Controvertir, disputer sur une matière douteuse;	*controvierte*,	*controvirtió.*
Convertir, convertir;	*convierte*,	*convirtió.*
Deferir, déférer;	*defiere*,	*defirió.*
Desconsentir, refuser son consentement;	*desconsiente*,	*desconsintió.*
Desmentir, démentir;	*desmiente*,	*desmintió.*
Diferir, différer;	*difiere*,	*difirió.*
Digerir, digérer;	*digiere*,	*digirió.*
Disentir, être d'avis contraire;	*disiente*,	*disintió.*
Divertir, divertir;	*divierte*,	*divirtió.*
Hervir, bouillir;	*hierve*,	*hirvió.*
Herir, blesser;	*hiere*,	*hirió.*
Inferir, inférer;	*infiere*,	*infirió.*
Invertir, bouleverser;	*invierte*,	*invirtió.*
Injerir, enter, greffer;	*injiere*,	*injirió.*
Mentir, mentir;	*miente*,	*mintió.*
Pervertir, pervertir;	*pervierte*,	*pervirtió.*
Preferir, préférer;	*prefiere*,	*prefirió.*
Presentir, pressentir;	*presiente*,	*presintió.*
Proferir, proférer;	*profiere*,	*profirió.*
Referir, rapporter;	*refiere*,	*refirió.*
Requerir, requérir;	*requiere*,	*requirió.*
Resentirse, se ressentir;	*resientese*,	*resintióse.*

Dormir (1), *dormir.*

Dans ce verbe l'*o* radical se change quelquefois en *ue*, et d'autrefois en *u*.

INFINITIF.

Gérondif. — *Durmiendo*, dormant.

(1) Remarquez que la première irrégularité de ce verbe est la même que celle d'*almorzar* et d'*absolver*, et que la deuxième consiste à changer l'*o* en *u*, dans les mêmes temps et personnes où le verbe *sentir* change l'*e* en *i*.

INDICATIF.

PRÉSENT.

Duermo, je dors.	
Duermes, tu dors.	
Duerme, il dort.	*Duermen*, ils dorment.

PRÉTÉRIT DÉFINI.

Durmió, il dormit.	*Durmiéron*, ils dormirent.

IMPERATIF.

Duerme, dors.	
Duerma, qu'il dorme.	*Duerman*, qu'ils dorment.

SUBJONCTIF.

PRÉSENT.

Duerma, que je dorme.	*Durmamos*, nous dormions.
Duermas, tu dormes.	*Durmais*, vous dormiez.
Duerma, il dorme.	*Duerman*, ils dorment.

IMPARFAIT.

Durmiera, *durmiese*, je dormirais, je dormisse.
Durmieras, *durmieses*, tu dormirais, tu dormisses.
Durmiera, *durmiese*, il dormirait, il dormît.
Durmiéramos, *durmiésemos*, nous dormirions, nous dormissions.
Durmiérais, *durmiéseis*, vous dormiriez, vous dormissiez.
Durmieran, *durmiesen*, ils dormiraient, ils dormissent.

FUTUR.

Durmiere, je dormirai.	*Durmiéremos*, nous dormirons.
Durmieres, tu dormiras.	*Durmiéreis*, vous dormirez.
Durmiere, il dormira.	*Durmieren*, ils dormiront.

Le verbe *morir*, mourir, a les mêmes irrégularités que *dormir*.

PEDIR, *demander*.

Ce verbe change son *e* radical en *i* dans les temps et personnes ci-dessous.

INFINITIF.

GÉRONDIF. — *Pidiendo*, demandant.

INDICATIF.

PRÉSENT.

Pido, je demande.
Pides, tu demandes.
Pide, il demande. *Piden*, ils demandent.

PRÉTÉRIT DÉFINI.

Pidió, il demanda. *Pidiéron*, ils demandèrent.

IMPERATIF.

Pide, demande.
Pida, qu'il demande. *Pidan*, qu'ils demandent.

SUBJONCTIF.

PRÉSENT.

Pida, que je demande. *Pidamos*, nous demandions.
Pidas, tu demandes. *Pidais*, vous demandiez.
Pida, il demande. *Pidan*, ils demandent.

IMPARFAIT.

Pidiera, *pidiese*, je demanderais, je demandasse.
Pidieras, *pidieses*, tu demanderais, tu demandasses.
Pidiera, *pidiese*, il demanderait, il demandât.
Pidiéramos, *pidiésemos*, nous demanderions, nous demandassions.
Pidiérais, *pidiéseis*, vous demanderiez, vous demandassiez.
Pidieran, *pidiesen*, ils demanderaient, ils demandassent.

FUTUR.

Pidiere, je demanderai. *Pidiéremos*, nous demanderons.
Pidieres, tu demanderas. *Pidiéreis*, vous demanderez.
Pidiere, il demandera. *Pidieren*, ils demanderont.

Conjuguez comme *pedir* les verbes suivants :

Ceñir, ceindre ; *ciñe*, *ciñió*.
Colegir, méditer ; *colige*, *coligió*.

Comedirse, se civiliser ;	*comidese*,	*comidióse.*
Competir, rivaliser ;	*compite*,	*compitió.*
Concebir, concevoir ;	*concibe*,	*concibió.*
Conseguir, obtenir;	*consigue*,	*consiguió.*
Constreñir, contraindre ;	*constriñe*,	*constriñió.*
Corregir, (1) corriger ;	*corrige*,	*corrigió.*
Derretir, fondre ;	*derrite*,	*derritió.*
Desceñir, ôter la ceinture ;	*desciñe*,	*desciñió.*
Descomedirse, devenir incivil ;	*descomidese*,	*descomidióse.*
Deservir, désobliger ;	*desirve*,	*desirvió.*
Desleir, délayer ;	*deslie*,	*deslió.*
Despedir, congédier ;	*despide*,	*despidió.*
Desteñir, déteindre ;	*destiñe*,	*destiñió.*
Elegir, choisir ;	*elige*,	*eligió.*
Embestir, attaquer ;	*embiste*,	*embistió.*
Engreirse, se parer ;	*engriese*,	*engrióse.*
Envestir, investir ;	*enviste*,	*envistió.*
Estreñir, étreindre,	*estriñe*,	*estriñió.*
Expedir, expédier ;	*expide*,	*expidió.*
Freir, frire ;	*frie*,	*frió.*
Gemir, gémir ;	*gime*,	*gimió.*
Impedir, empêcher ;	*impide*,	*impidió.*
Investir, investir ;	*inviste*,	*invistió.*
Medir, mesurer ;	*mide*,	*midió.*
Perseguir, persécuter ;	*persigue*,	*persiguió.*
Proseguir, poursuivre ;	*prosigue*,	*prosiguió.*
Regir, gouverner ;	*rige*,	*rigió.*
Reir, rire ;	*rie*,	*rió.*
Rendir, rendre ;	*rinde*,	*rindió.*
Reñir, se disputer ;	*riñe*,	*riñió.*
Repetir, répéter ;	*repite*,	*repitió.*
Reteñir, teindre de nouveau ;	*retiñe*,	*retiñió.*
Revestir, revêtir ;	*reviste*,	*revistió.*
Seguir, suivre ;	*sigue*,	*siguió.*
Servir, servir ;	*sirve*,	*sirvió.*
Sonreir, sourire ;	*sonrie*,	*sonrió.*

(1) Les verbes terminés en *gir* changent le *g* en *j* devant l'*a* et l'*o* dans les mêmes temps et personnes que ceux terminés en *ger*. (Voyez pag. 97.)

Teñir, teindre;	*tiñe*,	*tiñió*.
Vestir, habiller;	*viste*,	*vistió*.

VENIR, *venir*.

INFINITIF.

GÉRONDIF. — *Viniendo*, venant.

INDICATIF.

PRÉSENT.

Vengo, je viens.
Vienes, tu viens.
Viene, il vient. *Vienen*, ils viennent.

PRÉTÉRIT DÉFINI.

Vine, je vins. *Vinimos*, nous vînmes.
Viniste (1), tu vins. *Vinisteis*, vous vîntes.
Vino, il vint. *Viniéron*, ils vinrent.

FUTUR.

Vendré, je viendrai. *Vendrémos*, nous viendrons.
Vendrás, tu viendras. *Vendréis*, vous viendrez.
Vendrá, il viendra. *Vendrán*, ils viendront.

IMPERATIF.

Ven, viens.
Venga, qu'il vienne. *Vengan*, qu'ils viennent.

SUBJONCTIF.

PRÉSENT.

Venga, que je vienne. *Vengamos*, nous venions.
Vengas, tu viennes. *Vengais*, vous veniez.
Venga, il vienne. *Vengan*, ils viennent.

IMPARFAIT.

Viniera, *vendria*, *viniese*, je viendrais, je vinsse.
Vinieras, *vendrias*, *vinieses*, tu viendrais, tu vinsses.
Viniera, *vendria*, *viniese*, il viendrait, il vînt.
Viniéramos, *vendríamos*, *viniésemos*, nous viendrions, nous vinssions.
Viniérais, *vendríais*, *viniéseis*, vous viendriez, vous vinssiez.
Vinieran, *vendrian*, *viniesen*, ils viendraient, ils vinssent.

---

(1) Quelques personnes disent : *veniste*, *venimos*, *venísteis*.

FUTUR.

Viniere, je viendrai.	*Viniéremos*, nous viendrons.
Vinieres, tu viendras.	*Viniéreis*, vous viendrez.
Viniere, il viendra.	*Vinieren*, ils viendront.

Les verbes suivants composés de *venir*, se conjuguent de même.

Avenir, survenir;	*aviene*,	*avino*.
Contravenir, contrevenir;	*contraviene*,	*contravino*.
Convenir, convenir;	*conviene*,	*convino*.
Desavenir, ne point s'accorder;	*desaviene*,	*desavino*.
Intervenir, intervenir;	*interviene*,	*intervino*.
Prevenir, prévenir;	*previene*,	*previno*.
Provenir, provenir;	*proviene*,	*provino*.
Revenir, revenir;	*reviene*,	*revino*.
Sobrevenir, survenir;	*sobreviene*,	*sobrevino*.

ASIR, *saisir*.

Ce verbe est irrégulier à la première personne du singulier du présent de l'indicatif; et à toutes celles du présent du subjonctif.

INDICATIF.

PRÉSENT.

Asgo, je saisis.

IMPERATIF.

Asga, qu'il saisisse.	*Asgan*, qu'ils saisissent.

SUBJONCTIF.

PRÉSENT.

Asga, que je saisisse.	*Asgamos*, nous saisissions.
Asgas, tu saisisses.	*Asgais*, vous saisissiez.
Asga, il saisisse.	*Asgan*, ils saisissent.

Ce temps et ces personnes du verbe *asir*, sont aujourd'hui très-peu en usage.

Decir, *dire.*

INFINITIF.

Gérondif. — *Diciendo,* disant.

INDICATIF.

PRÉSENT.

Digo, je dis.
Dices, tu dis.
Dice, il dit.
Dicen, ils disent.

PRÉTÉRIT DÉFINI.

Dije, je dis.
Dijiste, tu dis.
Dijo, il dit.
Dijímos, nous dîmes.
Dijísteis, vous dîtes.
Dijéron, ils dirent.

FUTUR.

Diré, je dirai.
Dirás, tu diras.
Dirá, il dira.
Dirémos, nous dirons.
Diréis, vous direz.
Dirán, ils diront.

IMPERATIF.

Dí, dis.
Diga, qu'il dise.
Digan, qu'ils disent.

SUBJONCTIF.

PRÉSENT.

Diga, que je dise.
Digas, tu dises.
Diga, il dise.
Digamos, nous disions.
Digais, vous disiez.
Digan, ils disent.

IMPARFAIT.

Dijera, diria, dijese, je dirais, je disse.
Dijeras, dirias, dijeses, tu dirais, tu disses.
Dijera, diria, dijese, il dirait, il dît.
Dijéramos, diríamos, dijésemos, nous dirions, nous dissions.
Dijérais, diríais, dijéseis, vous diriez, vous dissiez.
Dijeran, dirian, dijesen, ils diraient, ils dissent.

FUTUR.

Dijere, je dirai.
Dijeres, tu diras.
Dijere, il dira.
Dijéremos, nous dirons.
Dijéreis, vous direz.
Dijeren, ils diront.

Le verbe *predecir*, prédire, se conjugue comme *decir*.

Contradecir, contredire, et *desdecir*, dédire, se conjuguent de même, sauf la seconde personne du singulier de l'impératif, où l'on dit *contradice* et *desdice*.

Les verbes *bendecir*, bénir, et *maldecir*, maudire, se conjuguent comme leur simple *decir*, à l'exception du futur *bendeciré*, etc. je bénirai, d'où dérive l'imparfait *ria*, *bendeciria*, je bénirais, et l'impératif *bendice*, bénis, *maldice*, maudis, au lieu de *bendí*, *maldí*.

OIR (1), *entendre*.

L'irrégularité de ce verbe consiste en ce qu'il prend un *g* après l'*i*, dans les temps et personnes ci-après.

INDICATIF.

PRÉSENT.

Oigo, j'entends.

IMPERATIF.

Oiga, qu'il entende.
Oigan, qu'ils entendent.

SUBJONCTIF.

PRÉSENT.

Oiga, que j'entende.
Oigas, tu entendes.
Oiga, il entende.
Oigamos, nous entendions.
Oigais, vous entendiez.
Oigan, ils entendent.

---

(1) *Oir* change l'*i* en *y* devant l'*e* et l'*o* dans les mêmes temps et personnes que les verbes en *eer*.

Entreoir, entr'ouïr, a la même irrégularité.

PODRIR, *pourrir*.

Ce verbe n'est usité qu'au présent de l'infinitif, *podrir*, pourrir ; au participe passé, *podrido*, pourri ; à la seconde personne du pluriel de l'impératif, *podrid*, pourrissez ; et à la troisième du singulier de l'imparfait du subjonctif, *podriria*, il pourrirait. Cependant il est usité dans cette phrase : *me pudres*, *me pudre la sangre*, tu me fais faire, il me fait faire du mauvais sang. — On voit que dans ce cas il change l'*o* en *u*.

SALIR, *sortir*.

Ce verbe prend un *g* après son *l* radical, dans les mêmes personnes que le verbe *oir ;* outre cette irrégularité, il change l'*i* en *d* dans le futur de l'indicatif et dans le second imparfait du subjonctif ; et il perd son *e* final dans la seconde personne du singulier de l'impératif.

INDICATIF.

PRÉSENT.

Salgo, je sors.

FUTUR.

Saldré, je sortirai.	*Saldrémos*, nous sortirons.
Saldrás, tu sortiras.	*Saldréis*, vous sortirez.
Saldrá, il sortira.	*Saldrán*, ils sortiront.

IMPERATIF.

Sal, sors.	
Salga, qu'il sorte.	*Salgan*, qu'ils sortent.

SUBJONCTIF.

PRÉSENT.

Salga, que je sorte.	*Salgamos*, nous sortions.

Salgas, tu sortes. *Salgais*, vous sortiez.
Salga, il sorte. *Salgan*, ils sortent.

IMPARFAIT.

Saldria, je sortirais. *Saldríamos*, nous sortirions.
Saldrias, tu sortirais. *Saldríais*, vous sortiriez.
Saldria, il sortirait. *Saldrian*, ils sortiraient.

Le verbe *sobresalir*, exceller, se conjugue comme *salir*.

IR, *aller*.

Ce verbe est un des plus irréguliers de la langue espagnole, car à peine conserve-t-il dans quelques-uns de ses temps des traces de son infinitif. On trouvera ci-après, sa conjugaison en entier.

INFINITIF.

GÉRONDIF. — *Yendo*, allant.

INDICATIF.

PRÉSENT.

Voy, je vais. *Vamos*, nous allons.
Vas, tu vas. *Vais*, vous allez.
Va, il va. *Van*, ils vont.

IMPARFAIT.

Iba, j'allais. *Ibamos*, nous allions.
Ibas, tu allais. *Ibais*, vous alliez.
Iba, il allait. *Iban*, ils allaient.

PRÉTÉRIT DÉFINI.

Fuí, j'allai. *Fuimos*, nous allâmes.
Fuiste, tu allas. *Fuisteis*, vous allâtes.
Fué, il alla. *Fuéron*, ils allèrent.

FUTUR.

Iré, j'irai. *Irémos*, nous irons.
Irás, tu iras. *Iréis*, vous irez.
Irá, il ira. *Irán*, ils iront.

IMPERATIF.

Ve, va.
Vaya, qu'il aille.

Id, allez.
Vayan, qu'ils aillent.

SUBJONCTIF.

PRÉSENT.

Vaya, que j'aille.
Vayas, tu ailles.
Vaya, il aille.

Vayamos, nous allions.
Vayais, vous alliez.
Vayan, ils aillent.

IMPARFAIT.

Fuera, iria, fuese, j'irais, j'allasse.
Fueras, irias, fueses, tu irais, tu allasses.
Fuera, iria, fuese, il irait, il allât.
Fuéramos, iríamos, fuésemos, nous irions, nous allassions.
Fuérais, iríais, fuéseis, vous iriez, vous allassiez.
Fueran, irian, fuesen, ils iraient, ils allassent.

FUTUR.

Fuere, j'irai.
Fueres, tu iras.
Fuere, il ira.

Fuéremos, nous irons.
Fuéreis, vous irez.
Fueren, ils iront.

THÊME.

Où me menez-vous, disait un aveugle à un autre, sui-
conducir *decir* *ciego* *seguir*
vez-moi, lui dit celui-ci, je vous conduis bien. Cet homme
s'introduisit furtivement dans la maison. Les ennemis,
introducirse *ocultamente*
après un siège de quatre mois, réduisirent la place à la
despues de *reducir*
dernière extrémité, et elle se rendit. Je suis fâché que vous
sentir
ne veniez pas avec moi. Quand vous viendrez à Paris,
venir
allez voir le ministre, et dites-lui que je le remercie de ce
ir á ver á *agradecer*

qu'il a fait pour vous. Après avoir servi six mois, on lui
hacer
conféra le grade de lieutenant. Il préféra la place de juge
conferir *grado* *teniente.* *preferir*
à celle de président, et il s'en repentit. Ils adhérèrent d'a-
arrepentirse. *adherir*
bord à notre opinion , et puis | ils furent d'un avis con-
disentir
traire. | Je doute que nous consentions à faire ce qu'il de-
consentir en *pe-*
mande. Les Espagnols dorment une heure après leur dîner.
dir. *dormir*
Si je dormais moins , je me porterais mieux. Turenne
estar
mourut d'un coup de canon. Je | suis en concurrence |
morir *competir*
pour cet emploi avec mon cousin ; mais je doute qu'il l'ob-
con-
tienne. Les peuples gémissent toujours des malheurs de la
seguir. *gemir*
guerre. Il demanda la place de chef de la douane, et il ne
aduana
l'obtint pas. Prends garde à ce que tu dis, et mesure bien
advertir *arreglar*
tes paroles. Viendrez-vous demain avec moi chez M. Rodriguez? Croyez-vous qu'il vienne avec vous. Je convien-
convenir
drais volontiers de ce que vous dites, si vous conveniez
de buena gana
aussi de ce que je dis. Ses malheurs dans le commerce pro-
pro-
viennent de sa trop grande confiance. Ces deux époux
venir *demasiado*
s'accorderaient bien mieux, si l'un prévenait les désirs de
avenirse *prevenir*

l'autre. Que dit-on de nouveau ? Que dit votre frère des événements politiques ? Je vous dirai que je fus hier chez
ir
vous, et que vous n'y étiez pas. Bénissons la main de Dieu
bendecir
lorsqu'elle nous frappe, et corrigeons-nous de nos fautes.
herir *corregirse*
Le malheureux bénit toujours la main qui lui donne, et les méchants maudissent même ceux qui leur | font du
maldecir *ampa-*
bien. | J'entends du bruit. Je sors de chez vous. Je sortirai
rar. *oir* *ruido.* *salir*
demain à six heures du soir, et j'irai voir quelques amis. Sors d'ici. Sortirez-vous bientôt ? Nous sortirons à midi.
luego
Il faut que je sorte et que j'aille lui parler. Où vas-tu ? je vais à la comédie. Où alliez-vous hier quand je vous rencontrai ? Nous allions mon frère et moi à la campagne.
encontrar *campo.*
Voulez-vous que nous allions à | la chasse ? | Soit, nous
cazar *Sea asi*
irons demain. Va où tu voudras. Il se ressent de ses mau-
resentir
vaises habitudes. Il devient incivil. Choisis de bons amis.
descomedirse. *elegir*
Ce prince gouverne avec sagesse. Tu ris, et moi je pleure.
regir *reir* *llorar.*
Ils poursuivirent l'ennemi, mais il survint un accident qui
perseguir á *sobrevenir* *novedad*
les empêcha de l'atteindre. J'expédie à Paris des marchan-
expedir *génerо*
dises qu'on me demande ; mais je crains qu'on ne veuille pas les recevoir. Dors, si tu peux. En allant à Londres, il tomba malade.
caer.

LEÇON XIX.

DU PARTICIPE.

Le participe est ainsi appelé, parce qu'il participe de la nature du verbe et de celle de l'adjectif: de celle du verbe, en ce qu'il en a la signification et le régime, et qu'avec *avoir* ou *être* il forme des temps du verbe : ex. *h leido*, j'ai lu ; *estoy enfadado*, je suis fâché ; et de celle de l'adjectif, parce qu'il sert à qualifier les substantifs : ex. *una carta bien escrita*, une lettre bien écrite.

On divise les participes en *présents* et *passés*.

Les participes *présents* de la première conjugaison sont terminés en *ante*, comme *amante*, aimant ; ceux de la seconde et de la troisième en *ente*, comme *obediente*, obéissant ; *oyente*, écoutant. Mais ces participes, qui ne sont en usage que dans certains verbes, sont plutôt des adjectifs verbaux que de véritables participes, parce qu'ils n'ont pas un régime comme les verbes dont ils dérivent.

Les participes passés de la première conjugaison sont terminés en *ado*, comme *amado*, aimé, ceux de la seconde et de la troisième, en *ido*, comme *obedecido*, obéi ; *oido*, entendu. Tous ceux qui ont une autre terminaison sont irréguliers, et se trouvent compris dans la liste suivante.

INFINITIF.	PARTICIPE PASSÉ.
Abrir, ouvrir ;	*abierto*, ouvert.
Cubrir, couvrir ;	*cubierto*, couvert.

Decir, dire;	*dicho*, dit.
Escribir, écrire;	*escrito*, écrit.
Hacer, faire;	*hecho*, fait.
Morir, mourir;	*muerto*, mort.
Poner, mettre;	*puesto*, mis.
Resolver, résoudre.	*resuelto*, résolu.
Ver, voir;	*visto*, vu.
Volver, revenir;	*vuelto*, revenu.

Tous les composés ont la même irrégularité.

Il y a des verbes qui ont deux participes passés, l'un régulier et l'autre irrégulier; en voici la nomenclature.

INFINITIF.	PART. RÉG.	PART. IRRÉG.
Absortarse, être absorbé; *ant.*	*absortado*, *ant.*	*absorto.*
Abstraer, abstraire;	*abstraido*,	*abstracto.*
Aceptar, accepter;	*aceptado*,	*acepto.*
Adquirir, acquérir;	*adquirido*,	*adquisito.* **ant.**
Aficionarse, s'attacher;	*aficionado*,	*afecto.*
Afijir, ficher, *ant.*	*afijido*, *ant.*	*afijo.*
Afligir, affliger;	*afligido*,	*aflicto.* **p. us.**
Aguzar, aiguiser;	*aguzado*,	*agudo.*
Ahitarse, se rassasier;	*ahitado*,	*ahito.*
Alertarse, se hâter;	*alertado*,	*alerto.*
Angostar, rétrécir;	*angostado*,	*angosto.*
Astringir, astreindre; *ant.*	*astringido*, *ant.*	*astricto.*
Atender, faire attention;	*atendido*,	*atento.*
Bendecir, bénir;	*bendecido*,	*bendito.*
Circuncidar, circoncire;	*circuncidado*,	*circunciso.*
Colmar, combler;	*colmado*,	*colmo. ant.*
Combarse, se cambrer;	*combado*,	*combo.*
Compaginar, assembler des feuilles;	*compaginado*,	*compacto.*
Compeler, forcer;	*compelido*,	*compulso.*
Completar, compléter;	*completado*,	*completo.*
Comprender, comprendre;	*comprendido*,	*comprenso.*
Comprimir, comprimer	*comprimido*,	*compreso.*

Conceder, accorder;	*concedido*,	*conceso. ant.*
Concluir, conclure;	*concluido*,	*concluso.*
Concretar, s'attacher à;	*concretado*,	*concreto.*
Confesar, avouer;	*confesado*,	*confeso.*
Confundir, confondre;	*confundido*,	*confuso.*
Consumirse, se consumer;	*consumido*,	*consunto.*
Contener, contenir;	*contenido*,	*contento. ant.*
Contentarse, se contenter;	*contentado*,	*contento.*
Contraer, contraindre;	*contraido*,	*contracto.*
Contundir, faire des contusions;	*contundido*,	*contuso.*
Convelerse, se contracter;	*convelido*,	*convulso.*
Convencer, convaincre;	*convencido*,	*convicto.*
Convertir, convertir;	*convertido*,	*converso.*
Convulsarse, se convulsionner;	*convulsado*,	*convulso.*
Corregir, corriger.	*corregido*,	*correcto.*
Corromper, corrompre;	*corrompido*,	*corrupto.*
Corvar, courber;	*corvado*,	*corvo.*
Crespar, crêper;	*crespado*,	*crespo.*
Cruentar, ensanglanter, *ant.*	*cruentado*, *ant.*	*cruento.*
Cuadrar, cadrer;	*cuadrado*,	*cuadro.*
Cultivar, cultiver;	*cultivado*,	*culto.*
Densar, condenser;	*densado*,	*denso.*
Descalzar, déchausser;	*descalzado*,	*descalzo.*
Desertar, déserter;	*desertado*,	*desierto.*
Desnudar, déshabiller;	*desnudado*,	*desnudo.*
Despertar, réveiller;	*despertado*,	*despierto.*
Destruir, détruire;	*destruido*,	*destructo. ant.*
Difundir, répandre;	*difundido*,	*difuso.*
Digerir, digérer;	*digerido*,	*digesto. ant.*
Dirigir, diriger;	*dirigido*,	*directo.*
Dispersar, disperser;	*dispersado*,	*disperso.*
Distinguir, distinguer;	*distinguido*,	*distinto.*
Dividir, diviser;	*dividido*,	*diviso.*
Elegir, choisir;	*elegido*,	*electo.*
Enjugar, essuyer;	*enjugado*,	*enjuto.*
Erigir, ériger;	*erigido*,	*erecto.*
Exceptuar, excepter;	*exceptuado*,	*excepto.*
Excluir, exclure;	*excluido*,	*excluso.*
Excretar, rétrécir;	*excretado*,	*excreto.*
Exentar, exempter;	*exentado*,	*exento.*

Expeler, expulser;	*expelido*,	*expulso.*
Espesar, épaissir;	*espesado*,	*espeso.*
Expresar, exprimer;	*expresado*,	*expreso.*
Extender, étendre;	*extendido*,	*extenso.*
Extinguir, éteindre;	*extinguido*,	*extinto.*
Extraer, extraire;	*extraido*,	*extracto.*
Estrechar, rétrécir;	*estrechado*,	*estrecho.*
Estreñir, constiper;	*estreñido*,	*estricto.*
Eximir, exempter;	*eximido*,	*exento.*
Faltar, manquer;	*faltado*,	*falto.*
Favorecer, favoriser;	*favorecido*,	*favorito.*
Fechar, dater;	*fechado*,	*fecho.*
Fijar, fixer;	*fijado*,	*fijo.*
Fingir, feindre;	*finjido*,	*ficto.*
Freir, frire;	*freido*,	*frito.*
Hartar, rassasier;	*hartado*,	*harto.*
Iludir, éluder; *ant.*	*iludido*, *ant.*	*iluso.*
Imprimir, imprimer;	*imprimido*,	*impreso.*
Improvisar, improviser;	*improvisado*,	*improviso.*
Incluir, inclure;	*incluido*,	*incluso.*
Incurrir, encourir;	*incurrido*,	*incurso.*
Infartar, engorger;	*infartado*,	*infarto.*
Infectar, infecter;	*infectado*,	} *infecto.*
Inficionar, corrompre;	*inficionado*,	
Infundir, infuser;	*infundido*,	*infuso.*
Injerir, enter;	*injerido*,	} *injerto.*
Injertar, greffer;	*injertado*,	
Inscribir, inscrire;	*inscribido*,	*inscrito.*
Inserir, insérer; *ant.*	*inserido*, *ant.*	} *inserto.*
Insertar, insérer;	*insertado*,	
Instruir, instruire;	*instruido*,	*instructo. ant.*
Interrumpir, interrompre;	*interrumpido*,	*interroto.*
Intrusarse, être intrus;	*intrusado*,	*intruso.*
Invertir, intervertir;	*invertido*,	*inverso.*
Juntar, joindre;	*juntado*,	*junto.*
Limpiar, nettoyer;	*limpiado*,	*limpio.*
Maldecir, maudire;	*maldecido*,	*maldito.*
Malquistar, brouiller;	*malquistado*,	*malquisto.*
Manifestar, manifester;	*manifestado*,	*manifiesto.*
Marchitar, flétrir;	*marchitado*,	*marchito.*

Nacer, naître;	*nacido*,	*nato*.
Ocultar, cacher;	*ocultado*,	*oculto*.
Omitir, omettre;	*omitido*,	*omiso*.
Oprimir, opprimer;	*oprimido*,	*opreso*.
Oscurecer, obscurcir;	*oscurecido*,	*oscuro*.
Pasar, passer;	*pasado*,	*paso*.
Perfeccionar, perfectionner;	*perfeccionado*,	*perfecto*.
Permitir, permettre;	*permitido*,	*permiso. ant.*
Pervertir, pervertir;	*pervertido*,	*perverso*.
Polucionar, souiller; *p. us.*	*polucionado*,	*poluto*.
Poseer, posséder;	*poseido*,	*poseso*.
Prender, arrêter;	*prendido*,	*preso*.
Prescribir, prescrire;	*prescribido*,	*prescrito*.
Presumir, présumer;	*presumido*,	*presunto*.
Pretender, prétendre;	*pretendido*,	*pretenso*.
Proferir, proférer;	*proferido*,	*proferto. ant.*
Profesar, professer;	*profesado*,	*profeso*.
Propender, pencher;	*propendido*,	*propenso*.
Proscribir, proscrire;	*proscribido*,	*proscrito*.
Prostituirse, se prostituer;	*prostituido*,	*prostituto*.
Proveer, pourvoir;	*proveido*,	*provisto*.
Raer, racler;	*raido*,	*raso*.
Ranciarse, rancir;	*ranciado*,	*rancio*.
Rarefacer, se raréfier;	*rarefacido*,	*rarefacto*.
Recluir, enfermer;	*recluido*,	*recluso*.
Reflejar, refléter;	*reflejado*,	*reflejo*.
Refringir, réfracter;	*refringido*,	*refracto*.
Repletar, remplir;	*repletado*,	*repleto*.
Restringir, restreindre;	*restringido*,	*restricto*.
Rizar, friser;	*rizado*,	*rizo*.
Romper, rompre;	*rompido*,	*roto*.
Salpresar, saler;	*salpresado*,	*salpreso*.
Salvar, sauver;	*salvado*,	*salvo*.
Secar, sécher;	*secado*,	*seco*.
Selegir, choisir; *no us.*	*selegido*, *n. us.*	*selecto*.
Sepultar, ensevelir;	*sepultado*,	*sepulto*.
Situar, situer;	*situado*,	*sito*.
Soltar, délier;	*soltado*,	*suelto*.
Sujetar, assujettir;	*sujetado*,	*sujeto*.
Suprimir, supprimer;	*suprimido*,	*supreso*.

Surgir, surgir;	*surgido*,	*surto*.
Suspender, suspendre;	*suspendido*,	*suspenso*.
Sustituir, substituer;	*sustituido*,	*sustituto*.
Tender, tendre;	*tendido*,	*tenso*.
Teñir, teindre;	*teñido*,	*tinto*.
Torcer, tordre;	*torcido*,	*tuerto*.
Vaciar, vider;	*vaciado*,	*vacio*.
Zafarse, s'esquiver;	*zafado*,	*zafo*.

On observera que les participes passés réguliers, compris dans la seconde colonne, s'emploient toujours avec *haber* pour former les temps composés : ex. *se han hartado de fruta*, ils se sont rassasiés de fruit; — et que les irréguliers de la troisième colonne, employés comme adjectifs verbaux et absolus, ne peuvent se joindre au verbe *haber*, à l'exception de *preso*, *prescrito*, *provisto*, *roto*, *injerto*, *opreso* et *supreso*. Ainsi l'on peut dire également : *ha prendido*, ou *ha preso*, il a pris, etc. Parmi ces derniers, *roto* est plus usité que *rompido*.

Il y a d'autres participes qui ont la terminaison passive et la signification active, tels sont :

Acostumbrado, qui a coutume.
Agradecido, reconnaissant.
Atrevido, hardi.
Bien cenado, qui a bien soupé.
Bien comido, qui a bien dîné.
Bien hablado, qui parle bien.
Callado, discret, qui sait se taire.
Cansado, ennuyeux, qui fatigue les autres.
Comedido, prudent, mesuré.
Desesperado, désespéré.
Disimulado, dissimulé.
Entendido, entendu, intelligent.
Esforzado, brave, audacieux.
Fingido, dissimulé, trompeur.
Leido, instruit, qui a beaucoup lu.
Medido, mesuré, qui agit avec précautions.
Mirado, circonspect, prudent.
Moderado, modéré.
Ocasionado, querelleur, difficile à vivre.
Osado, osé, audacieux.
Parado, lent, tardif.
Parecido, ressemblant.
Partido, libéral.
Pausado, posé, qui agit sans se presser.
Porfiado, obstiné, opiniâtre.
Precavido, qui a de la précaution.

Preciado, vain, présomptueux.
Presumido, présomptueux.
Recatado, avisé, prudent.
Sabido, qui croit savoir.
Sacudido, qui sait se défendre.
Sentido, susceptible, sensible.
Sufrido, qui souffre beaucoup.
Trascendido, qui a de la pénétration.
Valido, qui est en faveur.

Tous ces participes ont aussi une signification passive dans quelques acceptions ; ainsi, quand on dit : *hombre leido*, *muger leida*, homme ou femme qui a beaucoup lu ; *libro leido*, *carta leida*, livre lu, lettre lue ; le sens de la phrase indique clairement que *leido* et *leida* ont une signification active dans le premier exemple, et passive dans le second. Si l'on dit : *Juan es hombre cansado*, Jean est un homme fatigant, — le participe a la signification active, mais dans cette phrase : *Juan está cansado*, Jean est fatigué, — la signification est passive.

REMARQUES.

On a déjà dit que le participe passé, joint au verbe *haber*, servait à former les temps composés, et qu'alors il était invariable ; qu'avec les verbes *ser* ou *estar* il formait la voix passive, et que dans ce cas il s'accordait en genre et en nombre avec son sujet : à ces observations on ajoutera, que le participe passé est encore invariable lorsqu'il est joint au verbe *tener* pris comme auxiliaire : ex. *mi prima tiene escrito á su padre*, ma cousine a écrit à son père ; — qu'il devient adjectif, si *tener* est employé comme verbe actif : ex. *tengo escrita una carta*, j'ai écrit une lettre, etc. ; — et qu'enfin il s'accorde avec le substantif, lorsqu'il est pris dans un sens absolu : ex. *acabada la cena*, *se despidiéron*, le souper fini, ils se retirèrent.

LEÇON XX.

DE L'ADVERBE.

L'adverbe est un mot invariable qui se joint avec les verbes et avec les adjectifs, pour en exprimer les manières ou les circonstances.

On divise les adverbes en simples et en composés : les simples sont ceux qui sont exprimés par un seul mot comme : *mas*, plus ; *menos*, moins ; *lejos*, loin ; *cerca*, près, etc. : les composés, ceux qui sont formés de plusieurs mots, comme *ademas*, en outre ; *adonde*, où ; *malamente*, méchamment ; et tous ceux terminés en *mente*.

Il y a plusieurs sortes d'adverbes :

1.° Les adverbes de *lieu*, qui indiquent une circonstance de lieu, comme : *aquí*, *acá*, ici ; *ahí*, *allí*, *allá*, là ; *cerca*, près, *lejos*, loin ; *donde*, *adonde*, où, *dentro*, dans, dedans ; *fuera*, hors, dehors ; *arriba*, en haut ; *abajo*, en bas ; *delante*, devant ; *detras*, derrière ; *encima*, dessus ; *debajo*, dessous.

2.° Ceux de *temps*, qui expriment quelque rapport de temps, comme : *hoy*, aujourd'hui ; *ayer*, hier ; *mañana*, demain ; *ahora*, maintenant ; *luego*, bientôt ; *tarde*, tard ; *temprano*, de bonne heure ; *presto*, vîte ; *pronto*, promptement ; *siempre*, toujours ; *nunca*, *jamas*, jamais ; *ya*, déjà ; *miéntras*, cependant.

3.° Ceux de *manière*, qui indiquent de quelle manière les choses se font, comme : *bien*, bien ; *mal*, mal ; *así*, ainsi ; *quedo*, doucement ; *recio*, fortement ;

despacio, lentement; *alto*, haut; *bajo*, bas; *buenamente*, bonnement; et presque tous les adverbes terminés en *mente*.

4.° Ceux de *quantité*, qui servent à marquer la quantité des objets ou leur valeur, comme *mucho*, beaucoup; *poco*, peu; *muy*, très; *harto*, *bastante*, assez; *tan*, si, aussi; *tanto*, autant; *cuanto*, autant que.

5.° Ceux de *comparaison*, qui servent à comparer les objets entr'eux, comme: *mas*, plus; *menos*, moins; *mejor*, mieux; *peor*, pire.

6.° Ceux d'*ordre*, qui expriment l'arrangement des choses, comme: *primeramente*, premièrement; *últimamente*, en dernier lieu; *sucesivamente*, successivement; *ántes*, avant; *despues*, ensuite.

7.° Ceux d'*affirmation*, comme: *sí*, oui; *cierto*, *ciertamente*, certainement; *verdaderamente*, vraiment; *indubitablemente*, indubitablement.

8.° Ceux de *négation*, comme: *no*, non, ne, ne pas, ne point; *nada*, rien.

9.° Ceux de *doute*, comme: *acaso*, par hasard; *quizá*, peut-être.

Remarques sur l'emploi de quelques adverbes.

Jamas s'emploie dans le même sens que *nunca*: ex. *jamas ví tal cosa* ou *no ví jamas tal cosa*, je n'ai jamais vu rien de pareil; *jamas lo pensara* ou *no lo pensara jamas*, je ne l'aurais jamais cru. Il se joint souvent à *nunca*, à *por siempre*, ou *para siempre* pour donner plus de force et d'énergie au discours: ex. *nunca jamas lo diré*, je ne dirai jamais cela, *por* ou *para siempre jamas me acordaré de él*, je me souviendrai toujours *ou* à jamais de lui. On voit par ces divers exemples, que lorsque *jamais* précède le verbe, on supprime la négation, et qu'on la conserve lorsqu'il en est précédé; que, joint à *nunca*, il exprime plus fortement le mot *jamais;* et qu'au contraire, il signifie *éternellement*, *toujours*, lorsqu'il est joint à *por* ou *para siempre.*

No, non, n'est pas toujours employé comme négation, et alors il sert à donner plus de force à l'affirmation : ex. *mejor es el trabajo que no la ociosidad*, le travail vaut mieux que l'oisiveté. En supprimant *no* dans cette phrase, le sens sera toujours le même.

On se sert souvent en espagnol de deux termes négatifs pour donner plus de force à la négation : ex. *no quiero nada;* je ne veux rien; *no salga ninguno*, que personne ne sorte. On pourrait dire également : *nada quiero*, *ninguno salga;* mais cette dernière serait moins expressive. Il est bon d'observer que deux négations ne peuvent jamais se trouver réunies, et que dans aucun cas on ne peut dire : *no nada quiero*, *no ninguno salga*, *etc.*

Les adverbes terminés en *mente* se forment des adjectifs, en ajoutant *mente* à ceux qui n'ont qu'une seule terminaison pour les deux genres, et en remplaçant les terminaisons *o*, *a*, par *amente* pour les autres adjectifs: ainsi, de *docto—a*, savant, ante, *diestro—a*, adroit, oite, on fait *doctamente*, savamment, *diestramente*, adroitement; et de *fácil*, facile, *constante*, constant, *fácilmente*, facilement, *constantemente*, constamment. Mais lorsque plusieurs adverbes de ce genre se suivent immédiatement dans une même phrase, on supprime toujours la terminaison *mente*, aux premiers, pour ne la conserver qu'au dernier, afin d'éviter une répétition désagréable à l'oreille : ex. *Ciceron habló sabia y elocuentemente*, Cicéron parla sagement et éloquemment; *Cesar escribió clara, concisa y elegantemente*, César écrivit avec clarté, concision et élégance; mais on ne dira pas *habló sabiamente*, *escribió claramente*, *concisamente*, *etc.*

Lorsqu'on affirme ou qu'on nie positivement une chose, l'adverbe, soit de mode soit de temps, se place en espagnol après le verbe; et si le verbe est composé, après le participe, et jamais après l'auxiliaire : ex. l'écolier a toujours étudié sa leçon, *el discípulo ha estudiado siempre su leccion.*

Les adverbes monosyllabes qui, en français, sont placés avant l'infinitif des verbes, suivent le verbe en espagnol : ex. bien parler, mal danser, *hablar bien*, *bailar mal.*

LEÇON XXI.

DE LA PREPOSITION.

La préposition est un mot invariable qui sert à marquer les rapports que les choses ont entre elles.

Les prépositions les plus usitées dans la langue espagnole sont, *á*, à; *ante*, devant; *con*, avec; *contra*, contre; *de*, de; *desde*, dès, depuis; *en*, en, dans; *entre*, entre, parmi; *hácia*, vers; *hasta*, jusque; *para*, pour; *por*, par, pour; *segun*, suivant, selon; *sin*, sans; *sobre*, sur; *tras*, après, derrière. Ces prépositions ont en espagnol le même usage qu'en français, sauf *hasta*, *para*, *por*, *sobre*, *tras*, et quelques autres dont on parlera ci-après : mais parmi ces dernières, *para* et *por* méritent une attention particulière.

1.° *Par* se rend toujours par *por* : ex. *este retrato fué hecho por un buen pintor*, ce portrait a été fait par un bon peintre ; *pasa por la calle*, il passe par la rue.

2.° *Pour* s'exprime par *por*, lorsqu'il désigne le but d'une chose ou d'une action : ex. *trabajo por alcanzar premio* (dans ce sens on peut se servir aussi de *para*), je travaille pour avoir une récompense ; — le temps qu'une chose a duré ou durera : ex. *sale de Paris por un año*, il quitte Paris pour un an ; — la valeur d'une chose : ex. *dará la casa por diez mil francos*, il cédera la maison pour dix mille francs ; — l'équivalent : ex. *uno vale por muchos*, un seul compte pour plusieurs ; — lorsqu'il signifie *en favor de* : ex. *hablar por alguno*, parler pour *ou* en faveur de quelqu'un ; — *au lieu de*, *à la place de* : ex. *asistiré por él*, j'assisterai pour lui *ou* à sa place ; — pour exprimer un échange ou un troc : ex. *doy mi capa por la tuya*, je donne mon manteau pour le tien ; — une opinion bonne ou mauvaise de quelqu'un : ex. *ser tenido por bueno*, *por malo*, passer pour bon, pour méchant, etc. — On se sert aussi de *por* dans les phrases ou manières de parler suivantes : *por la mañana*, dans la matinée, *por la tarde*, dans l'après-midi ; *la casa está por barrer*, la maison est à balayer ; *Pedro va por leña*, *por pan*, *por vino*, etc. Pierre va chercher du bois, du pain, du vin, etc.

3.° *Pour* se rend par *para*, lorsqu'il dénote la personne ou la chose sur laquelle l'action se dirige : ex.

la honra de la victoria es para el general, l'honneur de la victoire est pour le général ; — le but de l'action et l'usage des choses : ex. *quiero libros para leer*, je veux des livres pour lire ; *¿ para qué lo preguntas ?* pourquoi demandes-tu cela ? — le lieu où l'on va : ex. *salgo para España*, *para Portugal*, je pars pour l'Espagne, pour le Portugal ; — le temps ou une époque déterminée à laquelle on renvoie une action : ex. *lo dejarémos para mañana*, nous laisserons cela pour demain ; *para San Juan pagaré*, je payerai à la Saint-Jean ; — le rapport d'une personne, d'une chose ou d'une action avec une autre : ex. *para el tiempo que hace*, *no está atrasado el campo*, pour le temps qu'il fait, la campagne n'est pas retardée ; *para ser tan rico*, *es poco lo que gasta*, pour être si riche, il dépense peu. — On emploie également *para*, pour désigner qu'on est prêt à dire ou à faire une chose, et alors on fait précéder cette proposition du verbe *estar* : ex. *estoy para partir*, je suis sur le point de partir : — pour exprimer *auprès de*, *en comparaison de*, qu'on traduit par *para con* : ex *¿ quien es la criatura para con el criador*? qu'est-ce que la créature auprès du créateur ? — et enfin dans les phrases suivantes, *para ahora lo quiero*, je le veux maintenant ; *para cuando venga*, quand il viendra ; *para dentro de un mes*, dans un mois, *para entre amigos es excusado el cumplimiento*, entre amis on ne fait pas de compliments.

4.° *Hasta*, jusques, ne prend jamais après lui la préposition *á* comme en français : ex. *hasta mañana*, jusqu'à demain ; *hasta mas ver*, jusqu'au revoir.

5.° *Sobre*, sur, sert à marquer la position : ex. *Lisbon está sobre siete montes*, Lisbonne est bâtie sur sept montagnes ; — la supériorité d'une chose sur une autre : ex. *la caridad es sobre todas las virtudes*, la charité l'emporte sur toutes les vertus ; — à désigner le sujet dont on traite : ex. *este libro es sobre la agricultura*, ce livre traite de l'agriculture ; *hablamos sobre las cosas del tiempo*, nous parlons des affaires du temps, etc. — *Sobre* signifie aussi *environ*, *à peu près* : ex. *Pedro tendrá sobre cuarenta años*, Pierre a environ quarante ans ; *habrá aquí sobre doscientos hombres*, il y a ici à peu près deux cents hommes (dans ce sens il est plus élégant de mettre le verbe au futur). — Il marque le temps : ex. *llegar sobre tarde*, arriver tard ; — une sûreté ou caution : ex. *prestar sobre prendas*, prêter sur gages, etc. — *Sobre* équivaut à *outre*, *outre que*... ex. *sobre ser reo*, *quiere que le absuelvan*, outre qu'il est criminel, il veut être absous.

6.° *Tras*, après, derrière, signifie aussi *outre que* : ex. *tras ser culpado*, *es el que mas levanta el grito*, outre qu'il est coupable, c'est lui qui crie le plus.

Indépendamment des propositions ci-dessus, on en compte quelques autres qui prennent après elles *de* et *á*.

PRÉPOSITIONS SUIVIES DE *de*.

Además, outre : ex. *además* del *dote*, outre la dot.
A espaldas, derrière : ex. *á espaldas* del *cuartel*, derrière le quartier.
Antes, avant : ex. *ántes* de *la noche*, avant la nuit.
A pesar, malgré : ex. *á pesar* del *amo*, malgré le maître.
Debajo, sous, dessous : ex. *debajo* de *la cama*, sous le lit.
Delante, devant : ex. *delante* del *rey*, devant le roi.
Dentro, dans : ex. *dentro* de *dos años*, dans deux ans.
Despues, après : ex. *despues* de *ponerse el sol*, après le soleil couché.
Detras, derrière : ex. *detras* de *la puerta*, derrière la porte.
En casa de, chez : ex. *en casa* de *mi padre*, chez mon père ; *en casa de vm.*, chez vous.

Encima, sur : ex. *encima de la mesa*, sur la table.
En frente, vis-à-vis : ex. *en frente de la iglesia*, vis-à-vis l'église.
Fuera, hormis : ex. *fuera del ministro*, hormis le ministre.
Por el medio, à travers : ex. *por el medio de los campos*, à travers les champs.
Respecto, relativement à : ex. *respecto de lo que mandó*, relativement à ce qu'il ordonna.

PRÉPOSITIONS SUIVIES DE *á*.

En órden, *en cuanto*, à l'égard de, quant à : ex. *en órden á*, ou *en cuanto á lo que le dije*, à l'égard de, ou quant à ce que je lui dis.
Junto, près : ex. *junto al ayuntamiento*, près de l'hôtel-de-ville.
Tocante, touchant : ex. *tocante á este asunto*, touchant cette affaire.

Nota. Nous pouvons nous épargner la peine de traduire en entier la phraséologie de l'Académie, ou soit les adjectifs et les verbes suivis de prépositions moyennant lesquels ils régissent leur complément, en donnant la règle générale suivante. L'endroit d'où l'on vient, se rend par *de*, où l'on est par *en*, où l'on va par *á*, par où l'on va par *por*, et l'instrument dont on fait une chose par *con*. Et cela, que l'endroit ou l'instrument soit figuré.

Cependant nous en donnons quelques-uns qui pourraient arrêter l'Elève.

A

Abochornarse de algo, rougir pour quelque chose.
Acabar con alguno, con *alguna cosa*, tuer quelqu'un, mettre fin à quelque chose.
Acertar á, con *la casa*, rencontrer la maison.
Acogerse á sagrado, se réfugier *dans* un lieu sacré.
Acompañarse con los buenos, s'accompagner *de* personnes vertueuses.
Aferrarse en, con *su opinion*, s'attacher fortement *à* son opinion.
Agradecido á los beneficios, reconnaissant *des* bienfaits.
Agraviarse de alguno, se croire offensé *par* quelqu'un.
Ahorcajarse en las espaldas, se mettre à califourchon *sur* les épaules.

Ahorrar de *razones*, couper court en parlant.
Airarse con *alguno*, se mettre en colère *contre* quelqu'un.
Ajustarse á *la razon*, suivre la raison.
Alargarse á *la ciudad*, aller jusqu'*à* la ville.
Alcanzar de *razones á uno*, convaincre quelqu'un *par* de bons arguments.
Amancebarse con *los libros*, aimer extrêmement la lecture.
Amenazar con *suplicios*, menacer *de* supplices.
Amoroso con *los suyos*, tendre *envers* les siens.
Andar con *el tiempo*, s'accommoder *au* temps.
— — —de *capa*, marcher couvert *d'*un manteau.
Anticiparse á *alguno*, prendre le devant *sur* quelqu'un.
Apareceerse en *el camino*, apparaître *sur* le chemin.
Apartarse á *un lado*, se mettre de côté.
Apechugar con *alguna cosa*, prendre à cœur quelque chose.
— — — por *los peligros*, braver les dangers.
Apedrear con *palabras*, insulter *de* paroles.
Apelar con *otro medio*, prendre *d'*autres moyens.
Aplacar con *ruegos*, apaiser *par* des prières.
Arder en *amores*, brûler *d'*amours.
Arregostarse á *alguna cosa*, manger souvent *de* ce qui fait plaisir.
Arrimarse á *la pared*, s'appuyer *contre* le mur.
Asesorarse con *letrados*, prendre conseil *d'*avocats.
Ataviarse de *vestidos ricos*, se parer *avec* de riches habillements.
Atreverse á *cosas grandes*, entreprendre *de* grandes choses.
Autorizado en *el pueblo*, respecté *parmi* le peuple.
Avergonzarse á *pedir*, se hasarder à demander.

B

Balar por *dinero*, aboyer *après* l'argent.
Barar en *tierra*, tirer (un bâtiment) *à* terre.
Bueno de *comer*, bon *à* manger.
Bueno para *todo*, bon *à* to[illegible].

C

Calarse de *agua*, être percé *par* l'eau.
Cautivar con *beneficios*, captiver *par* des bienfaits.
Clamar por *dinero*, aboyer *après* l'argent.
Cocerse en *dolores*, se consumer *de* douleurs.
Combatir con *alguno*, combattre *contre* quelqu'un.
Compadecerse de *los males agenos*, compatir *aux* maux d'autrui.

Comprometerse en *jueces árbitros*, se compromettre *entre* les mains des arbitres.
Concurrir en *un dictámen*, se trouver *d'*un même avis.
Condenar en *las costas*, condamner *aux* dépens.
Condolerse de *los trabajos*, compatir aux peines.
Contrapesar una cosa con *otra*, contrepeser une chose *par* une autre.
Convocar á *junta*, convoquer *pour* l'assemblée.
Coserse con *la tierra*, se prosterner *contre* la terre.
Cumplir con *su obligacion*, remplir ses devoirs.
Curarse en *salud*, se précautionner *contre* la maladie.
Curtido del *sol*, qui a la peau endurcie *par* le soleil.

D

Dar una cosa por *acabada*, regarder une chose comme finie.
Dar á uno con *la puerta*, fermer la porte *à* quelqu'un.
Defraudar de *la autoridad de otro*, entreprendre *sur* l'autorité d'autrui.
Deleitarse con *la vista*, prendre plaisir *à* regarder.
Derramarse por *los vicios*, se laisser aller *au* vice.
Desabrirse con *alguno*, s'aigrir *contre* quelqu'un.
Desacordarse de *alguno*, oublier quelqu'un.
Desagradecido á *un beneficio*, méconnaissant *d'un* bienfait.
Desahogarse con *alguno*, découvrir ses peines *à* quelqu'un.
Desconocido á *los beneficios*, méconnaissant *des* bienfaits.
Descomponerse con *alguno*, s'aigrir *contre* quelqu'un.
Descuidarse de, en *su obligacion*, négliger son devoir.
Desdeñarse de *alguna cosa*, dédaigner quelque chose.
Desenfrenarse en *vicios*, s'abandonner *au* vice.
Delustroso á *alguno*, déshonorant *pour* quelqu'un.
Despedirse de *alguna cosa*, renoncer *à* quelque chose.
Desposarse con *alguno*, épouser quelqu'un.
Desquiciar á alguno de *su poder*, faire perdre *à* quelqu'un son pouvoir.
Desvivirse por *algo*, mourir d'envie *de* quelque chose.
Dignarse de *conceder*, daigner accorder.
Disentir de *otro dictámen*, s'opposer *au* sentiment d'un autre.
Durar por *mucho tiempo*, durer *pendant* long-temps.
Duro de *mollera*, qui a la tête dure.

E

Embeberse en *doctrina sana*, être imbu *d'*une saine doctrine.

Emparejar con *alguno*, joindre quelqu'un.
Empeñarse en *alguna cosa*, s'opiniâtrer *sur* quelque chose.
Encallar (una nave) en *arena*, échouer (un navire) *sur* un banc de sable.
Encaramarse en, por, sobre *la pared*, grimper *à* la muraille.
Encararse á, con *alguno*, regarder fixement quelqu'un.
Encasquetarse en *su opinion*, ne point démordre *de* son opinion.
Encajarse en, por *alguna parte*, se fourrer quelque part.
Encenderse en *ira*, s'enflammer *de* colère.
Encharcarse en *agua*, se remplir *d'*eau.
Enconarse con *alguno*, avoir de l'animosité *contre* quelqu'un.
Engreirse con *la fortuna*, devenir orgueilleux *par* la prospérité.
Enlazar una cosa con *otra*, enlacer une chose *dans* une autre.
Entender de..., se connaître *à*....
Enterarse en *algun negocio*, être bien instruit *d'*une affaire.
Entrarse à *mercader*, se faire marchand.
Entremeterse en *cosas de otro*, se mêler *des* affaires d'autrui.
Escarmentar de, con *alguna cosa*, apprendre quelque chose *à* ses dépens.
Escarmentar en *cabeza agena*, prendre exemple *sur* quelqu'un.
Escurrirse de *un peligro*, esquiver un danger.
Esmerarse en.... mettre tous ses soins *à*....
Estar de *viage*, devoir faire un voyage.
Estar para *salir*, être sur le point *de* sortir
Estar por *decir algo*, être prêt *à* dire quelque chose.
Estrellarse con *alguno*, s'emporter *contre* quelqu'un.
Estribar en *alguna cosa*, s'appuyer *sur* quelque chose.

F

Fácil de *digerir*, facile *à* digérer.
Formalizarse por *una friolera*, se formaliser *d'*une bagatelle.
Fuerte de *condicion*, qui a un caractère dur.

G

Ganar á uno por *la mano*, prendre les devans *sur* quelqu'un.
Generoso de *ánimo*, qui a le cœur généreux.
Guardarse de *alguno*, prendre garde *à* quelqu'un (éviter).
Guiado de *alguno*, guidé *par* quelqu'un.
Gustar de *alguna cosa*, aimer quelque chose.

H

Hábil para *un empleo*, propre *à* un emploi.
Hablar al *aire*, parler *en* l'air.
Hablar en *griego*, parler grec.
Hablarse con *los ojos*, se parler *des* yeux.
Hablar con.... parler *à*....
Hacer de *valiente*, faire le brave.
Hermanar una cosa con *otra*, assortir une chose *à* une autre.
Hervir (un lugar) en *gente*, fourmiller (un lieu) *de* monde.
Hincarse de *rodillas*, se mettre *à* genoux.
Huir de *alguno*, fuir quelqu'un.
Huirse á *alguna parte*, s'enfuir *en* quelqu'endroit.
Hurtar en *el precio*, voler *sur* le prix.

I

Idoneo para....., propre *à*.....
Impelido de *la necesidad*, poussé *par* le besoin.
Imponerse en...., se mettre au fait *de*.....
Importunar á alguno con....., importuner quelqu'un *de*....
Impresionar á alguno de, en *algo*, prévenir l'esprit de quelqu'un *sur* quelque chose.
Inductivo de *error*, qui induit *en* erreur.
Indulgente con *sus hijos*, indulgent *pour* ses enfants.
Indultar á alguno de *la pena*, remettre *à* quelqu'un la peine.
Inhábil para *un empleo*, inhabile *à* un emploi.
Ingerirse en *cosas de otros*, se mêler des affaires d'autrui.
Insinuarse con *los poderosos*, s'insinuer *dans* l'esprit des grands.
Interceder con *alguno*, intercéder *auprès* de quelqu'un.
Interesarse con *alguno*, s'intéresser *auprès* de quelqu'un.
Internarse en *alguna cosa*, approfondir quelque chose.
Interponerse con *alguno*, s'interposer *auprès* de quelqu'un.
Ir por *pan*, aller chercher *du* pain.
Jugar alguna cosa con *otra*, jouer une chose *contre* une autre.

L

Ladearse á *otro partido*, pencher *pour* un autre parti.
Largo de *manos*, qui a la main leste.
Lastimarse con, en *una piedra*, être blessé *par* une pierre.
Lastimarse de *alguno*, plaindre quelqu'un.

Leer (los pensamientos) á alguno, lire *dans* la pensée de....
Liberal para, con *sus amigos*, libéral *envers* ses amis.
Lidiar con *alguno*, combattre *contre* quelqu'un.
Limitado de *talento*, qui a l'esprit borné.
Llevar algo á *alguna parte*, porter quelque chose *dans* quelqu'endroit.
Llevarse de *alguna pasion*, se laisser entraîner *par* quelque passion.
Ludir una cosa con *otra*, frotter une chose *contre* une autre.

M

Mediano de *cuerpo*, de moyenne taille.
Medrar en *la fortuna*, augmenter *de* fortune.
Mejorar de *empleo*, obtenir un meilleur emploi.
Mejorar á *alguno* en..... avantager quelqu'un *de*....
Menor de *edad*, inférieur *en* âge.
Meterse á *gobernar*, s'ingérer *de* gouverner.
Meterse con *alguno*, chercher querelle *à* quelqu'un.
Meterse á *preceptor*, devenir précepteur.
Mirar por *alguno*, avoir soin *de* quelqu'un.
Misericordioso para, con *los pobres*, miséricordieux *envers* les pauvres.
Moler á *palos*, rouer *de* coups de bâton.
Morir de *poca edad*, mourir jeune.
Motejar á *uno* de *ignorante*, reprocher *à* quelqu'un son ignorance.
Motivar con *buenas razones*, motiver *sur* de bonnes raisons.
Murmurar de *alguno*, murmurer *contre* quelqu'un.

N

Nacer con *fortuna*, naître *dans* la fortune.
Nombrar para *un empleo*, nommer *à* un emploi.

O

Oler á *alguna cosa*, avoir l'odeur *de* quelque chose.
Olvidarse de *lo pasado*, oublier le passé.
Optar á *los empleos*, opter *pour* les emplois.
Ordenarse de *sacerdote*, être ordonné prêtre.
Orillar á *tal parage*, prendre terre *en* tel endroit.

P

Paladearse con *alguna cosa*, savourer quelque chose.

Pálido de *semblante*, qui a le visage pâle.
Particularizarse con *alguno*, témoigner *à* quelqu'un une affection particulière.
Partir á *Italia*, partir *pour* l'Italie.
Pasar por, entre *árboles*, passer *à travers* les arbres.
Pasarse (*alguna cosa*) de *la memoria*, oublier quelque chose.
Pasearse por *el campo*, se promener *dans* la campagne.
Pecar de *ignorante*, pêcher *par* ignorance.
Pedir de *justicia*, demander *à* juste titre.
Pelarse por *alguna cosa*, rechercher avec ardeur quelque chose.
Pendiente de *un clavo*, pendant *à* un clou.
Perecerse por..... mourir d'envie *de*.....
Peregrinar por *el mundo*, courir le monde.
Perseguido de *enemigos*, poursuivi *par* les ennemis.
Persuadirse á *alguna cosa*, se persuader *de* quelque chose.
Pescar con *red*, pêcher *au* filet.
Piar por.... piailler *après*.
Plantar á *alguno* en *la calle*, mettre quelqu'un *à* la rue.
Plantarse en *Madrid*, se rendre en diligence *à* Madrid.
Ponderar *alguna cosa* de *grande*, vanter quelque chose.
Poner á *oficio*, mettre *en* métier.
Poner á *uno* por *intendente*, faire quelqu'un intendant.
Posponer *una persona* á *otra*, estimer moins une personne qu'une autre.
Precipitarse á *alguna parte*, se précipiter *dans* quelqu'endroit.
Predicar en *desierto*, prêcher *au* désert.
Presidido de *otro*, présidé *par* un autre.
Presumir de *sabio*, présumer *de* sa science.
Proclamar á *uno* por *rey*, proclamer quelqu'un roi.
Propio para *alguna cosa*, propre *à* quelque chose.
Proporcionarse para *alguna cosa*, se rendre propre *à* quelque chose.
Proveer *un empleo* en *alguno*, pourvoir quelqu'un *d*'un emploi.
Próximo á *morir*, sur le point *de* mourir.

Q

Quedarse de *asiento*, se fixer quelque part.
Quedar por *alguno*, cautionner quelqu'un.
Quedar (*camino*) por *andar*, avoir (du chemin) *à* faire.
Quemarse por *alguna cosa*, brûler (d'envie) *d*'avoir quelque chose.

R

Rabiar de *hambre*, avoir grand'faim.
Rabiar por *alguna cosa*, désirer ardemment quelque chose.
Rallar (*las tripas*) á *alguno*, ennuyer quelqu'un.
Rayar con *la virtud*, briller *dans* la vertu.
Recalcarse en *lo dicho*, redire plusieurs fois.
Recatarse de *alguno*, être réservé *vis-à-vis de* quelqu'un.
Recibirse de *abogado*, se faire recevoir avocat.
Recio de *cuerpo*, homme vigoureux.
Reinar en *los corazones*, régner *sur* les cœurs.
Renegar de *alguna cosa*, renier quelque chose.
Restituirse á *su patria*, retourner *dans* son pays.
Reventar por *hablar*, mourir (d'envie) *de* parler.
Rodear á *alguno* por *todas partes*, environner quelqu'un *de* tous côtés.

S

Saber á *vino*, sentir le vin.
Saber de *trabajos*, connaître la peine.
Sacar una cosa á *plaza*, divulguer une chose.
Salir por *fiador*, être caution.
Salir á *alguna cosa*, se présenter *pour* quelque chose.
Satisfacer por *los culpas*, faire pénitence *de* ses pêchés.
Sisar de *la compra*, tromper *sur* les achats.
Sonsacar alguna cosa á *alguno*, tirer adroitement un secret *de* quelqu'un.
Subrogar una persona en *lugar de otra*, subroger une personne *à* la place d'une autre.
Sustraerse de *la obediencia*, se soustraire *à* l'obéissance.
Suplicar de *la sentencia*, appeler *contre* la sentence.
Suplir por *alguno*, suppléer *au* défaut de quelqu'un.
Suspirar por *el mando*, soupirer *après* le commandement.

T

Tenerse por *mas sabio que otro*, se croire plus savant qu'un autre.
Teñir de *azul*, teindre *en* bleu.
Tocar á *recoger*, battre la retraite.
Torcido de *piernas*, qui a les jambes tortues.
Trabar de *alguno*, saisir quelqu'un.

Trabar una cosa con *otra*, lier une chose *à* une autre.
Trabarse de *palabras*, se disputer *avec* quelqu'un.
Traficar en *drogas*, trafiquer *sur* les drogues.
Tratar en *lanas*, trafiquer *sur* les laines.
Tropezar con *alguno*, heurter quelqu'un.

U

Utilizarse en, con *alguna cosa*, tirer du profit *de* quelque chose.

V

Vecino al *trono*, voisin *du* trône.
Volar por *el aire*, voler *en* l'air.
Volver por.... prendre la défense *de*....
Volver sobre *sí*, revenir à soi.

Z

Zafarse de *alguno*, esquiver quelqu'un.
Zapatearse con *alguno*, tenir tête *à* quelqu'un.

Nous compléterons la liste qui précède avec quelques verbes qui changent de signification, suivant la préposition dont ils sont suivis :

Aplicarse á un libro, étudier un livre.
Aplicarse un libro, se l'approprier.
Beber de *un vaso*, boire d'un verre.
Beber en *un vaso*, boire dans un verre.
Capitular al *gobernador*, mettre le gouverneur en jugement.
Capitular con *el gobernador*, capituler avec lui.
Cargar con *alguno*, charger quelqu'un.
Cargar sobre *alguno*, l'importuner.
Cerrar á *alguno*, enfermer quelqu'un.
Cerrar con *alguno*, fondre sur lui.
Convenir á *uno*, convenir à quelqu'un.
Convenir con *uno*, être de son avis.
Doblar á *alguno*, engager quelqu'un à une chose.
Doblar por *alguno*, sonner le trépas de quelqu'un.

Entender de *un negocio*, se connaître à une affaire.
Entender en *un negocio*, la faire.
Escapar á *buenas*, s'échapper sans répliquer.
Escapar de *buenas*, l'échapper belle.
Estar de *cuidado*, être dangereusement malade.
Estar en *si*, jouir de toutes ses facultés.
Estar sobre *si*, être orgueilleux.
Llevar adelante una cosa, poursuivre une affaire avec châleur.
Llevar por *delante una cosa*, avoir une chose présente à l'esprit.
Pecar en *largo*, être trop généreux.
Pecar por *largo*, être trop long.
Salir á *su padre*, ressembler à son père.
Salir con *su padre*, sortir avec son père.
Salir regidor, être nommé échevin.
Salir de *regidor*, achever son temps d'échevin.
Tener de *hacer algo*, faire quelque chose pour essayer.
Tener que *hacer algo*, être obligé de faire quelque chose.
Trabarse de *palabras*, disputer.
Trabarse en *las palabras*, bégayer.
Venir á *la ciudad*, venir à la ville.
Venir sobre *la ciudad*, l'attaquer.

LEÇON XXII.

DE LA CONJONCTION ET DE L'INTERJECTION.

DE LA CONJONCTION.

La conjonction est un mot invariable, qui sert à lier une proposition à une autre.

On divise les conjonctions en *copulatives*, *disjonctives*, *adversatives*, *conditionnelles*, *causatives*, *continuatives*, *comparatives* et *finales*.

Les *copulatives* sont celles qui ont pour objet l'union des propositions, ou pour affirmer cette union, ou pour la nier.

Celles qui marquent affirmation sont : *y*, *é*, et; *que*, que; *tambien*, aussi : ex. *los niños rien y lloran fácilmente*, les enfants rient et pleurent aisément; *dicen los hombres que no apetecen riquezas*, les hommes disent qu'ils ne désirent pas les richesses; *ya que vm. sale*, *saldré tambien*, puisque vous sortez, je sortirai aussi. — Mais on se servira de *é* au lieu de *y*, lorsque le mot qui suit commence par *i*, ou *hi* : ex. *sabiduría é ignorancia son cosas opuestas*, le savoir et l'ignorance sont des choses opposées; *ella sabe coser é hilar*, elle sait coudre et filer.

Celles qui marquent négation sont : *ni*, ni; *tampoco*, non plus : ex. *no descansa ni de dia ni de noche*, il ne repose ni jour ni nuit; *pues no quieres ir allá*, *támpoco yo iré*, puisque tu ne veux pas y aller, je n'y irai pas non plus. Lorsque la phrase commence par *no*, on peut supprimer la première des deux négations, et dire : *no descansa de dia ni de noche.*

Les *disjonctives* sont celles qui marquent alternative ou division, comme : *ó*, *ú*, ou : ex. *Juan ó Francisco*, Jean ou François, *entrar ó salir*, entrer ou sortir. — On se sert de *ú* au lieu de *ó*, lorsque le mot qui suit commence par *o*, ou *ho* : ex. *siete ú ocho hombres*, sept ou huit hommes, *muger ú hombre*, femme ou homme.

Les *adversatives* servent à marquer une opposition entre une proposition qui précède et celle qui la suit; telles sont : *mas*, *pero*, mais; *cuando*, quand; *aunque*, *bien que*, quoique; *dado que*, supposé que; *sino*, sinon, mais, seulement, que : ex. *quisiera salir*, *mas no puedo*, je voudrais sortir, mais je ne le puis ; *el dinero hace á los hombres ricos*, *pero no dichosos*, l'argent fait des riches, mais non des heureux ; *no haria una injusticia cuando le importaria un tesoro*, il ne commettrait pas une injustice quand il s'agirait d'un trésor ; *el juez*, *aunque severo*, *es justo*, le juge, quoique sévère, est juste ; *la virtud*, *bien que perseguida*, *es amada*, la vertu, quoique persécutée, est aimée; *algun delito has hecho*, *sino ¿por qué huyes?* tu as commis quelque délit, sinon, pourquoi fuis-tu? *no se ha de vivir para comer*, *sino comer para vivir*, on ne doit pas vivre pour manger, mais manger pour vivre ; *no espero sino que te vayas*, j'attends seulement que tu t'en ailles ; *no hay entre él y su hermano sino dos años de diferencia*, il n'y a entre lui et son frère que deux années de différence.

Les *conditionnelles* expriment la condition moyennant laquelle une proposition peut se joindre à une autre, comme : *si*, *como*, *con tal que*, pourvu que; *como*, comment : ex. *si aspiras á ser docto*, *estudia*, si tu aspires à devenir savant, étudie ; *como aprendas la leccion*, *la sabrás*, pourvu que tu apprennes la leçon, tu la sauras ; *diviertete*, *con tal que cumplas con tu obligacion*, amuse-toi, pourvu que tu remplisses ton devoir ; *no sabe él como vaya*, il ne sait comment il ira.

Les *causatives* servent à expliquer la cause, le motif de quelque chose, comme : *porque*, parce que ; *pues*, *pues que*, puisque : ex. *no pudo asistir á la funcion*, *porque estaba ausente*, il ne put assister à la fête, parce qu'il était absent ; *iré contigo*, *pues lo quie-*

res, j'irai avec toi, puisque tu le veux ; *lo creo, pues que lo ha dicho*, je le crois, puisqu'il l'a dit.

Les *continuatives* sont celles qui marquent la continuation d'un discours, comme ; *pues*, donc ; *así que*, ainsi donc ; *puesto*, *supuesto que*, supposé que : ex. *digo pues que salió de aquel peligro*, je dis donc qu'il se tira de ce danger ; *así que, como ya queda visto, no tuvo razon para ausentarse ;* ainsi donc, comme on l'a déjà vu, il n'eut pas de raison pour s'absenter ; *puesto* ou *supuesto que te favorezcan, muestrate agradecido*, supposé qu'on te favorise, sois reconnaissant.

Les *comparatives* servent à marquer un rapport entre deux objets ou deux propositions, telles sont : *como*, comme ; *asi*, ainsi, de même ; *así como*, de même que : ex. *la imitacion es como el alma de la poesía*, l'imitation est comme l'âme de la poésie ; *así como el alma anima el cuerpo, así la imitacion da alma y vida á las expresiones é imágenes de la poesía*, de même que l'âme anime le corps, de même l'imitation donne l'âme et la vie à l'expression et aux images de la poésie.

Les *finales* marquent le but, l'objet de la proposition, comme : *para que*, *por que*, pour que ; *á fin de que*, afin que : ex. *le apreté mucho para que viniese conmigo*, j'insistai beaucoup pour qu'il vînt avec moi ; *el maestro se afana por que adelanten sus discipulos*, le maître fait tous ses efforts pour que ses écoliers profitent ; *les pondera los males de la ociosidad, á fin de que puedan huir de ella*, il leur représente les maux de l'oisiveté, afin qu'ils puissent l'éviter.

Les conjonctions, comme on l'a vu ci-dessus, sont

simples et composées : les simples se composent d'un seul mot, comme : *y*, *é*, *ó*, *ú*, etc. ; les composées sont formées de deux ou plusieurs mots que l'usage a réunis, comme, *porque*, *aunque*, *á fin de que*, etc.

Il y a d'autres expressions qui se composent de deux ou de plusieurs mots séparés, et qu'on emploie aussi comme conjonctions composées, telles sont : *aun cuando*, quand même ; *á menos que*, *á no ser que*, à moins que ; *fuera que*, outre que ; *entretanto que*, *miéntras que*, pendant que, etc.

Remarques.

Si conditionnel demande le verbe au subjonctif, lorsqu'il est à l'imparfait ou au plusqueparfait : ex. si tu étudiais, je t'aimerais bien davantage, *si estudiaras* ou *estudiases*, *te quisiera mucho mas ;* si je l'avais su, *si lo hubiera sabido.*

La même conjonction conditionnelle se rend en espagnol avec élégance, en mettant le verbe qui suit à l'infinitif, précédé de la préposition *á :* ex. si cela était ainsi, j'y consentirais, *á ser esto así*, *yo lo consentiria.*

Aunque, quoique, régit le verbe à l'indicatif, lorsque la phrase n'exprime aucun doute : ex. quoiqu'il ne m'ait rien fait, je ne l'aime pas, *aunque no me ha hecho nada*, *no le quiero.* Mais si le sens est douteux et incertain, il régit le verbe au subjonctif : ex. je veux partir demain quoiqu'il pleuve à verse, *quiero marcharme mañana*, *aunque llueva á cántaros.*

Cuando, quand, quand même, suit la même règle que *aunque :* ex. quand je vous assure que je l'ai vu vous pouvez me croire, *cuando le aseguro á vm. que lo he visto, vm. puede creerme;* quand tu voudras, *cuando quieras* ou *quisieres.*

Que se supprime en espagnol quand il est employé dans le second membre d'une phrase, pour éviter la répétition d'une autre conjonction : ex. comme il était riche, et qu'il avait du crédit, il réussissait en tout, *como era rico y tenia crédito, todo lo alcanzaba.*

Que... ne signifiant *seulement*, se rend par *sino* : ex. il ne vient que rarement, *no viene sino raramente;* — dans le sens de *rien autre chose que*, par *sino* ou *no mas que* : ex. il ne fait que chanter, *no hace mas que cantar*, ou *sino cantar;* — dans le sens de *pourquoi*, par *por qué :* ex. que ne le disiez-vous plus tôt? *¿por qué no lo dijo vm. mas pronto?* — Après les verbes qui marquent le doute, la crainte, l'incertitude, *que.... ne* s'exprime par *que* sans négative : ex. je crains qu'il ne vienne, *temo que venga.*

DE L'INTERJECTION.

L'interjection est un mot dont on se sert pour exprimer un sentiment de l'âme, comme la joie, la douleur, etc. ou pour réveiller l'attention.

Les interjections les plus usitées en espagnol sont : *ah, ay, chito, ea, ha, he, ó, ola, ta, tate, to*, et *vaya.*

Ah, ay, ó, dénotent indistinctement la tristesse, la joie, l'indignation et l'étonnement : ex. *¡ah, que desgracia!* (1) ah, quel malheur! *ay, que pena!* ah,

(1) Pour désigner en espagnol l'exclamation ou l'interrogation, on place l'un des deux points, exclamatif ou interrogatif, renversé au commencement de la phrase, et dans son ordre naturel à la fin de la même période.

*

quel chagrin ! *¡ ay , que gozo !* ah, quel plaisir ! *¡ó desdichado de mi !* malheureux que je suis ! *¡ ó cielos!* ô ciel !

Ha , *he*, *ola* et *to* , servent à réveiller l'attention. On emploie aussi *he* , pour faire connaître qu'on n'a pas bien entendu ce qui a été dit : ex. *¿ he , qué es lo que decias?* hé , que disais-tu? — *ola* , pour appeler, et pour exprimer l'admiration et l'étonnement : ex. *¿ ola , muchacho, vendrás luego ?* holà, garçon , viendras-tu bientôt ? *¡ ola , quién lo hubiera creido !* oh , qui l'aurait cru ? — On ne se sert guère de *to*, qui est une abréviation de *toma* , tiens, que pour appeler un chien , et souvent on dit : *to* , *to*.

Chito , chut , sert à imposer silence : ex. *¡ chito , ninguno hable , y todos oigan !* chut, que personne ne parle , et que chacun écoute !

Ea, or ça , courage, sert à encourager, à animer : ex. *¡ ea , hijo mio , buen ánimo!* or çà , mon fils , bon courage.

Ta, *tate*, arrêtez , s'emploient pour défendre ou empêcher qu'on fasse ou qu'on dise quelque chose. *Ta* , répété marque la surprise : ex. *ta* , *ta* , *¡ qué es lo que veo !* oh , oh , qu'est-ce que je vois !

Vaya , or sus, allons, sert à exhorter, à encourager et à approuver : ex. *vaya, que ya es tiempo de levantarse*, allons, il est temps de se lever. Répété, sans y rien ajouter, *vaya* signifie *bien* , *bien ; à merveille.*

LEÇON XXIII.

DE LA CONSTRUCTION.

Dans l'espagnol, comme dans le français et les autres langues où le régime des noms n'est pas désigné par une terminaison qui varie, la construction naturelle est celle qu'on emploie, parce qu'elle suit l'ordre dans lequel les idées se présentent à l'esprit. Cependant celui qui veut acquérir une connaissance parfaite de la langue espagnole, doit donner une attention scrupuleuse à certaines différences qui existent dans diverses parties du discours, et qui sont expliquées dans cette Leçon.

Quoique nous ayons fondu la syntaxe dans les remarques et observations placées à la suite de chacune des parties du discours, nous croyons devoir donner succinctement quelques règles essentielles qui compléteront ce que nous avons dit à ce sujet.

§ 1.er *De l'Article.*

L'article *le*, *la*, *les*, qu'on met en français après les mots *monsieur* et *madame*, suivis d'un nom qui exprime une charge ou une dignité, se place devant en espagnol : ex. monsieur *le* président, EL *señor presidente ;* madame *la* comtesse, LA *señora condesa.*

Mais on dira, comme en français : présentez mes respects à Madame *la* duchesse, *pongame vm. á los piés de mi señora* LA *duquesa.*

L'article se supprime lorsqu'on adresse la parole à ces mêmes personnes : ex. qu'en pensez-vous, monsieur l'intendant? *¿qué piensa vm. de eso, señor intendente?* Bonjour, monsieur le capitaine, *buenos dias, señor capitan.*

Lorsqu'on désigne quelqu'un par son nom, l'article précède le mot *monsieur* ou *madame* en espagnol : ex. monsieur Pérès est venu me voir, EL *señor Perez vino á visitarme;* madame Valdès a beaucoup d'instruction, LA *señora Valdez tiene mucha instruccion.*

On supprime *le*, *la*, *les*, en espagnol, 1.° après un verbe de mouvement suivi des mots *maison*, *palais*, *promenade*, *messe*, *chasse*, *pêche*, et quelques autres : ex. je sors de la maison, *salgo de casa;* allons à la messe, *vamonos á misa;* au retour de la promenade nous irons au palais, *al volver de paseo irémos á palacio;* 2.° dans certaines phrases, comme : c'est l'usage en France, de.... *es costumbre en Francia, el...;* avoir *la* fièvre, *tener calentura;* en *l'*absence de..., *en ausencia de...;* à *l'*imitation des anciens, *á imitacion de los antiguos;* donner à *l'*épreuve, *dar á prueba*, etc. — Quelquefois on y substitue une préposition; ex. faire *le* gentilhomme, *hacer* EL *caballero;* se sentir *le* courage de, *sentirse* CON *ánimo para.* Enfin dans les exclamations on le supprime, ou on le remplace par *qué :* ex. *le* beau raisonnement! *¡ buen raciocinio!* les bonnes gens! *qué buenas gentes!*

§ II. *Des Adjectifs.*

Tout adjectif qui se rapporte à deux substantifs singuliers se met toujours au pluriel : ex. il a un chien et un cheval excellents, *tiene un perro y un ca-*

ballo primorosos. Lorsqu'il se rapporte à deux ou plusieurs substantifs de différents genres, on le met au pluriel et au masculin : ex. le frère et la sœur sont très-instruits, *el hermano y la hermana son muy doctos*.

§ III. *Des pronoms.*

Le pronom *ce* se supprime devant le verbe *être* à la troisième personne : *c'*est une merveille, *es una maravilla; ce* sont des fous, *son unos locos; c'*était lui qui le voulait, *él era quien lo queria; ce* fut lui qui le tua, *él fué quien le mató.*

Lorsque *c'est*, *c'était*, *ce fut*, etc. est suivi d'un pronom, le verbe *être* doit s'accorder avec ce pronom : ex. c'est toi qui es coupable, *tú eres el culpado;* c'est nous qui fûmes les vainqueurs, *nosotros fuimos los vencedores.*

Quand *c'est* est suivi de *que*, on les supprime l'un et l'autre : ex. *ce fut* de lui *qu'*on apprit la nouvelle, *por él se supo la noticia; c'est* en vain *que* nous travaillons, *en vano trabajamos.*

Ce, pouvant se tourner par *celui-ci*, *celui-là*, *tel*, se rend quelquefois par *este :* ex. *ce* fut son avis, ESTE *fué su parecer; c'était* sa manière de vivre, ESTE *era su modo de vivir.*

Ce, suivi de *que de*, se supprime, et on traduit *que de* par *el* qu'on place devant le verbe qu'il régit : ex. *ce* n'est pas une chose aisée *que de* mettre un entêté à la raison, *no es cosa fácil* EL *poner en razon á un encasquetado.* Mais si le verbe *être* est suivi d'un autre verbe qu'il régit, alors on tournera la phrase de la manière suivante : *ce* n'est pas connaître le prix de l'argent, *que de* le dépenser follement, *dites :* quiconque dépense follement l'argent n'en connaît pas le prix, *quien gasta locamente el dinero*, *no conoce su valor.*

Il, joint au verbe *être* suivi d'un adjectif, ou à un verbe pris dans un sens impersonnel, se supprime en espagnol : ex. il est juste, *es justo ;* il est convenable, *es conveniente ;* il importe, *importa ;* il faut, *es menester.*

Lorsque les pronoms personnels *moi*, *toi*, *nous*, *vous*, concourent dans l'oraison impérative avec *le*, *la*, *les*, on met toujours ces derniers après, soit qu'ils précèdent, soit qu'ils suivent le verbe qui les régit : ex. dites-LE-moi, *digamelo vm. ;* achetez-LES-moi, *compremelos vm.*

§ IV. *Des verbes.*

Tout verbe actif régit avec ou sans préposition le substantif qui les suit : avec préposition, si ce substantif exprime un être raisonnable : ex. aimer son prochain, *amar á su prójimo ;* aimer Dieu, *amar á Dios ;* haïr quelqu'un, *aborrecer á alguno ;* ce qui vous amuse, m'ennuie, *lo que á vm. le divierte, á mí me enfada ;* et sans préposition dans tous les autres cas : ex. apprendre une langue, *aprender una lengua ;* dompter ses passions, *domar sus pasiones*, etc.

Cette règle n'est cependant pas sans exceptions : il est des cas où la préposition *á* se supprime, soit parce qu'elle ne s'adapte pas à toutes sortes de verbes, soit parce qu'elle rendrait souvent la phrase équivoque ou peu coulante, soit enfin parce qu'on ne peut l'employer avec un verbe qui exige cette préposition : ex. heureux ceux qui ont de bons amis ! *¡ dichosos aquellos que tienen buenos amigos !* je compare les hommes aux flots de la mer, *comparo los hombres á las olas del mar*. La phrase aurait quelque chose de rude, si l'on disait : *dichosos aquellos que tienen á buenos amigos ; comparo á los hombres á las olas del mar.*

Les verbes de mouvement régissent en espagnol le verbe qui les suit, à l'infinitif avec la préposition *á :* ex. allons nous promener, *vamos á pasear ;* venez me voir, *venga vm. á verme ;* il viendra te parler, *irá á hablar contigo ;* et quelquefois avec la préposition *por*, en supprimant l'infinitif : ex. allez chercher du vin, *vaya vm. por vino* ; envoyez chercher le médecin, *envie vm. por el médico.*

Andar et *ir*, aller, régissent au gérondif sans préposition le verbe qui les suit : ex. ils chantent dans les rues, *van* ou *andan cantando por las calles*, ils le diront à tout le monde, *lo irán diciendo á todos.*

Lorsque *craindre*, *douter*, *nier*, *empêcher*, sont suivis de la conjonction *que* et d'une négation, on n'exprime pas cette dernière en espagnol : ex. je crains qu'il ne pleuve, *temo que llueva ;* il empêcha qu'il ne sortît, *impidió que saliese.*

Avoir, dans un sens impersonnel, s'exprime de préférence par *hacer*, lorsqu'il désigne une époque : ex. il y a trois ans qu'il demeure à Madrid, *hace tres años que vive en Madrid ;* il y aura demain deux mois qu'il est arrivé, *mañana hará dos meses que llegó.*

De l'emploi des différents temps des verbes.

On préfère en espagnol les temps simples aux composés : ex. j'ai lu, je ne sais où, *yo leí no sé donde* ; je l'ai rencontré ce matin, et j'ai traité avec lui de l'affaire, *le encontré esta mañana*, *y traté con él del asunto*. *Yo leí* et *le encontré* sont plus élégants que si l'on traduisait *he leido*, *he encontrado*. — Mais on doit employer exclusivement le prétérit défini, lorsqu'il s'agit d'un temps passé éloigné : ex. il y a quatre ans que j'ai été à Madrid, *hace cuatro años que estuve en Madrid*. Ce serait une faute de dire *he estado*.

Les exemples suivants indiquent encore quelques différences dans les deux idiomes à l'égard de l'emploi des temps. Ce n'est pas un sage qui a dit cela, *no fué* (ce ne fut) *un sabio quien lo dijo*. Le plus vertueux qui soit au monde, *el mas virtuoso que hay* (qu'il y a) *en el mundo*. Il y a bientôt deux ans qu'il est mort, *luego hará* (il y aura) *dos años que murió*. Je ne sais que dire, *no sé que me diga*. On voit, dans cette dernière phrase, que l'infinitif *dire* se rend par le présent du subjonctif *diga*.

L'impératif négatif se rend toujours en espagnol par le subjonctif : ex. ne fais pas cela, *no hagas eso*; ne viens pas tard, *no vengas tarde*.

Dans certains cas, on exprime en espagnol le gérondif par l'infinitif précédé de l'article *al :* ex. en passant, je le lui dirai, *al pasar*, *se lo diré*; en venant le voir, arrêtez-vous chez moi, *al venir á verle*, *detengase vm. en mi casa*; en disant cela, il riait aux éclats, *al decir esto*, *reia á carcajadas*.

Le présent et l'imparfait de l'indicatif se rendent plus élégamment en espagnol par le gérondif, lorsqu'ils expriment l'action de faire dans le moment, ou de continuer une chose déjà commencée : ex. il se promène, *está paseando*; il écrit une lettre, *está escribiendo una carta*; il dînait quand j'arrivai chez lui, *estaba comiendo cuando llegué á su casa.* On construira de même les phrases suivantes : il est à lire, *está leyendo*; il est à travailler, *está trabajando.*

§ V. *Des prépositions.*

La préposition *á*, suivie d'un nom de ville, lieu quelconque, etc. et précédée d'un verbe qui n'exprime pas de mouvement, se rend en espagnol par *en :* ex. je l'ai vu à Paris, *le he visto en Paris*; il a vécu à la cour, *ha vivido en la corte*; qu'avez-vous à la main? *¿qué tiene vm. en la mano?*

En, précédé d'un verbe qui marque mouvement et suivi d'un nom de pays, s'exprime par *á* ou *para :* ex. je vais en Espagne; *voy á* ou *para España*; nous reviendrons bientôt en France, *luego volverémos á Francia.*

En, placé devant un gérondif, lorsqu'il exprime la manière de faire une chose, se supprime en espagnol : ex. en étudiant, on fait des progrès, *estudiando, hace uno progresos*; en marchant on gagne de l'appétit, *andando, se hacen ganas de comer.*

De, suivi d'un infinitif et précédé des verbes *dire, prier, conseiller, ordonner, empêcher, permettre, défendre, etc.* se rend par *que* qui régit le second verbe au subjonctif : ex. je lui dis d'étudier, *le digo que estudie*; il m'écrivit de venir, *me escribió que viniese*; je lui conseille d'être attentif, *le aconsejo que esté atento.*

Suivi d'un infinitif et précédé des verbes, *craindre, résoudre, promettre, tâcher, il faut, il importe*, et autres semblables, *de* ne s'exprime pas en espagnol : ex. je crains de vous déranger, *temo incomodarle á vm.*, il tâcha de le dissuader, *procuró disuadirle*; il convient de le faire, *conviene hacerlo*; et non *temo de*, *procuró de*, *conviene de*, etc. On voit, par ces exemples, que lorsque l'infinitif précédé de la préposition *de*, est le régime ou le sujet du verbe antécédent, *de* ne s'exprime jamais en espagnol.

De ne s'exprime pas après *plus*, *moins*, *assez*, *beaucoup*, *peu*, *tant* ou *autant*, *trop*, *combien*, *que* : ex. plus d'argent, *mas dinero*; moins de peines, *menos trabajos*; assez de richesses, *bastantes riquezas*; beaucoup de bonheur, *mucha dicha*; peu d'honneur, *poca honradez*; tant ou autant de soucis, *tantos cuidados*; trop de rigueur, *demasiado rigor*; combien de fois, *cuantas veces*; que j'ai de plaisir à vous voir ! *¡ qué gusto tengo en verle á vm. !* — Dans les exemples ci-dessus, les mots *plus* et *moins* se rendent en espagnol par des adjectifs indéclinables, et tous les autres par des adjectifs qui s'accordent en genre et en nombre avec les substantifs auxquels ils se rapportent.

Voyez, pour ce qui concerne *l'Adverbe*, *la Conjonction et l'Interjection*, les LEÇONS XX et XXIII.

§ VI. *De l'interrogation.*

L'interrogation ne se distingue pas en espagnol, comme en français, par sa forme grammaticale, mais bien par le ton interrogatif qu'on emploie, et par l'accent d'interrogation qui sert à la désigner, dont elle est précédée et suivie.

Lorsque les pronoms *il*, *elle*, *ils*, *elles*, terminent l'oraison interrogative, et que celle-ci a un substantif pour sujet, on les supprime en espagnol : ex. mon père dort-il? *¿duerme mi padre?* votre sœur viendra-t-elle? *¿vendrá su hermana de vm.?*

Il y a certaines phrases qui, en français, ont la forme interrogative, et qui la perdent en espagnol : ex. fût-il roi, il ne serait pas content, *aunque fuese rey, no estaria contento.*

Les phrases qui en français commencent par *ainsi*, *au moins*, *à peine*, *peut-être*, perdent aussi en espagnol la forme interrogative : ainsi les gens d'honneur pensent-ils, *así piensan las gentes de honor*; peut-être viendra-t-il? *quizá vendrá.*

Est-ce que, *n'est-ce pas que*, *qu'est-ce que c'est*, se rendent en espagnol de la manière indiquée dans les exemples suivants : est-ce que vous le connaissez? *¿qué le conoce vm.?* ou *¿acaso le conoce vm.?* ou *¿tal vez le conocerá vm.?* n'est-ce pas, madame? *¿no es así, señora?* n'est-ce pas que je vous l'ai dit? *¿no es verdad que se lo dije á vm.?* qu'est-ce que c'est? *¿qué hay?* *¿qué es esto?*

§ VII. *De la Négation.*

On supprime en espagnol la négation *no*, lorsque le verbe est précédé d'un autre mot négatif; et on la conserve, si ce même mot négatif est placé après le verbe : ex. personne ne le sait, *nadie lo sabe*, ou *no lo sabe nadie*; personne ne le lui a dit, *ninguno se lo dijo*, ou *no se lo dijo ninguno*; je ne l'aurais jamais cru, *jamas lo creyera*, ou *no lo creyera jamas.*

Ni.... ne, se trouvant immédiatement devant le verbe, s'expriment par *ni* : ex. il ne mange ni ne dort, *no come ni duerme*; il ne voit, ni n'entend, *no vé ni oye*; ni le maître ni le valet ne vinrent, *ni el amo ni el criado viniéron*.

No, au lieu d'être une négation, sert à donner plus de force à l'affirmation après un comparatif : ex. le travail vaut mieux que l'oisiveté, *mejor es el trabajo que no la ociosidad*.

Il y a beaucoup d'autres constructions qui s'écartent en Espagnol de la construction française; mais comme elles ne sont sujettes à aucune règle grammaticale, on peut les considérer comme des idiotismes propres à la langue espagnole, qu'on ne peut connaître que par une étude pratique et la lecture des bons auteurs.

FIN DE LA GRAMMAIRE.

SUPPLÉMENT

A LA GRAMMAIRE,

CONTENANT, 1.° une Table alphabétique de mots qui ont plusieurs acceptions, et de quelques phrases ou locutions françaises qu'on ne peut traduire littéralement en espagnol; 2.° un choix de Synonymes espagnols de *Huerta;* 3.° divers morceaux extraits de *Solis*, avec la traduction interlinéaire; 4.° une introduction à la conversation espagnole, ou Vocabulaire des noms, des adjectifs et des verbes les plus usités; 5.° des Dialogues familiers, et des Proverbes ou Sentences qui se correspondent dans les deux langues; 6.° la liste des abréviations que les Espagnols emploient en écrivant.

SUPPLÉMENT.

TABLE ALPHABÉTIQUE

De mots qui ont plusieurs acceptions, et de quelques phrases ou locutions françaises qu'on ne peut traduire littéralement en espagnol.

A

Accoucher (enfanter), *parir;* — une femme, *partear*, ou *asistir á una muger en su parto.*

Achevé (conclu), *acabado;* — (parfait) *perfecto :* ex. c'est un ouvrage achevé, *es una obra perfecta.* — Fou achevé, *loco rematado.*

Adresse (habileté), *maña;* — d'une lettre, *el sobrescrito de una c arta;* — d'une maison, *las señas de una casa.*

Afficher, *fijar carteles, publicar;* — (au figuré) *hacer alarde de...* ex. afficher l'impiété, *hacer alarde de ser impío.*

Ajouter, *añadir :* — foi, *dar fé, creer :* ex. ajoutez-vous foi à ce qu'il dit ? *¿ cree vm. lo que él dice ?*

Aller, *ir, andar.* — On l'exprime aussi de diverses manières dans les acceptions suivantes : 1.° par *caer bien :* ex. ce chapeau lui va bien, *este sombrero le cae bien;* 2.° par *estar para :* ex. ils allaient se battre quand j'arrivai, *estaban para reñir, cuando llegué;* 3.° par *ir á recibir :* ex. aller au-devant de quelqu'un, *ir á recibir á uno;* par *prevenir :* ex. je vais au-devant de tout ce qui lui fait plaisir, *le prevengo en todo lo que puede desear;* 4.° par *ser regular :* ex. cela va sans dire, *es regular.*

Après, *despues.* Attendre après quelqu'un, *estar esperando á uno.* Être après quelque chose, *estar haciendo una cosa.*

Argent (métal), *plata;* — (monnaie) *dinero.*

Armée, *ejército;* — navale, *armada.*

Arrêter, *detener, arrestar, quedar de acuerdo;* — un domestique, *recibir un criado.*

Arrêter, (s'), *pararse :* ex. ma montre s'est arrêtée, *se ha parado mi relox.*

Arriver à...., *llegar á....;* — (en parlant d'un évènement) *acontecer, suceder :* ex. il arrive que...., *acontece que....*, ou *sucede que.....*

Attacher, *atar.* — S'attacher à quelque chose, *dedicarse á alguna cosa;* — quelqu'un, *grangearse la aficion de alguno;* — à quelqu'un ou être attaché à quelqu'un, *tener á uno cariño* ou *ley.*

Avantageux, *ventajoso, útil;* — (en parlant de la taille) *alto;* — dans le sens de présomptueux, *presumido.*

Avis, *aviso;* — opinion, sentiment, *parecer.*

Avoir, *haber* ou *tener.* Ce verbe a une infinité d'acceptions; voici les plus usitées. Avoir obligation à quelqu'un, *deber á uno mucho por sus favores;* — le bonheur, *lograr la dicha;* — la bonté, *servirse;* — sur le cœur, *estar resentido;* — de quoi, *tener con que pasar;* — sur les bras, *tener á su cargo;* — la main au jeu, *ser mano;* — la tête dure, *ser duro de cabeza;* — à dos, *tener contra sí;* — la vue basse, *ser corto de vista;* — les bonnes grâces de quelqu'un, *gozar del favor de uno;* — le cœur de....., *tener el ánimo para.....;* — une dent contre quelqu'un, *tenerlas contra uno;* — bon nez, *oler el poste;* — la tête près du bonnet, *enojarse con facilidad;* — du front, *tener descaro;* — le dessus, *tener ventaja;* — voix en chapitre, *tener voto;* — la tête légère, *ser ligero de cabeza;* — la conscience large, *ser ancho de conciencia;* — quelqu'un dans sa manche, *tener á uno á su disposicion y devocion;* — des propos avec quelqu'un, *reñir de palabras;* — affaire à quelqu'un, *tener que hacer con alguno.*

B

Balle, au jeu de pomme, *pelota;* — de fusil, *bala;* — de marchandises, *fardo.*

Bas, *bajo.* Bas-officiers, *sargentos y cabos.* Le bas de l'escalier, *el pie de la escalera.* Être bas percé, *estar apurado de dinero y recursos.*

Batiment, *edificio;* — de mer, *embarcacion.*

Baton, *palo;* — de cire d'Espagne, *barra de lacre.* Tour de bâton, *manos puercas.*

Battre, *golpear, cascar, batir;* — au jeu, *barajar;* — des mains, *palmotear;* — la caisse, *tocar la caja;* — aux champs, *tocar la marcha;* — la mesure, *llevar el compas;* — monnaie, *acuñar moneda;* — le pavé, *ser correro;* — la campagne, au figuré, *delirar;* — froid, *poner á uno mala cara;* — le fer tandis qu'il est chaud, proverbe, *cuando pasan rábanos, comprarlos.*

Beau, *bello.* — On l'exprime aussi par *bueno :* ex. il fait beau temps, *hace buen tiempo.* — Il entre dans la composition des mots suivants, et fait partie de leur signification : ex. beau-père, *padrastro, suegro;* — belle-mère, *madrastra, suegra;* beau-fils, *hijastro, yerno;* belle-fille, *hijastra, nuera;* beau-frère, *cuñado;* belle-sœur, *cuñada;* — le beau sexe, *el sexo femenino*, ou *las mugeres;* — la belle saison, *la prim vera;* — un bel esprit, *un ingenio;* — avoir beau, *por mas que:* ex. il a beau dire, *por mas que él diga*, etc.

Bière, boisson, *cerveza;* — cercueil, *ataud.*

Billet, *billete, esquela;* — de loterie, *cedula de lotería;* — de logement, *boletin, boleta.*

Blanc, *blanco.* Linge blanc, *ropa límpia.* Payer en argent blanc, *pagar en moneda de plata.* Se manger le blanc des yeux, *estar siempre riñendo.*

Bois, à brûler, *leña;* — de charpente, *madera.* Lieu planté d'arbres, *bosque, soto, monte;* — de futaie ou de haute-futaie, *bosque de árboles grandes;* — taillis, *bosque de árboles nuevos;* — de cerf, *hasta de ciervo.* Porter bien son bois, au figuré, *tener buena planta, presentarse bien.*

Bord d'un fleuve, de la mer, *orilla;* — (terme de marine) *bordo:* ex. je vais à bord, *voy á bordo;* — du chapeau, *galon de sombrero;* — bordure ou garniture qu'on met au bas d'un habit, *ribete.*

Botte, *bota;* — (terme d'escrime) *estocada;* — de foin, *haz de heno;* — d'asperges, *manojo de espárragos;* — d'oignons, *ristra de cebollas.*

Bourgeois, *vecino de una ciudad.* Maison bourgeoise, *casa de un particular.* Le bourgeois, *el amo.*

Bourse, à cheveux et à argent, *bolsa;* — (lieu de réunion des négociants) *lonja.*

Bout, *cabo.* Le bout des doigts, *la yema de los dedos;* — d'un fourreau, *la cantera;* — du nez, de la langue, *la punta de la nariz, de la lengua;* — de la table, *la cabecera de la mesa.* Bout d'homme, *hombre muy pequeño.* Pousser quelqu'un à bout, *apurar á uno la paciencia.*

Briser, *quebrar, hacer pedazos;* — (au figuré) brisons là-dessus, *dejemos de hablar de eso.*

Brouiller, *mezclar, enredar;* — quelqu'un avec un autre, *poner á* *uno mal con otro.* Se brouiller (en parlant), *perderse :* ex. le prédicateur se brouilla, *se perdió el predicador ;* — avec quelqu'un, *enemistarse.*

C

Carte à jouer, *naipe ;* — de géographie, *mapa ;* — (terme d'auberge), *cuenta :* ex. dites à l'hôtesse de nous porter la carte, *diga vm. á la mesonera que nos lleve la cuenta.*

Cavalier, *soldado de á caballo;* — (qui monte bien à cheval) *ginete ;* — (terme de fortification) *caballero ;* — équivalant à Monsieur, *caballero ;* — (adjectif) *atrevido, descarado.* Cavalièrement, *con descaro.*

Cercle, *circulo ;* — (assemblée) *tertulia, asamblea.*

Chaire à prêcher, *púlpito;* — de collége, *cátedra.* On nomme le professeur *catedrático.*

Chambre de maison, *cuarto, aposento;* — du conseil, *cámara del consejo.* Gentilhomme de la chambre, *gentilhombre de cámara.* Chambrée, *rancho.*

Charme, *encanto, hechizo ;* — (attraits) *hermosura.*

Chasser, renvoyer, *echar fuera, despedir ;* — le gibier, *cazar.*

Cheville, *clavija ;* — du pied, *tobillo ;* — (en poésie) *ripio.*

Clou à clouer, *clavo;* — à crochet, *escarpia ;* — (terme de chirurgie) *divieso.*

Coeur, *corazon ;* — (au jeu de cartes) *copas ;* — de chou, *ou* de laitue, *cogollo.* Ce mot a plusieurs acceptions : 1.° avoir du cœur, *tener ánimo, valor, espíritu ;* 2.° apprendre par cœur, savoir par cœur, *aprender, saber de memoria;* 3.° parler à cœur ouvert, *hablar con sinceridad* ou *confianza ;* 4.° de bon cœur, *de buena gana :* 5.° à contre cœur, *de mala gana ;* 6.° dans le cœur de l'hiver, *en lo recio del invierno ;* 7.° dîner par cœur, *quedarse sin comer.*

Côte, *costilla ;* — (coteau) *cuesta.* Marcher côte à côte, *andar uno al lado de otro.*

Coucher, étendre de son long, *echar á lo largo;* — par écrit, *poner por escrito;* — en joue, *apuntar.* Se coucher, se mettre au lit, *acostarse;* — (en parlant des astres) *ponerse.*

Coup, *golpe;* — de poing, *puñada;* — de pied, *puntapié, patada ;* — de bâton, *palo ;* — de pierre, *pedrada ;* — de fusil, *escopetazo, fusilazo ;* — de canon, *cañonazo ;* — de feu, *balazo;* — de soleil, *una insolacion.* On dit au figuré : un coup de main, *un golpe de mano;* — de hasard, *una casualidad ;* — d'essai, *un ensayo ;* — de partie, *un golpe decisivo ;* — du ciel, *un golpe inesperado ;* — de théâtre, *un lance de teatro ;* — d'œil, *una ojeada.* Ce mot entre aussi dans la composition de plusieurs phrases adverbiales : ex. encore un coup, *otra vez ;* pour le coup, *ahora, esta vez ;* coup sur coup, *una vez tras de otra ;* boire un coup, *echar un trago.*

Couper quelque chose, *cortar, partir ;* — le chemin à quelqu'un, *atajar á uno el camino ;* — court, *abreviar ;* — (au jeu de cartes) *alzar, fallar.* Se couper dans la conversation, *variar.*

Cour d'un roi, d'un prince, *la corte ;* — d'une maison, *el patio.*

D

Dé à jouer, *dado ;* — à coudre, *dedal.*

Débiter des marchandises, *despachar ;* — des nouvelles, *divulgar noticias.*

Défaite, déroute, *derrota ;* — (faux-fuyant) *disculpa ;* — (en parlant de marchandises) *despacho.*

Demande faite à quelqu'un, *pregunta ;* — à une autorité, *peticion.*

Demander une chose, *pedir ;* — (s'adresser à quelqu'un), *preguntar.* Demander quelqu'un, *preguntar por alguno.*

Démettre (se) un membre, *dislocarse ;* — quelqu'un de sa charge, *deponer á uno de su empleo.* Se démettre d'un emploi, *hacer demision de su empleo.*

Demeurer en quelque endroit, *vivir ;* — d'accord, *quedar de acuerdo.*

Dent, *diente.* Mal de dents, *dolor de muelas.* Les dents d'un peigne, *los dientes* ou *las puas de un peine.* Parler de grosses dents (au figuré) *amenazar, reñir á uno.* Montrer les dents, *hacer cara á uno.* Rire du bout des dents, *reir sin gana.*

Descente d'un chemin, *bajada ;* — de troupes, *desembarco de tropas ;* — (terme de médecine) *hernia,* ou *quebradura.*

Desservir la table, *alzar la mesa ;* — une chapelle, une cure, *asistir una capellanía, un curato ;* — quelqu'un (au figuré) *hacer malos oficios á uno.*

Dette, *deudas ;* — criardes, *deudas menudas.*

Drap, étoffe, *paño ;* — de lit, *sábana.*

Drôle (substantif), *pícaro ;* — (adjectif) *extraño, singular.* Drôle de corps, *hombre alegre.* Drôlesse, *ramera.*

E

Eclairer quelqu'un, *alumbrar ;* — (faire des éclairs) *relampaguear.*

Éclat, splendeur, *esplandor ;* — de bois, *astilla ;* — bruit, *ruido ;* — de rire, *carcajada ;* — de bombe, *casco de bomba.*

Éclater, briller, *resplandecer;* — (se fendre) *estallar, hacerse astillas;* — (se divulguer) *hacer ruido, divulgarse.*

Écorcher, *desollar;* (dans le sens de vendre) *vender muy caro;* — une langue, *hablar chapurrado.*

Écrivain, *escribiente;* — (auteur) *escritor;* — maître-écrivain, *maestro de escribir.*

Élever, *alzar;* — la voix, *levantar;* — un enfant, *criar;* — une statue, *erigir;* — à un poste, *elevar.*

Enceinte, (substantif), *recinto;* — adjectif, *en cinta:* ex. femme enceinte, *muger en cinta.*

Endroit, *lugar, parage, pueblo;* — d'une étoffe, *faz* ou *cara.*

Enseigne, drapeau, *bandera;* — de boutique, *muestra;* — officier, *abanderado.*

Entendre, ouïr, *oir;* — comprendre, *entender;* — son métier, *saber su oficio;* — raillerie, *saber de chanzas.* S'entendre à quelque chose, *entender de....* Cela s'entend, *ya se sabe.*

Entrée, en quelque endroit, *entrada;* — à table, *principio.*

Envers, préposition, *para con;* — d'une étoffe, *reves.*

Envie, jalousie, *envidia;* — désir, *gana;* — aux doigts, *padrastro.*

Envoyer (quelque chose), *enviar;* — chercher, *enviar por.*

Épargner, économiser, *ahorrar;* — pardonner, *perdonar.* N'épargner aucun moyen pour s'enrichir, *no perdonar medio alguno para hacerse rico.*

Épouser, se marier, *casarse con;* — un parti, *abrazar un partido;* — les intérêts de quelqu'un, *tomar los intereses de uno.*

Équipage, *equipage;* — de navire, *tripulacion;* — (voiture) *coche.*

Esprit, *espíritu;* — (connaissance) *entendimiento;* — (caractère) *genio:* ex. c'est un esprit volage, *es un genio ligero.* Les esprits, *los duendes.*

Être, *ser* ou *estar.* Ce verbe a plusieurs acceptions : ex. être bien portant, *estar bueno;* — malade, *estar malo;* — aux prises, *haber llegado á las manos;* — à son aise; — *ser rico, estar bien;* — sur une chose, *estar hablando de una cosa;* — sur le retour, *empezar á envejecer;* — de moitié, *ir á la parte;* — de son pays (au figuré), *ser simple, ser tonto;* — en couche, *estar parida;* — en mal d'enfant; *tener dolores de parto;* — à l'article de la mort, *estar muriendose;* — court d'argent, *tener poco dinero;* — content de soi, *estar muy pagado de sí;* — sujet à caution, *no ser muy de fiar;* — dans l'erreur, *estar equivocado;* — à quia, *no saber que responder;* — en relation (par lettres), *cartearse;* — aux écoutes, *estar escuchando;* — pressé, *estar de prisa, traer prisa ;* — sur les dents, *estar rendido, no poder mas ;* — dupe, *quedar burlado ;* — à jeûn, *estar en ayunas ;* — tout en eau, *estar hecho una agua ;* — son maître, *ser dueño de sí ;* — gris, *estar peneque.*

Éventer, *ventilar ;* — (avec un éventail) *abanicar ;* — un secret, *descubrir un secreto.*

F

Façon d'un habit, *hechura.* Façons (bonnes manières), *modales, buenos modos ;* — (compliments) *cumplimientos*, ou *ceremonias :* ex. ne faites pas de façons, *no haga vm. cumplimientos.* Sans façon, *sin cumplimiento.*

Facteur, qui fait quelque chose, *factor ;* — (qui porte les lettres) *cartero.*

Faire, *hacer ;* — son devoir, *cumplir con su obligacion ;* — mal (dans le sens de souffrir), *doler :* ex. la tête me fait mal, *me duele la cabeza ;* — la cour à une demoiselle, *cortejar ;* — les premiers pas, *dar los primeros pasos ;* — l'amour, *galantear, cortejar ;* — peur, *hacer miedo ;* — le grand, le savant, *hacer de grande, de docto ;* — le bel esprit, *presumir de ingenioso ;* — parler de soi, *dar que decir de sí ;* — main-basse, *no dar cuartel ;* — connaître, *dar á conocer ;* — entendre raison à...., *hacer entrar á...., en razon ;* — fond sur quelqu'un, *confiarse de uno ;* — son compte, *irle bien á uno ;* — des armes, *esgrimir ;* — un faux serment, *jurar en falso ;* — des pas de clerc, *dar pasos inútiles ;* — amitié, *acariciar, obsequiar ;* — l'amitié de....., *hacer el favor de.... ;* — honneur à sa parole, *cumplir con su palabra,* — un tour, *dar una vuelta ;* — un tour à quelqu'un, *pegar un chasco ;* — du feu, *encender lumbre ;* — parade de...., *hacer alarde de.... ;* — la charité, *dar limosna ;* — pitié, *dar lástima ;* — marché, *ajustar ;* — gras, *comer de carne ;* — maigre, *comer de pescado ;* — son droit, *estudiar leyes ;* — bon ménage, *vivir en buena union ;* — un faux pas, *tropezar ;* — le signe de la croix, *persignarse ;* — bon pour quelqu'un, *salir fiador de uno ;* — capot (au piquet), *dar capote ;* — des châteaux en Espagne, *hacer torres de viento ;* — le bon valet, *andar con zalamerías ;* — ses adieux, *despedirse ;* — l'enfant, *niñear ;* — (au jeu de carte), *barajar.* Se faire des affaires, *exponerse á desazones ;* — fort de....., *empeñarse á..... ;* — jour, *abrirse camino ;* — un nom, *acreditarse ;* — soldat, *meterse soldado.* Faire faire (quelque chose), *mandar hacer.* Ne faire que de...., *acabar de..... :* ex. il ne faisait que sortir quand j'arrivai, *él acababa de salir cuando llegué.*

Ferrer, *herrar ;* — la mule (proverbe), *sisar.*

Fête, *fiesta;* — (jour de la naissance de quelqu'un) *los dias:* ex. c'est demain ta fête, *mañana son tus dias.*

Filet, *red, lazo;* — de bœuf, *lomo de vaca.* Un filet de vinaigre, *una punta de vinagre.* Le filet de la langue, *el frenillo.*

Fille, *hija;* — (non mariée) *soltera.* Jeune fille, *moza.* Fille de joie, *ramera.*

Fondre, *fundir, derretir;* — sur l'ennemi, *arrojarse sobre el enemigo;* — en larmes, *deshacerse en lágrimas.*

Frais (adjectif), *fresco, reciente;* — (substantif) *gasto.* Faux frais, *gastos menudos.* Recommencer sur de nouveaux frais, *empezar de nuevo.*

Frapper, *dar golpes, cascar;* — (causer de l'étonnement), *causar admiracion;* — à la porte, *llamar á la puerta;* — ou battre des mains, *dar palmadas, palmotear;* — une médaille, *acuñar una medalla.*

Frontispice, *frontispicio;* — d'un livre, *portada.*

Fumer, *humear;* — du tabac, *fumar;* — des viandes, *acecinar;* — une terre, *estercolar;* — (au figuré) *estar picado.*

G

Gagner quelque chose, *ganar;* — (arriver à.....) *llegar á.....;* — un rhume, *coger un resfriado;* — le large, *tomar las de villadiego.*

Garçon (jeune homme), *muchacho, mozo;* — de boutique, *mancebo;* — non marié, *soltero;* — tailleur, *oficial de sastre;* — chirurgien, *practicante.*

Gens, *gente* ou *gentes;* les honnêtes gens, *los hombres de bien;* les jeunes gens, *los jóvenes;* les vieilles gens, *los viejos;* les petites gens, *la plebe;* les gens comme il faut, *la gente de forma;* les gens de marque, *los grandes;* les gens de rien, *la gente baja;* les gens de robe, *los togados;* — de lettres, *los literatos;* — du monde, *la gente mundana.* Gens, domestiques d'un grand, *los criados.* Ce sont de mauvaises gens, *es una gente perversa.*

Glace, *hielo;* — (miroir) *espejo grande;* — de voiture, *cristal;* — (boisson) *sorbete helado.*

Grand (de taille), *alto;* — (par la naissance ou par les actions) *grande.*

Grossir (devenir gros), *hacerse grueso;* — (parlant des eaux) *crecer;* — (des objets) *aumentar.*

H

Hameçon, *anzuelo;* — (fourberie) *trampa:* ex. mordre à l'hameçon, *caer en la trampa.*

HASARD, *casualidad.* Habit, livre de hasard, *vestido, libro de lance.*

J

JALOUSIE, *zelos;* — (d'un balcon) *celosía.*

JARDIN, parterre, *jardin;* — potager, *huerto.*

JOUER, *jugar;* — un tour, *pegar un chasco;* — l'innocence, la pudeur, *aparentar la inocencia, el pudor;* — de son reste, *echar el resto;* — une comédie, *representar una comedia;* le rôle de...., *hacer el papel de....*; d'un instrument, *tocar un instrumento.*

JOUEUR, *jugador;* — d'instrument, *músico;* — de gobelet, *titiritero.*

JOUR, *dia;* — (lumière) *luz;* — ouvrable, *dia de trabajo.* Faux jour, *vislumbre.* Ouvrage à jour, *obra á claros.* Vivre au jour la journée, *vivir dia y vida.*

L

LETTRE (caractères d'écritures), *letra;* — italique, *letra bastardilla;* — moulée, *letra de molde;* — (missive) *carta;* — de compliment, de félicitation, *carta de enhorabuena;* — de condoléance, *carta de pésame;* — de change, *letra de cambio;* — lettre patente, *cédula real.* Les lettres, *las letras, las ciencias.* Les belles lettres, *las buenas letras.* La république des lettres, *la república literaria.*

LIGNE, *línea, renglon;* — à pêcher, *caña de pescar.* Pêcher à la ligne, *pescar con caña.*

LISIÈRE (du drap), *orillo;* — (frontière) *frontera;* — (d'enfant) *andadores.* Un enfant à la lisière, *un niño con andadores.*

LIT, *cama;* — d'une rivière, *la madre de un rio;* — de pierres, *asiento de piedras.* Enfants du premier, du second lit, *hijos del primer, del segundo matrimonio.*

LIVRE, (volume), *libro;* — (poids ou monnaie) *libra.*

LIVRER (une chose), *entregar;* — bataille, *dar batalla.* Se livrer à quelqu'un, *fiarse de uno.*

LOUER (donner des éloges), *alabar;* — (prendre à loyer) *alquilar.*

LUSTRE, éclat, *lustre;* — (espace de cinq ans) *lustro;* — (pour éclairer) *araña.*

M

MAIN, *mano;* — (au jeu de carte) *baza.* Prêter la main, *ayudar.* Donner les mains à...., *consentir en....., aprobar.*

MAISON, *casa;* — de force, *casas de castigo;* — de ville, *casa del ayuntamiento.* Les petites maisons, *el hospital de los locos.*

Maître, propriétaire, *amo*, *dueño;* — (dans un navire) *maestre;* — (celui qui enseigne) *maestro;* — d'hôtel, *mayordomo;* — en fait d'armes, *maestro de esgrima;* — garçon, *principal oficial;* — clerc, *oficial mayor.* Maître-hôtel, *altar mayor.* Grand-maître d'un ordre militaire, *gran maestre de una órden militar.*

Maitresse, *ama*, *señora de casa;* — (celle qui enseigne) *maestra;* — (femme à qui on fait la cour) *corteja.*

Manquer, *faltar;* — à quelque chose, *en alguna cosa;* — de quelque chose, *carecer de....*, *estar falto de....*; — une occasion, un bon marché, *perder una ocasion*, *un buen lance;* — la messe, *quedarse sin misa;* — à quelqu'un, *agraviar á uno;* — (dans le commerce) *quebrar;* — son coup, *no salir bien con su intento.*

Marché (convention), *ajuste;* — (lieu où l'on vend) *mercado.*

Marche, terme militaire, *marcha;* — d'escalier, *escalon;* — manière de marcher, *el andar.* Jour de marche, *jornada :* ex. il y a trois jours de marche d'ici à Madrid, *hay tres jornadas de aquí á Madrid.*

Marcher, cheminer, *andar;* — sur les traces de...., *seguir las pisadas de....*; — sur quelque chose, *pisar alguna cosa.*

Maréchal, ferrant, *herrador*, *albeitar;* — (dignité) *mariscal.*

Mars, mois, *marzo;* — dieu, *el dios Marte.*

Médecine, art, *medicina;* — remède, *purga.*

Ménage, *economía.* Toile de ménage, *lienzo casero.* Pain de ménage, *pan casero;* — famille, *familia :* ex. il y a trois ménages dans cette maison, *hay tres familias en esta casa.*

Ménager (économiser), *economizar;* — quelqu'un, *guardar atenciones con uno;* — quelque chose à quelqu'un, *mediar;* — sa santé, *mirar por su salud;* — ses paroles, *hablar poco;* — (substantif) *económico.*

Mesure, *medida;* — (en musique) *compas;* — (en poésie) *metro.*

Mettre, *poner;* — d'accord, *poner en paz;* — l'épée à la main, *sacar la espada;* — au jour (un ouvrage) *dar á luz;* — au net, *sacar en limpio;* — à la voile, *hacerse á la vela;* — bas les armes, *rendirse.* Se mettre à la fenêtre, *asomarse á la ventana;* — en garde (terme d'escrime), *ponerse en guardia;* — au fait de....., *enterarse de...;* — à courir, *echar á correr.*

Mille (nombre cardinal), *mil;* — (mesure de chemin) *milla.*

Monter, *subir;* — la garde, *entrar de guardia;* — une montre, *dar cuerda á un relox;* — (en parlant d'un compte) *importar.*

Mot, *palabra.* Bon mot, *dicho agudo.* Gros mot, *invectiva.* Mot à mot, *palabra por palabra.*

Moucher (se) *sonarse;* — la chandelle, *despabilar la vela.*

N

Nappe, *mantel;* — (d'eau) *superficie de agua.*

Nom (de famille), *apellido;* — (de baptême) *nombre.* Un homme de nom, *un hombre afanado.*

Nu, *desnudo.* L'épée nue, *la espada desenvainada.*

O

Office (divin), *oficio divino;* — d'une maison, *reposteria.*

Ordonnance, *ordenanza;* — de médecine, *receta.* Habit d'ordonnance, *vestido de uniforme.*

P

Pain, *pan;* — de bougie, *librillo de cerilla;* — de sucre, *pilon de azúcar.* Demander son pain, *pedir limosna.*

Palais, *palacio;* — (de la bouche) *paladar.*

Parc, *bosque cerrado;* — (d'artillerie) *parque.*

Parer, orner, *adornar;* — un coup, *desviar un golpe.*

Parler, *hablar;* — du nez, *ganguear;* — à mots couverts, *hablar con disfraz;* — raison, *hablar en razon;* — vrai, *hablar en verdad.*

Parterre (dans un jardin), *cuadro de flores;* — de comédie, *patio.*

Partie (portion d'un tout), *parte;* — (de jeu ou de plaisir) *partida.*

Pas, *paso;* — (trace) *huella.* Le pas de la porte, *el umbral de la puerta.*

Passage, *travesía, pasadizo, pasage;* — (d'un livre) *cita.*

Pays, *pais;* — natal, *patria, tierra nativa.*

Pêche, *pesca;* — (fruit) *melocoton.*

Peloton de fil, *ovillo;* — (de troupe) *peloton.*

Pendre, suspendre, *colgar;* — (à un gibet) *ahorcar.*

Penser, *pensar;* — à....., *pensar en....;* — (être sur le point de; *estar á pique de...., estar á punto de...., estar para....:* ex. j'ai pensé mourir, *estuve á pique de morir.*

Petit, *pequeño;* — esprit, *hombre limitado;* — nombre, *corto número.* Le petit peuple, *la plebe.* Petit-fils, *nieto,* petite-fille, *nieta.*

Petit-lait, *suero.* — Brûler à petit feu, *quemar á fuego lento.*

Pied, *pié;* — (de mouton) *mano.* Colonel en pied, *coronel en propiedad.*

Pique, arme, *pica;* — (au jeu de cartes) *espadas;* — (au figuré), *enfado, pique.*

Piquer, *punzar;* — (la viande) *mechar;* — quelqu'un (au figuré), *picar á uno, enfadarle.* Se piquer de quelque chose (se fâcher), *desairarse por alguna cosa.* Se piquer de.... (se vanter), *preciarse de.....*

Piquet, *estaca;* — (de soldats) *piquete;* — (jeu) *los cientos.*

Plein, *lleno;* — en plein jour, *de dia claro;* — en plein conseil, *en el mismo consejo;* — en pleine mer, *en altamar;* — en pleine campagne, *en campo raso;* — à pleine voile, *á toda vela.*

Plier (quelque chose), *doblar;* — (en parlant des troupes) *romperse, huir;* — bagage, *escapar.* Se plier à....., *acomodarse á...*

Pointe, *punta;* — (bon mot) *agudeza.*

Pompe (appareil), *pompa;* — (machine hydraulique) *bomba.*

Port (frais de port, maintien ou manière d'une personne), *porte;* — (de mer) *puerto.* Arriver à bon port, *llegar bueno y sano.*

Portée d'une arme à feu, *tiro, alcance;* — (en parlant des animaux) *camada.* Être à portée de..... *estar á mano de....*

Porter d'un lieu à un autre, *llevar;* — (en parlant d'une arme à feu) *alcanzar;* — (toucher au but) *acertar;* ex. tous les coups ne portent pas, *todos los tiros no aciertan;* — ordonner, contenir (en parlant d'actes publics) *mandar, contener:* ex. le décret porte, *el decreto manda* ou *contiene;* — à la tête (monter), *subir:* ex. l'ardeur du feu me porte à la tête, *el ardor del fuego me sube á la cabeza;* — quelqu'un à quelque chose, *mover á uno á alguna cosa.* Se porter au bien, *inclinarse á la virtud;* — bien, *estar bueno;* — mal, *estar malo.*

Porteur, *portador;* — d'eau, *aguador.*

Poste, *posta;* — (charge) *empleo;* — (terme militaire) *puesto.*

Pot, *puchero;* — à l'eau, *jarra;* — au feu, *olla;* — de vin (dans une vente) *alboroque.*

Pouce, (doigt), *pulgar;* — (mesure) *pulgada.*

Poudre, poussière, *polvo;* — à poudrer, sable, *polvos;* — à tirer, à canon, *pólvora.*

Prendre, *tomar, coger, prender;* — le parti de quelqu'un, *volver por uno;* — parti, *sentar plaza;* — à crédit, *tomar fiado;* — le deuil, *ponerse de luto:* — à cœur, *tomar á pechos;* — en bonne part, *tomar á bien;* — prendre quelqu'un au mot, *coger á uno la palabra;* — jour, *señalar dia;* — plaisir à...., *gustar de.....* Se prendre de paroles, *trabarse de palabras.* On dit aussi : Pour qui me prenez-vous ?

¿ por quién me tiene vm. ? Cet homme a pris (s'est mis en réputation), *este hombre se ha acreditado.* La Seine est prise, *el rio está helado.*

Presse (vîtesse), *prisa ;* — (foule) *apreton ;* — d'imprimerie, *prensa.* Sous presse, *en prensa.*

Prise d'une ville, *toma ;* — d'un vaisseau, *presa ;* — de tabac, *un polvo.*

Prix (valeur), *precio ;* — (récompense) *premio.*

Puissant (qui a du pouvoir), *poderoso ;* — (gros et grand) *gordo, corpulento.*

Q

Quartier (quart), *cuarto ;* — d'une ville, *barrio ;* — (voisinage) *vecindad ;* — (caserne) *cuartel.* Donner quartier, *dar cuartel.*

R

Rapport (produit), — *producto ;* — d'un fait, d'un procès, *relacion ;* — (accusation ou médisance) *soplonería ;* — (liaison) *conexion :* ex. quel rapport cela a-t-il avec ce que je disais ? *¿ qué conexion tiene eso con lo que yo decia ?*

Rapporter (d'un lieu à un autre) *volver á traer :* — (faire un récit) *referir, contar ;* — un procès, *relatar ;* — (produire) *producir.* Se rapporter à.... avoir de la conformité, de la ressemblance, *semejarse.* S'en rapporter à...., *remitirse, referirse á....*

Rechercher, *escudriñar ;* — une demoiselle en mariage, *pretender á una señorita para casarse ;* — faire des recherches, *hacer pesquisas.*

Regretter, *sentir :* ex. je regrette le temps perdu, *siento el tiempo perdido ;* — être fâché de...., *sentir, pesar :* ex. je regrette de ne vous avoir pas vu, *siento*, ou *me pesa no haber visto á vm.*

Remercier, *dar gracias ;* — quelqu'un de son emploi, *quitar á uno su empleo.*

Remise, rabais, *rebaja ;* — pour les voitures, *cochera.* Carrosse de remise, *coche de alquiler.* Partie remise (au jeu) *tablas.*

Renvoyer, *volver á enviar ;* — congédier, *despedir.*

Repasser, *volver á pasar ;* — revenir, *volver ;* — un couteau, *amolar :* — le linge, *planchar.*

Reprendre, *volver á tomar ;* — réprimander, *reprender, reñir.*

Retraite, lieu tranquille, *retiro ;* — solitude, *soledad ;* — marche des troupes qui se retirent, *retirada ;* — signal donné aux soldats de rentrer au quartier, *retreta.*

Revenir de quelqu'endroit, *volver de.... ;* — coûter, *salir :* ex. à combien vous revient cet habit? *¿ á cuanto le sale á vm. este vestido?* — plaire, *agradar:* ex. son humeur me revient, *su condicion me agrada.*

S

Santé, *salud;* — délicate, *salud quebrantada.* Billet de santé, *papel de sanidad.* Boire à la santé de quelqu'un, *brindar á uno.*

Scène, *escena;* — au figuré, *alboroto:* ex. faire une scène à quelqu'un, *alborotar á uno.*

Sentir, *sentir;* — avoir de l'odeur, *oler:* ex. ceci sent bon, *esto huele bien;* — avoir du goût, *saber:* ex. ce ragoût ne sent rien, *este guisado no sabe á nada.* Se sentir, dans le sens d'être, *hallarse:* ex. je me sens un peu mieux, *me hallo algo mejor.*

Servir, *servir;* — la messe, *ayudar á misa.*

Siége, pour s'asseoir, *silla, asiento;* — d'une place, *sitio.* Carrosse à deux places, *coche de dos asientos.*

Soie, *seda;* — de cochon et de sanglier, *cerdas.*

Songer, rêver, *soñar;* — penser, réfléchir, *pensar, reflexionar.*

Souffleur, *soplador;* — de comédie, *apuntador.*

Sujet (d'un roi), *súbdito, vasallo;* — (une personne) *sujeto;* — (matière dont on traite) *sugeto, asunto;* — (motif) *motivo.* C'est un bon sujet, *es persona de satisfaccion.* C'est un mauvais sujet, *es una mala cabeza.*

T

Table (planche), *tabla;* — à manger, *mesa.* Tenir table, *dar mesa.*

Tablette (rayon), *estante;* — (souvenir) *librito de memoria;* — de chocolat, *ladrillo de chocolate.*

Taille, *talle.* Basse-taille (en musique), *tenor bajo.* Haute-taille, *contralto.*

Tailler, *costar, tajar;* — en pièces, *destrozar;* — la vigne, *podar la viña.*

Tailleur, *sastre;* — de pierre, *cantero.*

Tater (toucher), *tocar;* — (goûter), *probar;* — le pouls, *tomar el pulso.*

Tenir, *tenér;* — beaucoup de place, *ocupar mucho lugar;* — (être contigu) *estar contiguo:* ex. ma maison tient à la sienne, *mi casa está contigua á la suya;* — lieu de...., *servir de....;* — tête à quelqu'un, *hacer cara á uno;* — la main à...., *poner cuidado en....;* — compte de quelque chose à quelqu'un (en matière d'intérêt), *abonar;* — bon (terme militaire), *defenderse;* — sur les fonds de baptême, *sacar de pila;* — bon (dans son opinion), *perseverar.* Se tenir sur ses gardes, *precaverse.*

Tirer, *sacar;* — (une arme à feu) *tirar, disparar;* — des armes, *esgrimir, jugar al florete;* — au sort, *sortear;* — à part, *llamar á parte;* — de peine, *sacar de trabajos;* — d'affaire, *sacar de aprieto.* Se tirer d'embarras, *salirse de una dificultad.*

Toucher, *tocar;* — (émouvoir) *mover, conmover;* — de l'argent, *cobrar dinero.*

Tourner, *rodear;* — (en parlant du lait) *cortarse:* ex. le lait est tourné, *la leche se ha cortado;* — la feuille, *volver;* — autour, *girar:* ex. la terre tourne autour du soleil, *la tierra gira al rededor del sol;* — la tête, *volver la cabeza;* — la tête à quelqu'un (au figuré), *trastornar á uno la cabeza.*

Trait (flèche), *saeta;* — (d'écriture), *rasgo.* Beau trait, *buena accion.* Trait d'histoire, *paso de historia.* Traits du visage, *facciones de la cara.*

Trancher (couper), *cortar;* — la tête, *degollar;* — du grand, *hacer de grande.*

Traverse, *travesía;* — (au figuré) *desgracia, trabajo.* Chemin de traverse, *atajo.*

Tremblement, *temblor;* — de terre, *terremoto.*

Trop, (adverbe), *demasiado.* Placé devant un substantif, il s'accorde avec lui en genre et en nombre.

Troupe, *tropa;* — de comédiens, *compañía de cómicos.*

Trouver, *hallar;* — bon, *aprobar;* — mauvais, *desaprobar;* — bon ou mauvais (par rapport au goût), *gustar, no gustar:* ex. trouvez-vous bon ce ragoût? *¿le gusta á vm. este guisado?* Se trouver mal, *desmayarse.*

V

Venir, *venir;* — chercher, *venir por;* — (entrer), *entrar:* ex. il vient du vent par cette fenêtre, *entra aire por esta ventana;* — (parlant des productions de la terre), *criar:* ex. il ne vient pas de café en Europe, *no se cria café en Europa;* — à bout, *conseguir.*

Verre, *vidrio;* — à boire, *vaso.*

Viser (avec une arme à feu), *apuntar;* — à quelque chose (au figuré *aspirar á...., pretender.*

Voie, *via;* — de bois, *carretada de leña;* — d'eau, *carga de agua.*

Vol, *vuelo;* — (larcin) *robo.*

Voler, *volar;* — (dérober) *robar.*

SYNONYMES ESPAGNOLS.

I. Acabar, Concluir.

Acabar representa la accion de llegar al término ó fin de una operacion; *concluir*, representa la accion de dejar la cosa completa. Hoy se *acaba* mi fatiga, Hoy se *concluye* la casa.

Como las acciones de estos dos verbos son por lo general inseparables, es poco perceptible su diferencia; pero para distinguirla, basta buscarla en un ejemplo, en el cual lo que se *acaba* sea precisamente la accion de otro verbo. Mañana *acabaré* de escribir. No *acaba* de llorar. A las doce *acabó* de correr. *Acaba* de salir, de volver, de entrar. En ninguno de estos ejemplos se puede usar sin impropiedad del verbo *concluir*, porque no se trata directamente de una cosa finalizada y completa por medio de la *conclusion*, sino puramente de una accion que cesa; del término y fin á que llega, no la cosa *concluida*, sino la operacion con que se *concluye*.

II. Alguien, Alguno.

Alguien se refiere ilimitadamente á cualquier persona. *Alguno* se refiere limitadamente á una persona indeterminada, de un determinado número ó clase. Si viene *alguien* á buscarme, dí que no estoy en casa, porque temo que ha de venir á hacerme una visita *alguno* de mis acreedores.

Esta es la razon porque se dice : *alguno* de ellos, y no *alguien* de ellos.

III. Corregir, Enmendar.

Se *corrigen* los errores, los defectos del entendimiento. Se *enmiendan* los yerros, los defectos de la voluntad.

Se *corrige* el hombre prudente, cuando advierte el error de su opinion, la equivocacion de sus ideas.

Se *enmienda* el malhechor, cuando conoce el yerro que ha cometido, el riesgo á que le expone su mala conducta.

Las *correcciones* de un discurso consisten en la mejor eleccion de voces, la mayor claridad de las ideas, la mayor fuerza de las razones. Las *enmiendas* consisten en las mudanzas materiales que se hacen en el papel, borrando ó añadiendo lo necesario; y así, al ver un escrito *enmendado*, decimos que está *corregido*.

IV. Despacio, Poco a poco.

Despacio no explica otra idea que la lentitud de la operacion en sí misma. *Poco á poco* exprime la lentitud progresiva del movimiento que no acerca al fin.

Fuí ganando *poco á poco* terreno. Si se sustituye la voz *despacio*, presentará solo la idea de la lentitud con que nos movimos, y no la del movimiento lento, pero continuado, con que fuímos adelantando.

Mas claramente se advierte esta diferencia cuando decimos : una gotera arruina *poco á poco* una casa :

la arruina *despacio*, querria decir que tarda en arruinarla, pero no explicaria la repeticion progresiva de esfuerzos que la gotera va empleando para causar al fin aquel efecto.

V. Despues, Luego.

Uno y otro adverbio explican la posterioridad de tiempo; pero *luego* señala un tiempo mas corto, un término mas inmediato, conservando la propiedad de su sentido recto, que corresponde á prontamente y sin dilacion.

Pasearémos ahora, cenarémos *luego*, y nos irémos *despues*.

Leerémos la gaceta *luego* que traigan luces, esto es inmediatamente que las traigan, solo esperamos á que traigan luces para ponernos á leerla.

Leerémos la gaceta *despues* que traigan luces, esto es, cuando tengamos luces, sin denotar positivamente que ha de ser inmediatamente, *luego* que las traigan.

Por eso, cuando la posterioridad recae sobre una accion que decididamente supone dilacion ó retardo, solo se puede usar el advierbo *despues*, y no *luego*. Al fin lo erró, *despues* de haberlo pensado tanto tiempo. *Despues* que todo el mundo lo ha visto, ya no tiene gracia el publicarlo.

VI. Diferente, Distinto, Diverso.

Lo *distinto* recae sobre la identidad misma del sugeto: lo *diferente* y lo *diverso* recaen sobre sus predicamentos: pero *diverso* indica cierta oposicion, incoherencia, ó disparidad, de que prescinde por si solo lo *diferente*.

Pedro y Juan son dos personas *distintas*, esto es, no es de un hombre solo de quien se habla, sino de dos individuos de la especie humana.

El agua y el fuego, considerados puramente como elementos, son *distintos;* considerados como sustancias que no tienen las mismas propiedades, son *diferentes;* considerados como causas de efectos contrarios, son *diversos.*

Un perro y un gato son animales de *distinta* especie, de *diferente* figura, y de *diversas* inclinaciones.

VII. Dar, Entregar.

Dar es ceder, ó pasar á otro la posesion de una cosa; *entregar* es ponerle materialmente en posesion de ella; y así ni el que *da* es siempre el que *entrega*, ni el que *entrega* es siempre el que *da.*

El Rey *da* con liberalidad, y el Tesorero *entrega* con exactitud.

A los niños se les debe inclinar á que *den* limosna á los verdaderos pobres; y para que se les imprima bien esta doctrina, conviene que la *entreguen* ellos mismos, y se acostumbren á ver de cerca la verdadera necesidad.

El que hace una limosna, por su mano, á un mendigo, emplea al mismo tiempo las dos acciones de *dar* y de *entregar*, así como el mendigo emplea las dos acciones de *tomar* y *recibir.*

VIII. Error, Yerro.

El *error* consiste en lo que creemos; el *yerro* consiste en lo que obramos. La voluntad se decide impelida del *error* que la lisonjea ó persuade; y la accion que resulta de esta decision es un *yerro*. Cualquier otro defecto que no nace de *error* sino de malicia, no es *yerro* sino culpa.

Incurrimos en el *error* de creer al falso amigo que nos vende; y cometemos el *yerro* de comunicarle nuestros secretos.

A veces son verdaderos *errores* las opiniones de los entendimientos mas ilustrados. A veces pasan por *yerros* las acciones mas prudentes.

IX. Extrangero, Forastero.

Segun la acepcion rigurosa de estas dos voces, parece que *forastero* debe llamarse *la persona que vive, ó está en un lugar ó pais de donde no es vecino;* y *extrangero se toma por el que no es de aquella tierra ó pais donde está y donde vive*. Pero si queremos conformarnos á estas definiciones, será preciso convenir en que un Valenciano, que se halla en Madrid, es tan *extrangero* como un Ruso, porque *no es de aquella tierra ó pais donde está y donde vive*.

La aplicacion, que generalmente se hace de estas voces, distingue perfectamente dos diferentes ideas. *Extrangero* es el vasallo de otro soberano, aunque no *esté ni viva en nuestro propio pais*. *Forastero* es el que no está avecindado en el pueblo en que se halla, siendo vasallo del mismo soberano. Un Ingles es *extrangero* respecto de un Español, aunque no esté ni haya estado en España. Por eso decimos: los *extrangeros* critican las cosas de nuestro pais sin haberlas visto. Un Burgales, un Toledano, son *forasteros* en Madrid, pero no se les da este nombre sino en el hecho de estar en Madrid; y así no estaria bien dicho;

Hay muchos *forasteros* que no han estado en Madrid.

Un Mahones, que es ahora *forastero* en Madrid, era *extrangero* ántes de la última guerra; variando esta calidad, no obstante ser ántes, y despues de la conquista de Menorca, *una persona que no es de aquella tierra y pais donde está y donde vive.*

X. Grandeza, Magnitud, Tamaño.

La *grandeza*, considerada físicamente, representa al cuerpo con relacion al exceso de su volúmen, respecto del regular y comun de otros cuerpos, y sin relacion determinada á sus medidas y proporciones; la *magnitud* le representa bajo una idea determinada, con relacion á sus proporciones ó medidas.

Se admira la extraordinaria *grandeza* del sol, y se mide por medio de los instrumentos astronómicos su verdadera *magnitud*.

El *tamaño* representa tambien determinadamente el volúmen, pero se usa con mas propiedad cuando se trata de cuerpos mas pequeños, de los de nuestro uso, de los que manejamos, de los que podemos medir fácilmente; *magnitud*, cuando se trata de cuerpos muy grandes ó inaccesibles.

Se calcula la *magnitud* de un planeta, se compra una caja de un *tamaño* proporcionado. Ni el *tamaño* se aplicaria con propiedad al planeta, ni la *magnitud* á la caja.

La *grandeza* es respectiva, la *magnitud* y *tamaño* son absolutas, porque no es grande ni pequeño un cuerpo considerado solo, sino respecto de otro, y esta comparacion le constituye tal; pero todo cuerpo tiene por sí, independientemente de toda comparacion, las medidas y proporciones que forman su *magnitud* y *tamaño*.

De aquí es que la voz *grandeza* se usa con mucha frecuencia y propiedad en el sentido figurado, pero no las otras dos voces; porque aquella puede conservar en él su energía y extension propia, representando una ilimitada extension, y estas no pueden representar con propiedad sino un volúmen determinado. Y así se dice : *grandeza* de ánimo, y no *magnitud* ni *tamaño*.

XI. IR *y* ESTAR (*compuestos de*).

Todos ó casi todos los verbos adjetivos de la lengua castellana pueden suplirse por medio de su gerundio conjugado con los verbos *ir* y *estar*, de lo que resultan tres clases de verbos, los *simples* ó *primeros*, los *compuestos de estar*, y los *compuestos de ir*.

Los *primeros* indican únicamente que el sugeto á que se aplican tiene tal ó tal calidad : aquel *baila*, *canta* y *escribe*, es lo mismo que aquel tiene la facultad de bailar, cantar ó escribir.

Los *compuestos de estar* representan mas bien el ejercicio de aquella facultad, y llevan consigo cierta idea de continuidad : *estuvo gritando*, *saltando* y *corriendo*, no solo indican el ejercicio de aquellas facultades en una época determinada, sino que expresan con mucha claridad que el sugeto de que se habla dió mas de un salto, mas de un grito, y mas de una carrera.

Los *compuestos de ir* llevan, además, la idea de progresion en la accion del verbo : fulano *irá vendiendo* cuanto tiene; es decir, no lo venderá todo en un dia, sino progresivamente : la casa se *fué cayendo;* esto es, á pedazos, no toda de una vez.

Por esto, cuando se quiere expresar la accion de un momento, no se puede hacer uso sino de los verbos *primeros :* nadie *está quebrando* un vidrio de una pedrada, nadie se *fué asustando*, y nunca se ha visto un hombre que *vayase tirando por una ventana.*

XII. Nadie, Ninguno.

La misma extension que tienen en un sentido afirmativo las voces *alguien* y *alguno*, tienen en un sentido negativo las voces *nadie* y *ninguno :* esto es, *nadie* excluye ilimitadamente toda persona, sin determinar clase ni número, *ninguno* excluye limitadamente todas las personas que componen la clase ó número de que se habla.

Nadie es capaz de hacerlo, esto es, no hay persona alguna, de cualquier número ó clase que sea, que pueda hacerlo. De los soldados que asaltáron la brecha, *ninguno* dejó de quedar muerto ó herido, esto es, de los hombres de que se componia aquella clase ó número determinado, no hubo uno que no fuese muerto ó herido.

Esta es la razon por que se dice; *ninguno* de ellos, y no *nadie* de ellos.

XIII. Puesto, Sitio, Parage.

Puesto, dice un espacio pequeño y determinado. *Sitio* una extension indeterminada, de que pueden hacerse muchos *puestos. Parage* no se limita á espacio alguno, y determina mas propiamente la situacion local del *puesto* ó del *sitio.*

Le encontré durmiendo en el mismo *puesto* en que le dejé. En este *sitio* puede muy bien acampar el ejército, y en este *puesto* se puede colocar la tienda del general.

Me ha tocado el mejor *puesto* que hay en todo este *sitio*, porque está en buen *parage*.

XIV. Romper, Quebrar.

El verbo *romper* tiene una significacion mas extensa, porque se aplica á toda accion por medio de la cual se hace pedazos de cualquier modo un cuerpo : pero *quebrar* supone que la accion se ejerce determinadamente en un cuerpo inflexible ó vidrioso, y de un solo golpe ó esfuerzo violento.

Se *rompe* un papel, una tela, pero no se *quiebra* como una taza, un vaso.

XV. Servir para, Servir de.

Cervántes usa el segundo como equivalente, ó sinónimo del primero en la segunda parte del Quijote; cap. XX : « Y dos calderas de aceite, mayores que « las de un tinte, servian de freir cosas de masa; » pero dudo que haya quien imite esta locucion, porque *servir para* representa el uso á que se destina, ó en que se emplea una cosa. La pluma *sirve para* escribir, los ojos *sirven para* ver; pero *servir de* representa la equivalencia de una cosa respecto de otra, en cuyo lugar se emplea, como si se dijese : *en lugar*, ó *en vez de*. Un sombrero suele *servir de* vaso, el suelo le *sirvió de* cama, el tambor le *sirve de* mesa; esto es : *en lugar* de vaso, de cama, ó de mesa. Y así en el ejemplo de Cervantes se sustituyen las calderas, no á las sartenes en cuyo lugar se empleaban para freir, sino al acto mismo de freir.

XVI. Sensacion, Sentimiento.

Las impresiones que el alma recibe de los objetos se llaman *sensaciones* y *sentimientos*. Si me aplican una ascua sobre la piel, tendré *sensacion* y *sentimiento* de dolor. Una flauta produce en mí una *sensacion* agradable, y un *sentimiento* de melodia.

Sin embargo, no es lo mismo *sensacion* que *sentimiento*. Cuando los objetos estan presentes, decimos que hacen *sensacion*, y que producen *sentimiento:* cuando estan ausentes, solo pueden producir *sentimiento* por el recuerdo de las *sensaciones* pasadas. La *sensacion* se refiere mas bien á la accion de los objetos : el *sentimiento* no es mas que la percepcion del alma, ó el resultado de la *sensacion*.

Nunca decimos hacer *sentimiento*, sino producirle, causarle, originarle, porque el *sentimiento* es una operacion puramente pasiva, que puede muy bien tener una causa, pero no un agente.

Hay *sensaciones* agradables y desagradables, pero no *sensacion* de distancia, de tamaño, de igualdad, de dependencia; porque estas no son mas que ideas generales, y la *sensacion* no puede ser hecha sino por un cuerpo real y existente : en tal caso dirémos, por ejemplo, *sentimiento* de tamaño producido por la comparacion de dos ó mas *sensaciones*.

Al efecto que produce en mí una mala noticia, le llamo *sentimiento*; porque no es el sonido de las palabras el que me afecta, sino la multitud de consideraciones que se ofrecen inmediatamente á mi espiritu, aunque yo no las distinga.

El *sentimiento* puede ser fisico ó moral; esto es, puede proceder inmediatamente de una *sensacion*, ó ser el resultado de una combinacion del espiritu. Tambien puede ser agradable ó desagradable; pero cuando no va acompañado de ningun adjetivo que le modifique, siempre se entiende que es de esta última clase.

XVII. En un tiempo, A un tiempo.

En estas proposiciones, y todas las que se dirijan á señalar un tiempo, la partícula *en* se refiere á la presteza, *á* se refiere á la prontitud.

Hacer dos cosas *en un mismo tiempo;* es decir, gastando el mismo número de momentos: hacerlas *á un mismo tiempo*, es decir, en una misma época. Es evidente que todas las cosas se hacen *en tiempo*, lo que conviene es hacerlas *á tiempo.*

XVIII. Victoria, Vencimiento.

La *victoria* es la accion de vencer; el *vencimiento* la de ser vencido.

El general que gana una batalla, publica su *victoria:* el que la pierde, procura ocultar su *vencimiento.*

El *vencimiento* de las pasiones es la *victoria* de la razon.

ESSAI

DE

TRADUCTION INTERLINÉAIRE.

Motezuma vient faire visite le même jour, vers le soir, à Cortès dans son logement; discours qu'il lui adresse avant d'entendre l'ambassade, et réponse de Cortès. (Solis, liv. III, chap. 11.)

ERA poco mas de mediodia cuando entráron los Espa-
C'était un peu plus de midi quand entrèrent les Españoles en su alojamiento, y halláron prevenido un ban-
gnols dans leur logement, et ils trouvèrent préparé un banquete regalado y espléndido para Cortés y los cabos de
quet délicat et splendide pour Cortès et les officiers de
su ejército, con grande abundancia de bastimentos ménos
son armée avec grande abondance de vivres moins
delicados para el resto de la gente, y muchos Indios de
délicats pour le reste de la troupe, et beaucoup d'Indiens de
servicio, que suministraban los manjares y las bebidas con
service, qui servaient les mets et les boissons avec
igual silencio y puntualidad. Por la tarde vino Motezuma
un égal silence et exactitude. Sur le soir vint Motezuma
con la misma pompa y acompañamiento á visitar á Cor-
avec la même pompe et suite faire visite à Cortés, que, avisado poco ántes, salió á recibirle[1] hasta
tès, qui, averti peu auparavant, sortit pour le recevoir jusqu'à
el patio principal, con todo el obsequio debido á seme-
la cour principale, avec toute la courtoisie due à sem-

[1] *Vint au-devant lui.*

jante favor. Acompañóle hasta la puerta de su cuarto,
blable faveur. Il l'accompagna jusqu'à la porte de son appartement,
donde le hizo una profunda reverencia, y él pasó á tomar
où il lui fit une profonde révérence, et il fut prendre
su asiento con despejo y gravedad. Mandó luego que
son siége avec aisance et gravité. Il ordonna aussitôt que
acercasen otro á Cortés : hizo seña para que se
on en approchât un autre à Cortès : il fit signe pour que se
apartasen á la pared los caballeros que andaban cerca de
retirassent vers la muraille les chevaliers qui allaient près de
su persona, y Cortés advirtió lo mismo á los capitanes
sa personne, et Cortès prescrivit la même chose aux capitaines
que le asistian. Llegáron los intérpretes, y cuando se
qui le suivaient. Arrivèrent les interprètes, et quand se
prevenia Hernan Cortés para dar principio á su ora-
disposait Fernand Cortès à donner commencement à son dis-
cion, le detuvo Motezuma, dando á entender que tenia
cours, l' arrêta Motezuma, donnant à entendre que il avait
que hablar ántes de oir; y se refiere que discurrió en
à parler avant d'écouter; et on raconte que il parla en
esta sustancia :
ces termes :

« Antes que me deis la embajada, ilustre capitan y
« Avant que vous me donniez l'ambassade, illustre capitaine et
valerosos extrangeros, del Principe grande que os envia,
valeureux étrangers, du Prince grand qui vous envoie,
debeis vosotros, y debo yo desestimar y poner en olvido
vous devez vous, et je dois moi déprécier et mettre en oubli
lo que ha divulgado la fama de nuestras personas y
ce que a publié la renommée de nos personnes et
costumbres, introduciendo en nuestros oidos aquellos
usages, introduisant dans nos oreilles ces
vanos rumores que van delante de la verdad, y suelen
vaines rumeurs qui devancent la vérité, et ont coutume
oscurecerla, declinando en lisonja ó vituperio. En algu-
de l'obscurcir, dégénérant en flatterie ou blâme. Dans quel-

nas partes os habrán dicho de mi, que soy uno de los
ques contrées on vous aura dit de moi, que je suis un des
dioses inmortales, levantando hasta los cielos mi poder
dieux immortels, élevant jusque aux cieux mon pouvoir
y mi naturaleza : en otras, que se desvela en mis opu-
et ma nature : dans d'autres que veille avec ardeur à mes ri-
lencias la fortuna; que son de oro las paredes y los
chesses la fortune; que sont d' or les murailles et les
ladrillos de mis palacios, y que no caben en la tierra mis
carreaux de mes palais, et que ne contient pas la terre mes
tesoros; y en otras, que soy tirano, cruel y soberbio,
trésors; et dans d'autres, que je suis un tyran, cruel et orgueilleux;
que aborrezco la justicia, y que no conozco la piedad.
que j' abhorre la justice, et que je ne connais pas la piété.
Pero los unos y los otros os han engañado con igual
Mais les uns et les autres vous ont trompé avec une égale
encarecimiento : y para que no imagineis que soy al-
exagération : et afin que vous ne pensiez pas que je suis quel-
guno de los dioses, ó conozcais el desvario de
qu'un des dieux, ou que vous connaissiez l' extravagance de
los que asi me imaginan[2], esta porcion de mi cuerpo
ceux qui ainsi m' imaginent, cette portion de mon corps
(y desnudó parte del brazo) desengañará vuestros ojos[3],
(et il mit à nu partie du bras) détrompera vos yeux,
de que hablais con un hombre mortal, de la misma
que vous parlez avec un homme mortel, de la même
especie, pero mas noble y mas poderoso que los otros
espèce mais plus noble et plus puissant que les autres
hombres. Mis riquezas, no niego que son grandes :
hommes. Mes richesses, je ne nie pas que elles sont grandes,
pero las hace mayores la exageracion de mis vasallos.
mais les fait plus grandes l' exagération de mes sujets.

[1] *Et que la terre n'est pas assez vaste pour contenir mes trésors.*

[2] *Qui pensent que je suis tel.*

[3] *Vous convaincra que vous parlez, etc.*

Esta casa que habitais es uno de mis palacios. Mirad
Cette maison que vous habitez est un de mes palais. Regardez
esas paredes hechas de piedra y cal : materia vil que
ces murailles faites de pierre et chaux : matière vile qui
debe al arte su estimacion , y colegid de uno y otro el
doit à l' art sa valeur, et déduisez de l'un et l'autre la
mismo engaño y el mismo encarecimiento en lo que
même erreur et la même exagération sur ce que on
os hubieren dicho de mis tiranias , suspendiendo el jui-
vous aura dit de mes cruautés, suspendant le ju-
cio hasta que os entereis de mi razon[1] , y des-
gement jusqu'à ce que vous vous pénétriez de ma raison, et mé-
preciando este lenguage de mis rebeldes, hasta que
prisant ce langage de mes rebelles, jusqu'à ce que vous
veais si es castigo lo que llaman infelicidad , y si pue-
voyez si est châtiment ce qu'ils appellent malheur, et si ils peu-
den acusarle sin dejar de merecerle. No de otra suerte
vent le condamner sans laisser de le mériter. Non d'une autre manière
han llegado á nuestros oidos varios informes de vuestra
sont parvenues à nos oreilles diverses informations de votre
naturaleza y operaciones. Algunos han dicho que
nature et actions. Quelques-uns ont dit que
sois deidades , que os obedecen las fieras ,
vous êtes des divinités, que vous obéissent les bêtes féroces,
que manejais los rayos , y que mandais en los
que vous maniez la foudre, et que vous commandez aux
elementos : y otros , que sois facinerosos, iracundos
éléments : et d'autres, que vous êtes méchants, colères
y soberbios , que os dejais dominar de los vicios , y
et orgueilleux, que vous vous laissez dominer par les vices, et
que venis con una sed insaciable del oro que pro-
que vous venez avec une soif insatiable de l' or que produce nuestra tierra. Pero ya veo que sois hombres
duit notre pays. Mais déjà je vois que vous êtes hommes

[1] *Des motifs qui me dirigent.*

de la misma composicion y masa que los demás, aunque
de la même composition et pâte, que les autres, quoique
os diferencian de nosotros algunos accidentes de los que
vous distinguent de nous quelques qualités de celles que
suele influir el temperamento de la tierra en los
a coutume de communiquer la température du pays aux
mortales. [1] Esos brutos que os obedecen, ya conozco
mortels. Ces brutes qui vous obéissent, déjà je connais
que son unos venados grandes que traeis domestica-
que ce sont des cerfs grands qu' vous menez apprivoi-
dos, é instruidos en aquella doctrina imperfecta que
sés et instruits dans ce savoir imparfait que
puede comprender el instinto de los animales. Esas armas
peut embrasser l' instinct des animaux. Ces armes
que se asemejan á los rayos, tambien alcanzo que son
qui ressemblent à la foudre, aussi je comprends que ce sont
unos cañones de metal no conocido, cuyo efecto es
des tuyaux de métal inconnu, dont l' effet est
como el de nuestras cerbatanas, aire oprimido, que
comme celui de nos sarbacanes, air comprimé, qui
busca salida, y arroja el impedimento. Ese fuego que
cherche issue, et chasse l' obstacle. Ce feu que
despiden con mayor estruendo, será, cuando mucho,
ils renvoient avec un plus grand fracas, sera, tout au plus,
algun secreto mas que natural de la misma ciencia que
quelque secret surnaturel de la même science que
alcanzan nuestros Magos. Y en lo demas que han dicho
conçoivent nos Mages. Et dans le reste que on a dit
de vuestro proceder, hallo tambien, segun la obser-
de votre manière d'agir, je trouve aussi, suivant l' observacion que han hecho de vuestras costumbres mis emba-
vation que ont faite de vos mœurs mes ambas-
jadores y confidentes, que sois benignos y religiosos;
sadeurs et confidents, que vous êtes doux et religieux;

[1] *De celles que l'influence du climat du pays natal communique à ses habitants.*

que os enojais con razon ; que sufris con ale-
que vous vous emportez avec raison ; que vous supportez avec joie
gria los trabajos ; y que no falta entre vuestras vir-
les fatigues ; et que ne manque point parmi vos ver-
tudes la liberalidad, que se acompaña pocas veces con la
tus la libéralité, qui s' allie rarement à la
codicia. De suerte que unos y otros debemos olvidar las
cupidité. De sorte que les uns et les autres devons oublier les
noticias pasadas, y agradecer á nuestros ojos el desen-
rumeurs passées, et savoir gré à nos yeux du désabu-
gaño de nuestra imaginacion : con cuyo presupuesto
sement de notre imagination : dans cette supposition
quiero que sepais ántes de hablarme que no se
je veux que vous sachiez avant de me parler que on n'
ignora entre nosotros, ni necesitamos de vuestra
ignore point parmi nous, ni n'avons besoin de votre
persuasion, para creer que el Principe grande á quien
persuasion, pour croire que le Prince grand à qui
obedeceis, es descendiente de nuestro antiguo Quezal-
vous obéissez, est descendant de notre ancien Quézalcoal, señor de las siete cuevas de los Navatlacas, y rey
coal, seigneur des sept cavernes des Navatlagues, et roi
legitimo de aquellas siete naciones que diéron princi-
légitime de ces sept nations qui donnèrent commence-
pio al imperio Mejicano. Por una profecia suya que
ment à l'empire Mexicain. Par une prophétie sienne que nous
veneramos como verdad infalible, y por la tradicion de
vénérons comme vérité infaillible, et par la tradition des
los siglos que se conserva en nuestros anales, sa-
siècles qui se conserve dans nos annales, nous sa-
bemos que salió de estas regiones á conquistar nuevas
vons que il partit de ces contrées pour conquérir de nouveaux
tierras hácia la parte del oriente, y dejó prometido que,
pays vers la partie de l' orient, et il laissa promis que,
andando el tiempo, vendrian sus descendientes á mo-
venant le temps, viendraient ses descendants mo-

derar nuestras leyes, ó poner en razon nuestro gobierno.
dérer nos lois, ou mettre à la raison notre gouvernement.
Y porque las señas que traeis conforman con este
Et puisque les marques que vous portez concordent avec cette
vaticinio, y el Principe del oriente, que os envia,
prophétie, et que le Prince de l' orient, qui vous envoie,
manifiesta en vuestras mismas hazañas la grandeza de tan
manifeste dans vos propres exploits la grandeur d'un si
ilustre progenitor, tenemos ya determinado que se
illustre ancêtre, nous avons déjà arrêté que on
haga en obsequio suyo todo lo que alcanzaren nuestras
fasse en honneur sien tout ce que permettront nos
fuerzas; de que me ha parecido advertiros, para que
forces; de quoi il m'a paru bon de vous prévenir, afin que
hableis sin embarazo en sus proposiciones, y
vous parliez librement sur ses propositions, et que vous
atribuyais á tan alto principio estos excesos de mi
attribuiez à si élevé principe ces marques éclatantes de mon
humanidad. »
humanité. »

Acabó Motezuma su oracion, previniendo el oido con
Acheva Motezuma son discours, préparant l'attention avec
entereza y magestad, cuya sustancia dió bastante dis-
fermeté et majesté, dont la substance donna assez d'occa-
posicion á Cortés para que, sin apartarse del engaño que
sion à Cortès pour que, sans s'écarter de l'erreur que il
hallaba introducido en el concepto de aquellos hombres,
trouvait introduite dans l' opinion de ces hommes,
pudiese responderle (segun lo que hallamos escrito)
il pût lui répondre (suivant ce que nous trouvons écrit)
estas ó semejantes razones:
celles-ci ou de semblables expressions:

« Despues, Señor, de rendiros las gracias por la suma
« Après, Seigneur, vous rendre grâces pour la grande
benignidad con que permitis vuestros oidos á nuestra
bonté avec laquelle vous prêtez votre attention à notre

embajada, y por el superior conocimiento con que nos
ambassade, et pour les supérieures connaissances dont vous nous
habeis favorecido, menospreciando en nuestro abono los
avez favorisés, méprisant en notre faveur les
siniestros informes de la opinion, debo deciros que tambien
défavorables informations de l'opinion, je dois vous dire que aussi
acerca de nosotros se ha tratado la vuestra con aquel res-
quant à nous on a traité la vôtre avec ce res-
peto y veneracion que corresponde á vuestra grandeza.
pect et vénération qui correspond à votre grandeur.
Mucho nos han dicho de vos en estas tierras de vuestro
Beaucoup on nous a dit de vous dans ces contrées sous votre
dominio: unos afeando vuestras obras, y otros poniendo
domination: les uns blâmant vos actions, et les autres plaçant
entre sus dioses vuestra persona; pero los encarecimientos
parmi leurs dieux votre personne; mais les exagérations
crecen ordinariamente con injuria de la verdad; que como
croissent ordinairement au préjudice de la vérité; car comme
es la voz de los hombres el instrumento de la fama,
est la voix des hommes l' instrument de la renommée, elle a
suele participar de sus pasiones; y estas, ó no entienden
coutume de participer à leurs passions: et celles-ci, ou ne comprennent
las cosas como son, ó no las dicen como las
pas les choses comme elles sont ou ne les expriment pas comme elle les
entienden. Los Españoles, Señor, tenemos otra vista
comprennent. Les Espagnols, Seigneur, avons une autre manière
con que pasamos á discernir el color de las pa-
de voir, avec laquelle nous parvenons à discerner la couleur des palabras, y por ellas el semblante del corazon: ni hemos creido
roles, et par elles le dehors du cœur: ni nous n'avons cru
á vuestros rebeldes, ni á vuestros lisonjeros. Con certi-
vos rebelles ni vos flatteurs. Avec la certi-
dumbre de que sois principe grande, y amigo de la razon,
tude que vous êtes un prince grand, et ami de la raison,
venimos á vuestra presencia sin necesitar de los sentidos
nous venons en votre présence sans avoir besoin des sens

para conocer que sois principe mortal. Mortales so-
pour connaître que vous êtes un prince mortel. Mortels nous som-
mos tambien los Españoles, aunque mas valerosos y de
mes aussi les Espagnols, quoique plus vaillants et de
mayor entendimiento que vuestros vasallos, por haber
plus grande intelligence que vos sujets, pour être
nacido en otro clima de mas robustas influencias.[1] Los
nés dans un autre climat de plus vigoureuses influences. Les
animales que nos obedecen, no son como vuestros vena-
animaux qui nous obéissent ne sont pas comme vos cerfs,
dos, porque tienen mayor nobleza y ferocidad : brutos in-
parce que ils ont plus grande noblesse et fierté : brutes
clinados á la guerra, que saben aspirar, con alguna especie
portées à la guerre, qui savent prétendre avec quelque espèce
de ambicion, á la gloria de su dueño. El fuego de nuestras
d' ambition, à la gloire de leur maître. Le feu de nos
armas es obra natural de la industria humana, sin que
armes est l'ouvrage naturel de l' industrie humaine, sans que
tenga parte alguna en su produccion esa facultad que pro-
ait part aucune à leur production cette science que pro-
fesan vuestros Magos; ciencia entre nosotros abominable,
f ssent vos Mages; science parmi nous abominable,
y digna de mayor desprecio que la misma ignorancia : con
et digne de plus grand mépris que la même ignorance : avec
cuya suposicion (que me ha parecido necesaria para satis-
laquelle supposition (qui m'a paru nécessaire pour satisfacer á vuestras advertencias) os hago saber con todo el
faire à vos observations) je vous fais savoir avec tout le
acatamiento debido á Vuestra Magestad, que vengo á visi-
respect dû à Votre Majesté, que je viens vous vi-
taros como embajador del mas poderoso Monarca que regis-
siter comme ambassadeur du plus puissant Monarque que voit-
tra el sol desde su nacimiento; en cuyo nombre os propongo
le soleil dès sa naissance, au nom duquel je vous déclare

[1] *Sous un climat dont l'influence rend les corps plus vigoureux.*

que desea ser vuestro amigo y confederado, sin acordarse
qu'il désire être votre ami et allié, sans se souvenir
de los derechos antiguos que habeis referido, para otro
des droits anciens que vous avez relatés, sans autre
fin que abrir el comercio entre ámbas monarquias y con-
but que d'ouvrir le commerce entre les deux monarchies, et ob-
seguir, por este medio, vuestra comunicacion y vuestro
tenir, par ce moyen, votre communication et votre
desengaño. Y aunque pudiera (segun la tradicion de vues-
désabusement. Et quoiqu'il pût (suivant la tradition de vos
tras mismas historias) aspirar á mayor reconocimiento en
propres histoires) prétendre à plus grande soumission dans
estos dominios, solo quiere usar de su autoridad para
ces états, seulement il veut se servir de son autorité pour
que le creais en lo mismo que os conviene, y daros á
que vous le croyez tel qu'il vous convient, et vous donner à
entender que vos, Señor, y vosotros Mejicanos que me ois,
entendre que vous, Seigneur, et vous Mexicains qui m'écoutez,
(volviendo el rostro á los circunstantes) vivis engañados en
(tournant le visage vers les assistants) vivez dans l'erreur sur
la religion que profesais, adorando unos leños in-
la religion que vous professez, adorant des morceaux de bois in-
sensibles, obra de vuestras manos y de vuestra fantasia;
sensibles; ouvrage de vos mains et de votre caprice,
porque solo hay un Dios verdadero, principio eterno,
parce que seulement il y a un Dieu véritable, principe éternel,
sin principio ni fin, de todas las cosas; cuya omni-
sans commencement ni fin, de toutes les choses; dont la toute-
potencia infinita crió de nada esa fábrica maravillosa de los
puissance infinie créa du néant cet ouvrage merveilleux des
cielos, el sol que nos alumbra, la tierra que nos sustenta,
cieux, le soleil qui nous éclaire, la terre qui nous nourrit,
y el primer hombre de quien procedemos todos, con
et le premier homme de qui nous provenons tous, avec une
igual obligacion de reconocer y adorar á nuestra primera
égale obligation de reconnaître et adorer notre première

causa. Esta misma obligacion teneis vosotros impresa
cause. Cette même obligation vous l'avez vous gravée
en el alma ; y conociendo su inmortalidad , la desesti-
dans l' âme; et connaissant son immortalité, vous la méesti-
mais y destruis, dando adoracion á los demonios, que
mez et anéantissez, donnant l'adoration aux démons qui
son unos espiritus inmundos, criaturas del mismo Dios,
sont des esprits immondes, créatures du même Dieu,
que por su ingratitud y rebeldia fuéron lanzados en ese
qui pour leur ingratitude et révolte furent lancés dans ce
fuego subterráneo, de que teneis alguna imperfecta
feu souterrain, dont vous avez quelque imparfaite
noticia en el horror de vuestros volcanes. Estos, que
connaissance dans l'horreur de vos volcans. Ceux-ci, qui
por su envidia y malignidad son enemigos mortales del
par leur jalousie et méchanceté sont ennemis mortels du
género humano, solicitan vuestra perdicion, haciendose
genre humain, cherchent votre perdition, en se faisant
adorar en esos idolos abominables : suya es la voz que
adorer dans ces idoles abominables : la leur est la voix que
alguna vez escuchais en las respuestas de vuestros
quelquefois vous entendez dans les réponses de vos
oráculos, y suyas las ilusiones con que suele in-
oracles, et les leurs les illusions par lesquelles elle a coutume d'in-
troducir en vuestro entendimiento los errores de la imagi-
troduire dans votre entendement les erreurs de l' imaginacion. Ya conozco, Señor, que no son de este lugar
nation. Déjà je connais, Seigneur, que ne sont pas de ce moment
los misterios de tan alta enseñanza [1] ; pero solamente os
les mystères de si haute doctrine; mais seulement vous
amonesta este mismo Rey á quien reconoceis tan an-
conseille ce même Roi à qui vous reconnaissez une si an-
tigua superioridad, que nos oigais en este punto con
cienne supériorité, que vous nous écoutiez sur ce point avec un

[1] *Que nous ne devons pas nous occuper en ce moment de mystères, etc.*

ánimo indiferente, para que veais como descansa vuestro
esprit impartial, afin que vous voyez comment reposera votre
espiritu, en la verdad que os anunciamos[1], y cuantas
esprit sur la vérité que nous vous annonçons, et combien
veces habeis resistido á la razon natural, que os
de fois vous avez résisté à la raison naturelle, qui vous
daba luz suficiente para conocer vuestra ceguedad.
donnait lumière suffisante pour connaître votre aveuglement.
Esto es lo primero que desea de vuestra Magestad el
Ceci est la première chose que désire de votre Majesté le
Rey mi señor, y esto lo principal que os propone
Roi mon maître, et ceci la principale chose que il vous propose,
como el medio mas eficaz para que pueda estrecharse con
comme le moyen le plus efficace afin que puisse se resserrer par
durable amistad la confederacion de ámbas coronas, y
une durable amitié l' alliance des deux couronnes, et
no falten á su firmeza los fundamentos de la
que ne manquent pas à son affermissement les fondements de la
Religion, que sin dejar alguna discordia en los dicta-
Religion, qui sans laisser aucune discorde dans les opi-
menes, introduzcan en el ánimo los vinculos de la vo-
nions, introduisent dans l' âme les liens de la voluntad. »
lonté. »

Asi procuró Hernan Cortés mantener entre aquella
Ainsi tâcha Fernand Cortès à entretenir parmi cette
gente la estimacion de sus fuerzas, sin apartarse de la
nation l' opinion de ses forces, sans s'écarter de la
verdad, y servirse del origen que buscaban á su Rey,
vérité et à se servir de l'origine que ils cherchaient pour son Roi,
ó no contradecir lo que tenian aprehendido, para
ou à ne pas contredire ce qu'ils avaient imaginé, pour
dar mayor autoridad á su embajada. Pero Motezuma
donner plus grand poids à son ambassade. Mais Motezuma

[1] *Le repos que procurera à votre esprit la vérité que, etc.*

oyó con señas de poca docilidad el punto de la reli-
écouta avec des marques de peu de docilité l' article de la religion, obstinado con hipocresia en los errores de su gen-
gion, attaché avec hypocrisie aux erreurs de son ido-
tilidad : y levantandose de la silla, « Yo acepto (dijo)
lâtrie : et se levant du siége, « J' accepte (dit-il)
con toda gratitud la confederacion y amistad que me
avec entière gratitude l' alliance et l'amitié que vous me
proponeis del gran descendiente de Quezalcoal; pero
proposez du grand descendant de Quézalcoal; mais
todos los Dioses son buenos, y el vuestro puede ser todo
tous les Dieux sont bons, et le vôtre peut être tout
lo que decis, sin ofensa de los mios. Descansad, ahora,
ce que vous dites, sans offense des miens. Reposez maintenant,
que en vuestra casa estais, donde seréis asistido con
car dans votre maison vous êtes, où vous serez servis avec
todo el cuidado que se debe á vuestro valor, y al principe
tous les égards que on doit à votre valeur, et au prince
que os envia. » Mandó luego que entrasen algunos In-
qui vous envoie. » Il ordonna aussitôt que entrassent quelques Indios de carga, que traia prevenidos; y ántes de partir,
diens de peine, que il tenait tout prêts; et avant de sortir,
presentó á Hernan Cortés diferentes piezas de oro, can-
il présenta à Fernand Cortès différentes pièces d' or, quan-
tidad de ropas de algodon, y varias curiosidades de plu-
tité de vêtements de coton, et diverses raretés de pluma : dádiva considerable por el valor y por el modo :
mes : présent considérable pour le prix et pour la façon :
y repartió algunas joyas y preseas del mismo género
et il répartit quelques bijoux et objets précieux de la même espèce
entre los Españoles que estaban presentes, dando uno y
parmi les Espagnols qui étaient présents, donnant l'un et
otro con alegre generosidad, sin hacer mucho caso
l'autre avec une aimable générosité, sans faire beaucoup de cas
del beneficio[1]; pero mirando á Cortés y á los suyos con
de la largesse; mais regardant Cortès et les siens avec

[1] *Sans paraître attacher beaucoup d'importance à ses largesses.*

un género de satisfaccion, en que se conocia el cui-
une sorte de satisfaction, dans laquelle on connaissait l'inquié-
dado antecedente : como los que manifiestan su temor
tude précédente : comme ceux qui manifestent leur crainte
en lo mismo que se complacen de haberle perdido.
par cela même qu'ils sont charmés de l'avoir perdue.

Les Espagnols continuent leur retraite, et essuyent de grandes fatigues ; ils arrivent à la vallée d'Otumba, où ils détruisent dans une bataille rangée les armées mexicaines. (Solis, liv. IV, chap. 20.)

Poco ántes de la hora señalada, se convocó la gente
Peu avant l' heure désignée, on convoqua la troupe
que dormia cuidadosa, y despertó sin dificultad. Dióse
qui dormait soucieuse, et qui s'éveilla sans difficulté. On donna
á un tiempo la órden, y la razon de la órden, con
à la fois l' ordre, et le motif de l' ordre, moyennant
que se dispusiéron todos á la marcha, conociendo el
quoi se préparèrent tous à la marche, connaissant la
acierto, y alabando la resolucion. Mandó Hernan Cortés
prudence, et louant la détermination. Ordonna Fernand Cortès
que se dejasen cebados los fuegos, para deslumbrar al
que on laissât entretenus les feux, pour distraire l'
enemigo[1] de aquel movimiento; y encargando á Diego
ennemi de ce mouvement; et chargeant Jacques
de Ordaz la vanguardia, con guias de satisfaccion, puso
d'Ordaz de l'avant-garde, avec des guides de confiance, il mit
la fuerza principal en la retaguardia, y se quedó en ella,
la force principale à la arrière-garde, et il s'y tint,
por hállarse mas cerca del peligro, y afianzar con su cui-
pour se trouver plus près du danger, et assurer par sa vigi-
dado la seguridad de los que iban delante. Partiéron
lance la sécurité de ceux qui marchaient devant. Ils partirent

[1] *Cacher à l'ennemi ce mouvement.*

con el recato conveniente, y ordenando á las guias que
avec la précaution convenable, et ordonnant aux guides que
se apartasen del camino real [1] para volverle á cobrar con
ils s'écartassent du chemin royal pour le regagner avec
el dia, marcháron poco mas de media legua, sin que
le jour, ils marchèrent un peu plus de demi-lieue, sans que
dejase de perseverar en la vigilancia de los oidos el si-
cessât de persévérer dans la vigilance de l' attention le si-
lencio de la noche.
lence de la nuit.

Pero al entrar en tierra mas quebrada y montuosa,
Mais en entrant dans un pays plus raboteux et montueux,
diéron los batidores en una zelada que no supiéron
donnèrent les éclaireurs dans une embuscade que ne surent pas
encubrir los mismos que procuraban ocultarse, por-
masquer ceux-là mêmes qui cherchaient à se cacher, parce
que avisáron del riesgo anticipadamente las voces y las
que avertirent du danger d'avance les cris et les
piedras. Bajaban de los montes, y salian de la maleza
pierres. Descendaient des montagnes, et sortaient des broussailles
diversas tropas de Indios que acometian desunidamente
diverses troupes d' Indiens qui attaquaient sans ordre
por los costados; y aunque no eran de tanto grueso
par les flancs; et quoique elles ne fussent pas en si grand nombre
que obligasen á detener la marcha, fué necesario ca-
que elles obligeassent à arrêter la marche, il fut nécessaire de
minar desviando los enemigos que se acercaban, romper
marcher en évitant les ennemis qui s'approchaient, détruire
diferentes emboscadas, y disputar algunos pasos estre-
différentes embuscades, et disputer quelques passages étroits.
chos. Temióse al principio una segunda invasion del
On craignit dans le principe une seconde attaque de
ejército que se dejaba de la otra parte del adoratorio; y
armée que on laissait de l' autre côté du temple; et

[1] *De la grande route.*

[2] *Sans que le silence de la nuit les empêchât de continuer à se tenir sur leurs gardes.*

algunos de nuestros escritores refieren esta accion como
quelques-uns de nos écrivains racontent cette affaire comme
alcance de aquellos Mejicanos; pero no fueron con-
attaque de ces Mexicains, mais ne furent pas con-
forme á su estilo de pelear estos acometimientos inter-
formément à leur usage de combattre ces attaques inter-
polados y desunidos, ni caben con lo que obráron
rompues et sans ordre, ni ne s'accordent avec ce que ils firent
despues : y en nuestro sentir, eran las milicias de
ensuite : et dans notre opinion, c'étaient les milices de
aquellos lugares cercanos, que de órden anterior salian á
ces lieux voisins, qui par un ordre antérieur venaient
cortar la marcha, ocupando las quiebras del camino;
couper la marche, occupant les fentes du chemin;
porque si los Mejicanos hubieran descubierto la retirada,
parce que si les Mexicains eussent découvert la retraite,
vinieran de tropel como solian, entra-
ils seraient venus en foule comme ils avaient coutume, ils auraient
ran al ataque por la retaguardia, y no se hubieran
commencé l' attaque par l' arrière-garde, et ne se seraient pas
dividido en tropas menores, para convertir la guerra
partagés en troupes plus petites, pour convertir la guerre
en hostilidad.
en escarmouche.

Con este género de contradiccion de menos peligro
Avec cette espèce de opposition de moins de danger
que molestia, caminó dos leguas el ejército, y poco ántes
que de peine, marcha deux lieues l' armée, et peu avant
de amanecer, se hizo alto en otro adoratorio, menos
de paraître le jour, on fit halte à un autre temple, moins
capaz y menos eminente que el pasado, pero bastante
grand et moins élevé que le précédent, mais suffisant
para reconocer la campaña, y medir con el número de los
pour reconnaître la campagne, et calculer par le nombre des
enemigos la resolucion que pareciese de mayor segu-
ennemis la détermination qui parût de plus grande sû-

ridad. Descubrióse con el dia la calidad y desunion
reté. On découvrit avec le jour la qualité et le désordre
de aquellos Indios, y hallandose reducido á correrias
de ces Indiens; et se trouvant réduit à des incursions
de paisanos lo que se llegó á rezelar como nueva
de paysans ce que on commença à craindre comme une nouvelle
carga del ejército enemigo, se volvió á la marcha sin
attaque de l'armée ennemie, on continua la marche sans
mas detencion, con ánimo de adelantarla cuanto fuese
plus de retard, avec résolution de l'accélérer autant qu'il serait
posible, para evitar ó hacer mas dificultoso el alcance
possible pour éviter ou rendre plus difficile l' atteinte
de los Mejicanos.
des Mexicains.

Duráron los Indios en la importunacion de sus gritos,
Continuèrent les Indiens dans l' importunité de leurs cris,
siguiendo desde lejos, como perros amedrentados, que
suivant de loin, comme des chiens épouvantés, qui
ponian la cólera en el latido, hasta que dos leguas
plaçaient la colère dans l' aboiement, jusqu'à ce que deux lieues
mas adelante se descubrió un lugar en parage oportuno,
plus avant on découvrit un village dans un site favorable,
y al parecer de considerable poblacion. Eligióle Cortés
et en apparence de considérable population. Le choisit Cortès
para su alojamiento, y dió las órdenes para que se ocu-
pour son logement, et donna des ordres pour que on l'oc-
pase por fuerza, si no bastase la suavidad; pero se halló
cupât de force, si ne suffisait pas la douceur; mais on le trouva
desamparado totalmente de sus habitadores, y con algunos
abandonné entièrement de ses habitants, et avec quelques
bastimentos que no pudiéron retirar, tan necesarios en-
provisions qu'ils ne purent retirer, aussi nécessaires
tónces como el descanso para la restauracion de las fuerzas.
alors que le repos pour la restauration des forces.

Aqui se detuvo el ejército un dia, y algunos dicen que
Là se arrêta l' armée un jour, et quelques-uns disent que

fuéron dos, porque no permitió mayor diligencia
ce fut deux, parce que ne permit pas plus grande diligence
el estado en que se hallaban los heridos. Hiciéronse
l' état dans lequel se trouvaient les blessés. On fit
despues otras dos marchas, entrando en terreno de
ensuite autres deux marches, entrant dans un terrain de
mayor aspereza y esterilidad [1], todavia fuera del camino,
grande aspérité et stérilité, néanmoins hors du chemin,
y con alguna incertidumbre del acierto en los que guia-
et avec quelque doute de la réussite dans ceux qui gui-
ban. No se halló cubierto donde pasar la noche, ni
daient. On ne trouva pas de logement où passer la nuit, ni ne
cesaba la persecucion de aquellos Indios, que anduviéron
cessait la poursuite de ces Indiens, qui se tinrent
siempre á la vista, si ya no fuéron otros que iban sa-
toujours en vue, si toutefois ce n'étaient d'autres qui allaient mar-
liendo con la primera órden á correr su distrito.
chant en vertu du premier ordre pour parcourir leur arrondissement.
Pero sobre todo se dejó sentir en aquellos tránsitos la
Mais surtout se fit sentir dans ces parages la
hambre y la sed, que llegó á términos de congoja y des-
faim et la soif, qui vint aux termes de l'affliction et dé-
aliento. [2] Animabanse unos á otros los soldados y los
couragement. S'animaient les uns les autres les soldats et les
capitanes, y hacia sus esfuerzas la paciencia, como am-
capitaines, et faisait ses efforts la patience, comme am-
biciosa de parecer valor. Llegáronse á comer las yerbas
bitieuse de passer pour courage. Ils en vinrent à manger les herbes
y raices del campo, sin atender al rezelo de que fue-
et racines des champs, sans avoir égard à la crainte que elles fus-
sen venenosas, aunque los mas advertidos gobernaban su
sent vénéneuses, quoique les plus prudents réglaient leur

[1] *Dans un terrain plus raboteux et plus stérile.*

[2] *Qui vinrent au point de les jeter dans l'affliction et le découragement.*

eleccion por el conocimiento de los Tlascaltecas. Murió
choix par la connaissance des Tlascaltèques. Mourut
uno de los caballos heridos, y se olvidó con alegre
un des chevaux blessés, et on oublia avec une joyeuse
facilidad la falta que hacia en el ejército, porque se
facilité le manque que il faisait dans l' armée, parce que on le
repartió, como regalo particular, entre los mas necesita-
partagea, comme un don extraordinaire, parmi les plus nécessi-
dos[1], y estos celebráron la fiesta convidando á sus amigos,
teux, et ceux-ci célébrèrent la fête invitant leurs amis:
banquete sazonado entónces, en que cediéron á la nece-
banquet délicat alors, dans lequel cédèrent à la néces-
sidad los escrúpulos del apetito.
sité les répugnances de l'appétit.

Termináron estas dos marchas en un lugar pequeño,
Ils terminèrent ces deux marches dans un village petit,
cuyos vecinos franqueáron la entrada, sin retirarse como
dont les habitants ouvrirent l' entrée, sans se retirer comme
los demás, ni dejar de asistir con agrado y solicitud
les autres, ni cesser de se prêter avec bonne volonté et sollicitude
á cuanto se les ordenaba : puntualidad y agasajo que fué
à tout ce qu'on leur ordonnait : exactitude et accueil qui fut
nuevo ardid de los Mejicanos, para que sus enemigos
un nouveau stratagême des Mexicains, afin que leurs ennemis
se acercasen menos cuidadosos al lazo que tenian pre-
s' avançassent moins attentifs au piége que ils avaient pré-
venido. Manifestáron sin violencia los víveres de su pro-
parés. Ils étalèrent sans contrainte les vivres de leur pro-
vision; y trajéron de otros lugares cercanos lo que
vision, et portèrent des autres lieux environnants ce qui fut
bastó para que se olvidase lo padecido.[2] Por la mañana
suffisant pour que on oubliât le souffert. Dans la matinée
se dispuso el ejército para subir la cuesta; que por la otra
se disposa l' armée à monter la côte, qui de l' autre

[1] *Parmi ceux qui éprouvaient le plus de besoins.*

[2] *Ce qu'on avait souffert.*

parte declina en el valle de Otumba, donde se habia de
côté descend dans la vallée d' Otumba, où on devait
caer necesariamente para tomar el camino de Tlascala.
aboutir nécessairement pour prendre la route de Tlascala.
Reconocióse novedad en los Indios que venian siguiendo
On aperçut du nouveau parmi les Indiens qui venaient suivant
la marcha, porque sus gritos y sus irrisiones tenian
la marche, parce que leurs cris et leurs gestes tenaient
mas de contento que de indignacion. Reparó Doña
plus du contentement que de l'indignation. Observa Doña
Marina en que decian muchas veces : « Andad, tiranos,
Marina que ils disaient souvent : « Allez, tyrans,
que presto llegaréis adonde perezcais. » Y diéron que dis-
que bientôt vous arriverez là où vous périrez. » Et donnèrent à pen-
currir estas voces, porque se repetian mucho para no
ser ces cris, parce qu'ils se répétaient trop pour n'
tener algun motivo particular. Hubo quien llegase á
avoir pas quelque motif particulier. Il y eut qui vint à
dudar si aquellos Indios, confinantes ya con los términos
douter si ces Indiens, confinants déjà avec les frontières
de Tlascala, festejarian el peligro á que iban encaminados
de Tlascala, célébraient le danger auquel allaient dirigés
los Españoles, con noticia de que hubiese alguna mu-
les Espagnols, avec avis que il y avait quelque chan-
danza en la fidelidad ó en el afecto de aquella nacion ;
gement dans la fidélité ou dans l'affection de cette nation ;
pero Hernan Cortés y los de mejor conocimiento mirá-
mais Fernand Cortès et ceux de plus grande pénétration regar-
ron esta novedad como indicio de alguna zelada mas
dèrent cette nouveauté comme un indice de quelque piége plus
vecina, porque no faltaban experiencias de la
prochain, parce que ne manquaient pas des expériences de la
sencillez ó facilidad con que solian publicar
naïveté ou facilité avec laquelle ils avaient coutume de divulguer
lo mismo que procuraban encubrir.
cela même qu'ils cherchaient à dissimuler.

Ibase continuando la marcha, prevenidos ya y dis-
Allait se continuant la marche, préparés déjà et dis-
puestos los ánimos para entrar en nueva ocasion, cuando
posés les esprits à commencer une nouvelle affaire, quand
volviéron los batidores con noticia de que tenian ocupado
revinrent les éclaireurs avec avis que avaient occupé
los enemigos todo el valle que se descubria desde la
les ennemis toute la vallée que on découvrait depuis la
cumbre, cerrando el camino que se buscaba, con for-
cîme, fermant le chemin que on cherchait, avec un for-
midable número de guerreros. Era el ejército mismo de
midable nombre de guerriers. C'était l' armée même
los Mejicanos, que se dejó en el parage del primer
des Mexicains, que on laissa dans le parage du premier
adoratorio, reforzado con nuevas tropas y nuevos ca-
temple, renforcée de nouvelles troupes et de nouveaux capitanes. Reconociéron por la mañana (segun la presuncion
pitaines. Ils reconnurent dans la matinée (selon la présomption
que se ajusta mas con las circunstancias del suceso) la
qui s' accorde le plus avec les détails de l' affaire) la
retirada intempestiva de los Españoles; y aunque no
retraite inattendue des Espagnols; et quoique ils ne
desconfiáron de conseguir el alcance, temiéron ad-
désespérèrent pas de parvenir à l'atteinte, ils craignirent pru-
vertidamente, con la experiencia de aquella noche, que
demment par expérience de cette nuit, que il
no seria posible acabar con ellos ántes que saliesen
ne serait pas possible d'en finir avec eux avant que ils ne marchassent
á tierra de Tlascala, si se iban asegurando en los puestos
au pays de Tlascala, si ils allaient se fortifiant dans les postes
ventajosos de la montaña; y despacháron á Méjico para
avantageux de la montagne; et ils expédièrent à Mexico pour
que se tomase con mayores veras lo que tanto importaba;
que on entreprît plus sérieusement ce qui tant importait:
cuya proposicion fué tan bien admitida en la ciudad,
laquelle proposition fut si bien accueillie dans la ville,

que partió luego toda la nobleza con el resto de las milicias,
que marcha aussitôt toute la noblesse avec le reste des milices,
que tenian convocadas, á incorporarse con su ejército;
que on avait convoquées, pour s'incorporer à leur armée;
y en el breve plazo de tres ó cuatro dias dividiéron
et dans le court délai de trois ou quatre jours ils se divisèrent
por caminos diferentes, marchando al abrigo de los
dans des chemins différents, marchant à l' abri des
montes con tanta celeridad, que se adelantáron á los
bois avec tant de célérité, que ils devancèrent les
Españoles, y ocupáron el llano de Otumba: campaña
Espagnols, et occupèrent la plaine d' Otumba: campagne
espaciosa, donde podian pelear sin embarazarse; y
spacieuse, où ils pouvaient combattre sans s'embarrasser, et
esperar encubiertos: notables advertencias en lo discur-
attendre à l'abri: remarquables précautions dans les pen-
rido, y rara ejecucion de lo resuelto, que uno y otro
sées, et étrange exécution de la chose arrêtée, que l'un et l'autre
se pudiera envidiar en cabos de mayor experiencia, y
se pourrait envier dans des chefs de plus grande expérience, et
en gente de menos bárbara disciplina.
dans des gens d'une moins barbare discipline.

No se llegó á rezelar entonces que fuesen los Meji-
On ne vint pas à soupçonner alors que ce fut les Mexi-
canos, ántes se iba creyendo, al subir la cuesta, que se
cains, plutôt on allait croyant, en montant la côte, que se
habrian juntado aquellas tropas que andaban esparcidas
seraient réunies ces troupes qui marchaient éparpillées
para defender algun paso, con la inconstancia y
pour défendre quelque passage, avec l' inconstance et la
flojedad que solian; pero al vencer la cumbre,
faiblesse que ils avaient coutume; mais en passant la cîme,
se descubrió un ejército poderoso de menos confusa or-
on découvrit une armée puissante de moins confuse dis-
denanza que los pasados, cuya frente llenaba todo el
pos'tion que les précédentes, dont le front remplissait tout l'

espacio del valle, pasando el fondo los términos de la
espace de la vallée, excédant le fond les bornes de la
vista : último esfuerzo del poder mejicano, que se com-
vue : dernier effort du pouvoir mexicain, qui se componia de varias naciones; como lo denotaban la diver-
posait des diverses nations, comme l' indiquaient la diver-
sidad y separacion de insignias y colores. Dejabase co-
sité et différences d' enseignes et couleurs. Se laissait re-
nocer en el centro de la multitud el capitan general
marquer dans le centre de la multitude le capitaine général
del imperio, en unas andas vistosamente adornadas,
de l' empire, sur un brancard richement orné,
que sobre los hombros de los suyos le mantenian su-
que sur les épaules des siens le tenait
perior á todos, para que se temiese, al obedecer
élevé au-dessus de tous, afin que on craignît, en obéissant à
sus órdenes, la presencia de los ojos. Traia levantado
ses ordres, la présence des yeux. Il portait élevé
sobre la cuja el estandarte real, que no fiaba de
sur le bois l' étendard royal, qui ne se confiait pas à une
otra mano, y solamente se podia sacar en las oca-
autre main, et que seulement on pouvait déployer dans les occa-
siones de mayor empeño : su forma una red de oro ma-
sions de plus grande importance : sa forme un filet d' or mas-
cizo, pendiente de una pica, y en el remate muchas plu-
sif, suspendu à une pique, et à l'extrêmité plusieurs plu-
mas de varios tintes; que uno y otro contendria su
mes de diverses couleurs; que l'un et l'autre contiendrait son
misterio de superioridad sobre los otros geroglificos
mystère de supériorité sur les autres hiéroglyphes
de las insignias menores : vistosa confusion de armas y
des enseignes inférieures : élégante confusion d' armes et
penachos, en que tenian su hermosura los horrores.
de plumets, dans laquelle avaient leur beauté les horreurs.

Reconocida por todo el ejército la nueva dificultad á
Reconnue par toute l' armée la nouvelle difficulté à

que debian preparar el ánimo y las fuerzas, volvió
laquelle se devaient préparer le courage et les forces, revint
Hernan Cortés á examinar los semblantes de los suyos,
Fernand Cortès examiner les figures des siens,
con aquel brio natural que hablaba sin voz á los
avec ce courage naturel qui parlait sans parole aux
corazones; y hallandolos mas cerca de la ira que de
cœurs; et les trouvant plus près de l'indignation que du
la turbacion : « Llegó el caso, dijo, de morir ó vencer :
trouble ; « Est arrivé le moment, dit-il, de mourir ou vaincre :
la causa de nuestro Dios milita por nosotros. » Y no
la cause de notre Dieu combat pour nous. » Et il ne
pudo proseguir, porque los mismos soldados le inter-
put continuer, parce que les mêmes soldats l' inter-
rumpiéron clamando por la órden de acometer, con
rompirent demandant à grands cris l'ordre d'attaquer, moyennant
que solo se detuvo en prevenirlos de algunas
quoi seulement il s' arrêta à les préparer par quelques
advertencias que pedia la ocasion : y apellidando, como
avis que exigeait l' occasion : et invoquant, comme
solia, unas veces á Santiago, y otras á San
il avait coutume, par fois Saint Jacques, et d'autres Saint
Pedro, avanzó prolongada la frente del escuadron,
Pierre, il avança prolongé le front de l' escadron,
para que fuese unido el cuerpo del ejército con las alas
afin que fût réuni le corps de l' armée avec les ailes
de la caballeria, que iba señalada para defender los
de la cavalerie, que était désignée pour défendre les
costados y asegurar las espaldas. Dióse tan á tiempo la
côtés et assurer les derrières. Se fit si à propos la
primera carga de arcabuces y ballestas, que apénas tuvo
première décharge d'arquebuse et arbalètes, que à peine eut
lugar el enemigo para servirse de las armas arrojadizas.
le temps l'ennemi de se servir des armes projectiles.
Hiciéron mayor daño las espadas y las picas, cui-
Firent plus grand dommage les épées et les piques,

dando al mismo tiempo los caballos de romper y
ayant soin au même instant les chevaux de rompre et
desbaratar las tropas que se inclinaban á pasar de la otra
enfoncer les troupes qui cherchaient à passer de l'autre
banda, para sitiar por todas partes el ejército. Ganóse
côté, pour cerner de toutes parts l' armée. On gagna
alguna tierra de este primer avance. Los Españoles no
quelque terrain de ce premier choc. Les Espagnols ne
daban golpe sin herida, ni herida que necesitase
donnaient pas de coup sans blessure, ni de blessure qui eût besoin
de segundo golpe. Los Tlascaltecas se arrojaban al
d'un second coup. Les Tlascaltèques se précipitaient dans la
conflicto con sed rabiosa de la sangre mejicana; y
mêlée avec une soif enragée du sang mexicain; et
todos tan dueños de su cólera, que mataban con
tous tellement maîtres de leur colère, que ils tuaient avec
eleccion; buscando primero á los que parecian capitanes.
choix, cherchant d'abord ceux qui paraissaient capitaines.
Pero los Indios peleaban con obstinacion, acudiendo
Mais les Indiens combattaient avec obstination, accourant,
menos unidos que apretados á llenar el puesto de los
moins unis que serrés pour remplir la place de ceux
que morian, y el mismo estrago de los suyos era
qui mouraient, et la même destruction des leurs était une
nueva dificultad para los Españoles, porque se iba
nouvelle difficulté pour les Espagnols, parce que allait s'
cebando la batalla con gente de refresco. Retirabase, al
entretenant la bataille avec des troupes fraîches. Se retirait, en
parecer, todo el ejército cuando cerraban los caballos,
apparence, toute l' armée quand chargeaient les chevaux,
ó salian á la vanguardia las bocas de fuego, y volvia
ou marchaient à l' avant-garde les bouches à feu, et elle revenait
con nuevo impulso á cobrar el terreno perdido,
avec une nouvelle ardeur recouvrer le terrain perdu,
moviendose á una parte y á otra la muchedumbre, con
s'agitant d'un côté et d'autre la multitude, avec

tanta velocidad, que parecia un mar proceloso de gente
tant de rapidité, que paraissait une mer orageuse de gens
la campaña, y no lo desmentian los flujos y reflujos.
la campagne et ne le démentaient pas les flux et reflux.

Peleaba Hernan Cortés á caballo, socorriendo con su
Combattait Fernand Cortès à cheval, secourant avec sa
tropa los mayores aprietos, y llevando en su lanza el
troupe les plus grands dangers, et portant dans sa lance la
terror y el estrago del enemigo; pero le traia sumamente
terreur et la destruction de l'ennemi; mais le tenait grandement
cuidadoso la porfiada resistencia de los Indios, porque
soucieux l' obstinée résistance des Indiens, parce que
no era posible que se dejasen de apurar las fuerzas
il n'était pas possible que ne manquassent de s'épuiser les forces
de los suyos en aquel género de continua operacion, y
des siens dans cette sorte de continuelle action, et
discurriendo en los partidos que podria tomar para
réfléchissant sur les moyens que il pourrait prendre pour
mejorarse ó salir al camino, le socorrió en esta congoja
se remettre ou gagner la route, le secourut dans cette angoisse
una observacion de las que solia depositar en su
une observation de celles que il avait coutume de déposer dans sa
cuidado, para servirse de ellas en la ocasion. Acordóse
mémoire, pour se servir d' elles dans l' occasion. Il se souvint
de haber oido referir á los Mejicanos, que toda la
d' avoir entendu raconter aux Mexicains, que tout le
suma de sus batallas consistia en el estandarte real, cuya
résultat de leurs batailles consistait dans l'étendard royal, dont
pérdida ó ganancia decidia sus victorias ó las de sus
la perte ou le gain décidait leurs victoires ou celles de leurs
enemigos; y fiado en lo que se turbaba y descomponia
ennemis; et se fiant sur ce que se troublait et désordonnait
el enemigo al acometer de los caballos, tomó resolucion
l' ennemi à l' attaque des chevaux, il prit la résolution
de hacer un esfuerzo extraordinario para ganar aquella
de faire un effort extraordinaire pour gagner cette

insignia sobresaliente que ya conocia. Llamó á los ca-
enseigne éclatante que déjà il connaissait. Il appela les capitanes Gonzalo de Sandoval, Pedro de Alvarado, Cris-
pitaines Gonzalve de Sandoval, Pierre d' Alvarado, Chris-
toval de Olid, y Alonzo Davila, para que le siguiesen
tophe de Olid, et Alonso Davila, afin que ils suivissent
y guardasen las espaldas, con los demás que asistian á
et gardassent les derrières, avec les autres qui assistaient
su persona; y haciendoles una breve advertencia de lo
sa personne; et leur adressant une courte instruction sur ce
que debian obrar para conseguir el intento, embistié-
que ils devaient faire pour atteindre le but, ils attaquè-
ron, á poco mas de media rienda, por la parte que
rent, à un peu plus de petit galop, par le côté qui
parecia mas flaca ó menos distante del centro. Retirá-
paraissait le plus faible ou le moins éloigné du centre. Se retiré-
ronse los Indios, temiendo como solian, el
rent les Indiens, craignant, comme ils avaient coutume, le
choque de los caballos: y ántes que se cobrasen al
choc des chevaux; et avant que ils se remissent pour un
segundo movimiento, se arrojáron á la multitud con-
second mouvement, se précipitèrent sur la multitude confusa y desordenada, con tanto ardimiento y desembarazo,
fuse et en désordre, avec tant de bravoure et de sang-froid
que rompiendo y atropellando escuadrones enteros,
que rompant et enfonçant des escadrons entiers,
pudiéron llegar, sin detenerse, al parage donde asistia
ils purent arriver, sans s'arrêter, à l' endroit où se tenait
el estandarte del imperio con todos los nobles de su
l' étendard de l' empire avec tous les nobles de sa
guardia; y entretanto que los capitanes se desembarazaban
garde; et pendant que les capitaines se débarrassaient
de aquella numerosa comitiva, dió de los piés á su caballo
de cette nombreuse suite, piqua son cheval
Hernan Cortés, y cerró con el capitan general de los
Fernand Cortès, et fondit sur le capitaine général des

Mejicanos, que al primer bote de su lanza cayó mal
Mexicains, qui au premier coup de sa lance tomba grièvement
herido por la otra parte de las andas. Habianle ya desam-
blessé de l' autre côté du brancard. L'avaient déjà aban-
parado los suyos, y hallandose cerca un soldado parti-
donné les siens, et se trouvant auprès un soldat sim-
cular, que se llamaba Juan de Salamanca, saltó de su
ple, qui se nommait Jean de Salamanque, il sauta de son
caballo, y le acabó de quitar la poca vida que le quedaba,
cheval, et lui acheva d' ôter le peu de vie qui lui restait,
con el estandarte que puso luego en manos de Cortés.
avec l' étendard que il mit aussitôt en mains de Cortès.
Era este soldado persona de calidad, y por haber per-
Etait ce soldat une personne de condition, et pour avoir
ficionado entonces la hazaña de su capitan, le hizo
achevé alors l' exploit de son capitaine, lui accorda
algunas mercedes el Emperador, y quedó por timbre de
quelques grâces l' Empereur, et resta pour blason de
sus armas el penacho del estandarte.
ses armes le panache de l' étendard.

Apénas le viéron aquellos Bárbaros en poder de los Es-
A peine le virent ces Barbares au pouvoir des Españoles, cuando abatiéron las demás insignias, y arrojando
pagnols, quand ils abattirent les autres enseignes, et jetant
las armas, se declaró por todas partes la fuga del ejército.
les armes, se déclara de tous côtés la fuite de l' armée.

Corriéron despavoridos á guarecerse de los bosques
Ils coururent épouvantés se réfugier dans les bois
y maizales: cubriéronse de tropas amedrentadas los
et champs de maïs: se couvrirent de troupes effrayées les
montes vecinos, y en breve rato quedó por los Es-
forêts voisines, et dans un court instant resta aux Españoles la campaña. Siguióse la victoria con todo el
pagnols la plaine. On poursuivit la victoire avec toute la
rigor de la guerra, y se hizo sangriento destrozo en los
rigueur de la guerre, et on fit un sanglant carnage des

fugitivos. Importaba deshacerlos, para que no se vol-
fuyards. Il importait de les détruire, afin que ils ne se re-
viesen á juntar : y mandaba la irritacion lo que acon-
tournassent à réunir : et ordonnait le courroux ce que con-
sejaba la conveniencia. Hubo algunos heridos entre los
seillait la convenance. Il y eut quelques blessés parmi ceux
de Cortés, de los cuales muriéron en Tlascala dos ó tres
de Cortès, desquels moururent à Tlascala deux ou trois
Españoles; y el mismo Cortés salió con un golpe de
Espagnols; et le même Cortès reçut un coup de
piedra en la cabeza, tan violento, que abollando las armas
pierre à la tête, si violent, que bossuant les armes
le rompió la primera túnica del cerebro, y fué mayor el
il lui brisa la première peau du cerveau, et fut plus grand le
daño de la contusion. Dejóse á los soldados el despojo,
dommage de la contusion. On laissa aux soldats le butin,
y fué considerable, porque los Mejicanos venian preve-
et il fut considérable, parce que les Mexicains venaient pour-
nidos de galas y joyas para el triunfo. Dice la
vus d'habits de fête et bijoux pour le triomphe. Dit l'
historia que muriéron veinte mil en esta batalla : siempre
histoire que moururent vingt mille dans cette bataille : toujours
se habla por mayor en semejantes casos; y quien se per-
on parle en gros dans des semblables cas, et celui qui se per-
suadiere á que pasaba de doscientos mil hombres el ejér-
suadera que passait de deux cent mille hommes l' ar-
cito vencido, hallará menos disonancia en la dispro-
mée vaincue, trouvera moins de contradiction dans la dispro-
porcion del primer número.
portion du premier nombre.

Todos los escritores nuestros y extraños refieren esta
Tous les écrivains nôtres et étrangers rapportent cette
victoria como una de las mayores que se consiguiéron
victoire comme une des plus grandes que s' obtinrent
en las dos Américas. Y si fuese cierto que peleó San-
dans les deux Amériques. Et si il était certain que combattit Saint-

tiago en el aire por sus Españoles, como lo afirmaban
Jacques dans les airs pour ses Espagnols, comme l' affirmaient
algunos prisioneros, quedará mas creible ó menos enca-
quelques prisonniers, resterait plus croyable ou moins exa-
recido el estrago de aquella gente, aunque no era
géré le carnage de ces gens, bien que il ne fût pas
necesario recurrir al milagro visible donde se conoció
nécessaire de recourir au miracle visible, où on connut
con tantas evidencias la mano de Dios, á cuyo poder
avec tant d' évidence la main de Dieu, au pouvoir duquel
se deben siempre atribuir con especial consideracion los
se doivent toujours attribuer avec particulière considération les
sucesos de las armas, pues se hizo aclamar Señor de los
succès des armes, puisque il s'est fait proclamer le Roi des
ejércitos, para que supiesen los hombres que solo
armées, afin que apprissent les hommes que seulement ils
deben esperar y reconocer de su altisima disposicion las
doivent espérer et rapporter à sa très-haute providence les
victorias, etc.
victoires, etc.

INTRODUCTION

A LA CONVERSATION ESPAGNOLE.

VOCABULAIRE

DES NOMS LES PLUS USITÉS.

DE DIEU, etc. — *De Dios, etc.*

DIEU, *Dios.*
Jésus-Christ, *Jesucristo.*
Le St.-Esprit, *el Espíritu Santo.*
Le Rédempteur, *el Redentor.*
Le Créateur, *el Criador.*
La Création, *la Creacion.*
Notre-Dame, *Nuestra Señora.*
La Sainte Vierge, *la Santísima Virgen.*
Une créature, *una criatura.*
La nature, *la naturaleza.*
Un esprit, *un espíritu.*
Le Ciel, *el cielo.*
Le Paradis, *el Paraíso.*
La gloire, *la gloria.*
Un ange, *un ángel.*
Un saint, *un Santo.*
Un bienheureux, *un bienaventurado.*
Un martyr, *un mártir.*
Un prophète, *un profeta.*
Un évangéliste, *un evangelista.*
Un apôtre, *un apóstol.*
Un patriarche, *un patriarca.*
L'Enfer, *el Infierno.*
Le Diable, *el Diablo.*
Le Démon, *el Demonio.*
Les damnés, *los condenados.*
Le Purgatoire, *el Purgatorio.*
Les âmes, *las ánimas.*

LES ÉLÉMENTS. — *Los elementos.*

Le feu, *el fuego.*
L'air, *el aire.*
La terre, *la tierra.*
L'eau, *el agua.* La mer, *el mar.*

LES ASTRES, etc. — *Los astros, etc.*

Le soleil, *el sol.*
La lune, *la luna.*
Une étoile, *una estrella.*
Une planète, *un planeta.*
Une comète, *un cometa.*
Les rayons du soleil, *los rayos del sol.*
La lumière, *la luz.*
Les ténèbres, *las tinieblas.*
Le froid, *el frío.*

La chaleur, *el calor.*
Une vapeur, *un vapor.*
Le vent, *el viento.*
Un nuage, *una nube.*
La pluie, *la lluvia.*
La grêle, *el granizo.*
La gelée, *la escarcha.*
La rosée, *el rocío.*
La neige, *la nieve.*
Le brouillard, *la niebla.*
Une tempête, *una tempestad.*
Un éclair, *un relámpago.*
Le tonnerre, *el trueno.*
Un coup de tonnerre, *un trueno.*
La foudre, le tonnerre, *el rayo.*
Un tremblement de terre, *un terremoto.*
Le déluge, *el diluvio.*
Une inondation, *una inundacion.*

Du temps. — *Del tiempo.*

Un jour, *un dia.*
Une journée, *una jornada.*
La pointe du jour, *el amanecer.*
Le matin, la matinée, *la mañana.*
Midi, *el mediodia.*
Le coucher du soleil, *el ponerse el sol.*
La brune, *el anochecer.*
La nuit, le soir, *la noche.*
Minuit, *media noche.*
Un jour de fête, *un dia de fiesta.*
Un jour ouvrier, *un dia de trabajo.*
Une heure, *una hora.*
Demi-heure, *media hora.*
Un quart d'heure, *un cuarto de hora.*
Trois quarts d'heure, *tres cuartos de hora.*
Une minute, *un minuto.*
Une seconde, *un segundo.*
Un moment, *un rato.*
Un instant, *un instante.*
Une semaine, *una semana.*
Un mois, *un mes.*
Un an, *un año.*
Un siècle, *un siglo.*
L'éternité, *la eternidad.*
Le commencement, *el principio.*
Le milieu, *el medio.*
La fin, *el fin.*

Des jours et des mois. — *De los dias y meses.*

Dimanche, *domingo.*
Lundi, *lúnes.*
Mardi, *mártes.*
Mercredi, *miércoles.*
Jeudi, *juéves.*
Vendredi, *viérnes.*
Samedi, *sábado.*
Janvier, *Enero.*
Février, *Febrero.*
Mars, *Marzo.*
Avril, *Abril.*
Mai, *Mayo.*
Juin, *Junio.*
Juillet, *Julio.*
Août, *Agosto.*
Septembre, *Setiembre.*
Octobre, *Octubre.*
Novembre, *Noviembre.*
Décembre, *Diciembre.*

Des saisons et fêtes. — *De las estaciones y fiestas.*

Le Printemps, *la Primavera.*
L'Été, *el Verano.*

L'Automne, *el Otoño.*
L'Hiver, *el Invierno.*
La canicule, *la canicula.*
La moisson, *las mieses.*
Les vendanges, *las vendimias.*
Le premier jour de l'an, *el dia de año nuevo.*
Le Carnaval, *Carnestolendas* ou *Carnaval.*
Le mardi gras, *mártes de Carnestolendas.*
Le mercredi des Cendres, *miércoles de Ceniza.*
Le Carême, *la Cuaresma.*
La Semaine Sainte, *la Semana Santa.*
Le Dimanche des Rameaux, *el Domingo de Ramos.*
Pâques, *Pascua de resurreccion.*
La Pentecôte, *fiesta de Pentecostes.*
La Fête-Dieu, *el Corpus.*
La Saint-Jean, *el dia de San Juan.*
La Saint-Pierre, *el dia de San Pedro.*
La Toussaint, *dia de todos Santos.*
Le jour des morts, *dia de Difuntos.*
L'Avent, *el Adviento.*
Noël, *Navidad.*
Vigile, *Vigilia.*
Jour de jeûne, *dia de ayuno.*
Jour maigre, *dia de viérnes.*
Jour gras, *dia de carne.*

INDIVIDUS DES DEUX SEXES. — *Individuos de ámbos sexos.*

Un homme, *un hombre.*
Une femme, *una muger.*
Un vieillard, *un viejo.*
Une vieille, *una vieja.*
Un garçon, *un muchacho.*
Un jeune homme, *un jóven, un mozo.*
Un enfant, *un niño, una niña.*
Une fille, *una muchacha, una moza.*
Un géant, *un gigante.*
Un nain, *un enano.*
L'enfance, *la infancia.*
La jeunesse, *la juventud.*
L'âge viril, *la edad viril.*
La vieillesse, *la vejez.*

PARTIES DU CORPS HUMAIN. — *Partes del cuerpo humano.*

Le corps, *el cuerpo.*
Les membres, *los miembros.*
La tête, *la cabeza.*
La cervelle, *los sesos.*
Le cou, *el pescuezo.*
Le cerveau, *el cerebro.*
Les cheveux, *los cabellos.*
La chevelure, *la cabellera.*
Les tempes, *las sienes.*
Le front, *la frente.*
Les sourcils, *las cejas.*
L'œil, *el ojo.*
La prunelle, *la niña del ojo.*
Les paupières, *los párpados.*
Les oreilles, *las orejas.*
Le nez, *la nariz.*
Les narines, *las ventanas de la nariz.*

Le bout du nez, *la punta de la nariz.*
Nez camus, *nariz roma.*
Nez aquilin, *nariz aguileña.*
Le visage, la mine, *la cara.*
Les traits, *las facciones.*
La joue, *el carillo*, ou *mejilla.*
La bouche, *la boca.*
Les lèvres, *los labios.*
Les mâchoires, *las quijadas.*
Les gencives, *las encías.*
La langue, *la lengua.*
Le palais, *el paladar.*
Le filet, *el frenillo.*
La gorge, *la garganta.*
Le gosier, *el gaznate.*
Les dents, *los dientes.*
Les dents, les grosses dents, *las muelas.*
Le menton, *la barba.*
La barbe, *las barbas.*
Les épaules, *las espaldas, los hombros.*
L'épine du dos, *el espinazo.*
Le dos, *el lomo.*
La poitrine, *el pecho.*
L'estomac, *el estómago.*
Le sein, la gorge, *los pechos.*
La mamelle, *la tetilla.*
Le ventre, *la barriga.*
Le nombril, *el ombligo.*
Le côté, *el costado.*
Les côtes, *las costillas.*
Le cœur, *el corazon.*
Le foie, *el hígado.*
Les poumons, *los pulmones.*
La rate, *el bazo.*
Le fiel, *el hiel.*
Les entrailles, *las entrañas.*
La vessie, *la vejiga.*
Les boyaux, *las tripas.*
Le sang, *la sangre.*
Un os, *un hueso.*
Les veines, *las venas.*
Les nerfs, *los nervios.*
Les bras, *los brazos.*
Le coude, *el codo.*
Le poignet, *la muñeca.*
Une main, *una mano.*
La main droite, *la mano derecha.*
La main gauche, *la mano izquierda.*
Le doigt, *el dedo mayor.*
Le pouce, *el dedo pulgar.*
Le grand doigt, *el dedo mayor.*
Le petit doigt, *el meñique.*
Le bout des doigts, *la hiema de los dedos.*
Le derrière, *el trasero.*
Les hanches, *las caderas.*
Les fesses, *las nalgas.*
Les cuisses, *los muslos.*
Les genoux, *las rodillas.*
Les jambes, *las piernas.*
Le mollet, *la pantorrilla.*
Le pied, *el pié.*
La cheville, *el tobillo.*
La plante du pied, *la planta del pié.*
Le talon, *el talon.*
Les cors aux pieds, *los callos.*
Les ongles, *las uñas.*
La moëlle, *el tuétano.*
La chair, *la carne.*
La peau, *el pellejo.*
Le poil, *el pelo.*
Les moustaches, *los bigotes.*
Le teint, *la tez.*
Les larmes, *las lágrimas.*
La morve, *el moco.*
La salive, *la saliva.*
Un crachat, *un gargajo.*
L'urine, *la orina.*

Les cinq sens. — *Los cinco sentidos.*

La vue, *la vista.*
L'ouïe, *el oido.*
L'odorat, *el olfato.*
Le goût, *el gusto.*
Le tact, *el tacto.*
La couleur, *el color.*
Le son, *el sonido.*
L'odeur, la senteur, *el olor.*
La puanteur, *el hedor.*
La saveur, *el sabor.*

Défauts et maladies. — *Defectos y enfermedades.*

Une verrue, *una berruga.*
Une ride, *una arruga.*
Un bouton, *un grano.*
Un signe, *un lunar.*
Une loupe, *una lupia.*
Une bosse, *una corcova.*
Une égratignure, *un araño.*
Marques de petite vérole, *pintas de viruelas.*
Rousseurs, *pecas.*
Une maladie, *una enfermedad.*
Une indisposition, *una indisposicion.*
Un mal, *un mal.*
Une douleur, *un dolor.*
La toux, *la tos.*
Un mal de dents, *un dolor de muelas.*
Un mal de tête, *un dolor de cabeza.*
La fièvre, *la calentura.*
La fièvre tierce, *las tercianas.*
La fièvre quarte, *las cuartanas.*
La peste, *la peste.*
La rage, *la rabia.*
Un flux de sang, *un flujo de sangre.*
Un rhume, *un resfriado.*
La petite vérole, *las viruelas.*
La rougeole, *el sarampion.*
La galle, *la sarna.*
La jaunisse, *la tiricia.*
Une colique, *un dolor cólico.*
La migraine, *la jaqueca.*
La goutte, *la gota.*
Un évanouissement, *un desmayo.*
Une paralysie, *una perlesía.*
L'hydropisie, *la hidropesía.*
Le haut mal, *el mal de San Juan* ou *la gota coral.*
Une pleurésie, *un dolor de costados.*
Des hémorroïdes, *almorranas.*
Une démangeaison, *comezon.*
La gangrène, *la gangrena.*
Une blessure, *una herida.*
Une coupure, *una cortadura.*
Une plaie, *una llaga.*
Une cicatrice, *una cicatriz.*
Des engelures, *sabañones.*
Un coup, *un golpe.*
Une fausse couche, *un mal parto.*
Un soufflet, *un manoton.*
Un coup de la pointe du pied, *un puntapié.*
Une chiquenaude, *un papirote.*
La vie, *la vida.*
La mort, *la muerte.*
La résurrection, *la resurreccion.*

HABITS D'HOMMES, etc. — *Vestidos para hombres, etc.*

Les hardes, *la ropa.*
Le chapeau, *el sombrero.*
L'habit, *la casaca.*
La veste, *la chupa.*
Les culottes, *los calzones.*
Les revers, *las solapas.*
Les parements, *las vueltas de la casaca.*
Le collet, *el collarin.*
La doublure, *el forro.*
La poche, *la faltriquera.*
Une chemise, *una camisa.*
Un gilet, *un chaleco.*
Des caleçons, *unos calzoncillos.*
Le col, *el corbatin.*
Les bas, *las medias.*
Les chaussons, *los escarpines.*
Les souliers, *los zapatos.*
Les boucles, *las hebillas.*
Les boucles de jarretière, *las hebillas charreteras.*
Les gants, *los guantes.*
Le bonnet, *el gorro.*
Une robe de chambre, *una bata.*
Les pantoufles, *las chinelas.*
Le manteau, *la capa.*
Un surtout, *un sobretodo.*
Une redingote, *una levita.*
Des bottes, *unas botas.*
La ceinture, *la faja.*
Le linge blanc, *la ropa blanca.*
Un mouchoir, *un pañuelo.*
L'épée, *el espadin.*
Le ceinturon, *el biricú.*
Une montre, *un relox de faltriquera.*
Les goussets, *los bolsillos de los calzones.*
Les jarretières, *las ligas.*
Les boutonnières, *los ojales.*
Les boutons, *los botones.*
Le jabot, *la guirindola.*
Les manchettes, *las vueltas de la camisola.*
Une paire de manchettes, *un par de vueitas.*
Des manchettes à dentelles, *unas vueltas de encaje.*
Un manchon, *un manguito.*
Une perruque, *una peluca.*
La boîte, *la caja.*
Une montre, *un relox.*
La canne, *el baston.*
Les lunettes, *los anteojos.*
Les éperons, *las espuelas.*
Un parasol, *un quitasol.*
Un parapluie, *un paraguas.*
Un rasoir, *una navaja de afeitar.*
Une savonnette, *una bola de jabon.*
Le sac à poudre, *la bolsa de los polvos.*
La pommade, *la pomada.*
Un bâton de pommade, *un cabo de olor.*
La poudre, *los polvos.*
Un peigne, *un peine.*

HABILLEMENTS DES FEMMES. — *Vestidos para mugeres.*

Un bonnet, *una escofieta.*
Une pelisse, *un cabriole.*
Un corps, *una cotilla.*
Un corset, *un jubon.*
Une robe, *una bata.*
Un déshabillé, *un desabille.*

Un collier, *un collar.*
Des pendants d'oreilles, *unos pendientes.*
Une bague, *una sortija.*
Des bracelets, *unas pulseras.*
Un jupon, *un guardapiés.*
La jupe de dessus, *las enaguas.*
Un tablier, *un delantal.*
Un éventail, *un abanico.*
La toilette, *el tocador.*
Le peignoir, *el peinador.*
Un étui, *un estuche.*
Un ruban, *una cinta.*
Un miroir, *un espejo.*
Du fard, *afeite.*
Du rouge, *arrebol.*
Un lacet, *un cordon de atacarse.*
Un nœud, *un lazo.*
Une aigrette, *una piocha.*
Une épingle, *un alfiler.*
Des vergettes, *un cepillo.*
Une aiguille, *una aguja.*
Un dé à coudre, *un dedal.*
Des ciseaux, *unas tijeras.*
Du fil, *hilo.*
De la soie, *seda.*
Une aiguillée de fil, *una hebra de hilo.*
La pelotte, *el acerico.*
Un écheveau, *una madeja.*
Le dévidoir, *la devanadera.*
L'ouvrage, *la labor.*

La table et le manger. — *La mesa con comida.*

La table, *la mesa.*
La nappe, *los manteles.*
Les serviettes, *las servilletas.*
Un essuie-main, *una toalla.*
Un couvert, *un cubierto.*
Une fourchette, *un tenedor.*
Une cuiller, *una cuchara.*
Un plat, *un plato.*
Une assiette, *un plato trinchero.*
Le couteau, *el cuchillo.*
La salière, *el salero.*
Le sel, *la sal.*
Un verre, *un vaso.*
Un plateau, *una salvilla.*
L'huilier, *las vinagreras.*
La saucière, *la salsera.*
La sauce, *la salsa.*
L'huile, *el aceite.*
Le vinaigre, *el vinagre.*
La moutarde, *la mostaza.*
La salade, *la ensalada.*
Le persil, *el perejil.*
Les vivres, *los víveres.*
Les aliments, *los alimentos.*
Les provisions, *las provisiones.*
Le déjeûné, *el almuerzo.*
Le diné, *la comida.*
Le goûter, *la merienda.*
Le souper, *la cena.*
Un repas, *un convite.*
Un convive, *un convidado.*
Un hôte, *un huésped.*
Du pain, *pan.*
Du pain de ménage, *pan casero.*
Du pain bis, *pan moreno.*
De la mie, *miga.*
Des miettes, *migajas.*
La croûte, *la corteza.*
De la farine, *harina.*
Du son, *salvado.*
Une tranche de pain, *una rebanada.*
Un morceau, *un pedazo.*
Une tranche, *una tajada.*

Un ragoût, *un guisado.*
Le rôti, *el asado.*
La viande, *la carne.*
Le pot au feu, *la olla.*
Le bouillon, *el caldo.*
Le bouilli, *el cocido.*
Le gras, *la carne gorda.*
Le maigre, *la carne magra.*
Du bœuf, *vaca.*
Du mouton, *carnero.*
Du veau, *ternera.*
Du lard, *tocino.*
Un jambon, *un pernil.*
Une saucisse, *una longaniza.*
Un boudin, *una morcilla.*
Un pâté, *un pastel.*
Une tourte, *una torta.*
Du lait, *leche.*
Du petit-lait, *suero.*
De la crême, *crema,* ou *natilla.*
De la soupe au lait, *sopa de leche.*
Un œuf, *un huevo.*
Des œufs à la coque, *huevos pasados por agua.*
Des œufs sur le plat, *huevos estrellados.*
Une omelette, *una tortilla.*
Du beurre, *manteca de vaca.*
Du fromage, *queso.*
Des confitures sèches, *dulces.*
Des confitures liquides, *almíbares.*
Du sucre, *azúcar.*
Une compote, *una compota.*
Des épices, *especias.*
Du poivre, *pimienta.*
De la canelle, *canela.*
Des clous de girofle, *clavos.*
Du safran, *azafran.*
Une entrée, *un principio.*
Le dessert, *los postres.*
Les glaces, *los helados* ou *sorbetes.*
Une boisson, *una bebida.*
Du vin, *vino.*
De l'eau, *agua.*
De la bière, *cerveza.*
Du vin de liqueur, *vino generoso.*
— vieux, *añejo.*
— nouveau, *nuevo.*
— blanc, *blanco.*
— rouge, *tinto.*
De l'eau-de-vie, *aguardiente.*
Du café, *café.*
Du thé, *té.*
Du chocolat, *chocolate.*
Un pot à l'eau, *una jarra.*
Une bouteille, *una botella.*
Un flacon, *un frasco.*
Un tire-bouchon, *un tirabuzon.*
Un panier, *una cesta.*
Une corbeille, *un canastillo.*
Une manne, *una banasta.*
Une cruche, *un cántaro.*
Un tonneau, *un tonel.*
Un baril, *un barril.*
Un seau, *un cubo para sacar agua.*

LA PARENTÉ. — *El parentesco.*

L'homme, *el hombre.*
La femme, *la muger.*
Le père, *el padre.*
La mère, *la madre.*
Les enfants, *los hijos.*
Le fils, *el hijo.*
La fille, *la hija.*
L'aïeul, *el abuelo.*
L'aïeule, *la abuela.*
Les aïeux, *los abuelos.*

Le trisaïeul, *el tatarabuelo.*
Le petit-fils, *el nieto.*
La petite-fille, *la nieta.*
L'arrière-petit-fils, *el bizniete.*
Le frère, *el hermano.*
La sœur, *la hermana.*
Le frère aîné, *hermano mayor.*
Le cadet, *hermano segundo.*
L'oncle, *el tio.*
La tante, *la tia.*
Le neveu, *el sobrino.*
La nièce, *la sobrina.*
Le cousin, *el primo.*
La cousine, *la prima.*
Cousin-germain, *primo hermano.*
Cousine-germaine, *prima hermana.*
Cousin issu de germain, *primo segundo.*
Le beau-frère, *el cuñado.*
La belle-sœur, *la cuñada.*
Le beau-père, *el suegro.*
La belle-mère, *la suegra.*
Le gendre, le beau-fils, *el yerno.*
La bru, la belle-fille, *la nuera.*
L'époux, le mari, *el esposo*, ou *marido.*
L'épouse, la femme, *la esposa* ou *muger.*
Le beau-père, *el padrastro.*
La belle-mère, *la madrastra.*
Le beau-fils, *el hijastro.*
La belle-fille, *la hijastra.*
Les parents, *los parientes.*
Le parrain, *el padrino.*
La marraine, *la madrina.*
Le filleul, *el ahijado.*
Les ancêtres, *los antepasados.*

DIGNITÉS. — *Dignidades.*

Un empereur, *un emperador.*
Une impératrice, *una emperatriz.*
Le roi, *el rey.*
La reine, *la reina.*
Un prince, *un principe.*
Une princesse, *una princesa.*
Un infant, *un infante.*
Une infante, *una infanta.*
Un duc, *un duque.*
Une duchesse, *una duquesa.*
Un comte, *un conde.*
Une comtesse, *una condesa.*
Un vicomte, *un vizconde.*
Une vicomtesse, *una vizcondesa.*
Un marquis, *un marques.*
Une marquise, *una marquesa.*
Un baron, *un baron.*
Une baronne, *una baronesa.*
Un gentilhomme, *un caballero.*
Un seigneur, *el señor de un lugar.*
Une dame, *una señora.*
Une demoiselle, *una señorita.*
Un vice-roi, *un virey.*
Un gouverneur, *un gobernador.*
Une gouvernante, *una gobernadora.*
Un ambassadeur, *un embajador.*
Une ambassadrice, *una embajadora.*
Un envoyé, *un enviado.*
Un député, *un diputado.*
Un vassal, un sujet, *un vasallo.*

OFFICIERS DE JUSTICE. — *Oficiales de justicia.*

Un président, *un presidente.*
Un juge, *un juez.*
— de paix, *juez de paz.*
Un maire, *un alcalde mayor.*
Un avocat, *un abogado.*
Un procureur, *un procurador.*

Un huissier, *un alguacil.*
Un greffier, *un escribano.*
Un secrétaire, *un secretario.*
Un notaire, *un notario.*
Un conseiller, *un consejero.*
Le conseil, *el consejo.*
Un tribunal, *un tribunal.*
La chambre du conseil, *la cámara del consejo.*
Le concierge de la prison, *el alcaide de la cárcel.*
Le geôlier, *el carcelero.*
Le crieur public, *el pregonero.*
Le bourreau, *el verdugo.*

D'une ville, etc. — *De una ciudad, etc.*

Une ville, *una ciudad.*
Une capitale, *una capital.*
Un port de mer, *un puerto de mar.*
Les maisons, *las casas.*
Une rue, *una calle.*
Les petites rues, les ruelles, *las callejuelas.*
Un carrefour, *las cuatro calles* ou *esquinas.*
Un cul-de-sac, *un callejon sin salida.*
La place, *la plaza.*
Une petite place, *una plazuela.*
La grand'place, *la plaza mayor.*
La bourse, *la lonja de los mercaderes, la bolsa.*
Le marché, *el mercado.*
La poissonnerie, *la pescadería.*
Les boutiques, *las tiendas.*
Une église, *una iglesia.*
Une parroisse, *una parroquia.*
Un couvent, *un convento.*
Un monastère, *un monasterio.*
Un hôpital, *un hospital.*
Un quartier, *un barrío.*
Les faubourgs, *los arrabales.*
Les ponts, *los puentes.*
Un cabaret, *una taberna.*
Une gargote, *un bodegon.*
Une auberge, *una posada, una venta, un meson.*
Un collége, *un colegio.*
Une académie, *una academia.*
Une université, *una universidad.*
La poste, *el correo.*
Une fontaine, *una fuente.*
La boucherie, *la carnicería.*
La tuerie, *el matadero.*
La promenade, *el paseo.*
Un passage, *un pasadizo.*
La prison, *la cárcel.*
Les portes, *las puertas.*
Le pavé, *el empedrado.*
La maison de ville, *la casa del ayuntamiento.*
Les bourgeois, *los vecinos de una ciudad.*
La bourgeoisie, *la vecindad.*
Les habitants, *los habitantes.*

D'une maison, de ses parties, et de ce qui y a rapport. — *De una casa, sus partes, y lo que tiene relacion con ella.*

Une maison, *una casa.*
Un hôtel, *una casa de un grande.*
Un palais, *un palacio.*
Un château, *un palacio de campo.*
Une maison de campagne, *una casa de campo.*

Les fondements, *los cimientos.*
La muraille, *la pared.*
Les murs, *los muros.*
Un coin, *un rincon* ou *una quina.*
Le portail, *el portal.*
La cour, *el patio.*
La basse-cour, *el corral.*
Une écurie, *una caballeriza.*
Une remise, *una cochera.*
L'escalier, *la escalera.*
Les marches, *los escalones.*
Un étage, *un alto.*
Une porte, *una puerta.*
Les gonds, *los goznes.*
Le guichet, *el postigo.*
La fausse porte, *la puerta falsa.*
La serrure, *la cerradura.*
La clé, *la llave.*
Un cadenas, *un candado.*
Le verrou, *el cerrojo.*
Le loquet, *el picaporte.*
Le heurtoir, *la aldaba.*
Le toit, *el tejado.*
La terrasse, *la azotea.*
Un logement, *una habitacion, una vivienda.*
L'antichambre, *la antecámara.*
Une chambre, *un cuarto.*
Un appartement garni, *un aposento moblado.*
Une chambre garnie, *un cuarto moblado.*
Une salle, *una sala.*
Un salon, *un salon.*
Une salle de compagnie, *el estrado.*
Une chambre à coucher, *un cuarto de dormir, dormitorio.*
L'alcove, *la alcoba.*
Un cabinet, *un gabinete.*
La bibliothèque, *la biblioteca.*

L'oratoire, *el oratorio.*
La galerie, *la galería.*
Le corridor, *el corredor.*
La toilette, *el tocador.*
Une fenêtre, *una ventana.*
Un balcon, *un balcon.*
Les vitres, *las vidrieras, los vidrios.*
Une porte vitrée, *una puerta vidriera.*
Un volet, *una puerta-ventana.*
Une jalousie, *una celosía.*
Une grille, *una reja.*
Une dépense, *una despensa.*
Une cave, *una bodega.*
La cuisine, *la cocina.*
L'office, *la repostería.*
La salle à manger, *el comedor.*
Le jardin, *el jardin.*
Le puits, *el pozo.*
Les commodités, *el comun.*
Le colombier, *el palomar.*
Le poulailler, *el gallinero.*
Le four, *el horno.*
Un meuble, *un mueble.*
Une tapisserie, *una tapicería.*
Les cartes géographiques, *los mapas.*
Un portrait, *un retrato.*
Un tableau, *un cuadro.*
Un miroir, *un espejo.*
Un lustre, *una araña.*
Une chaise, *una silla.*
Un tabouret, *un taburete.*
Un fauteuil, *una silla poltrona.*
Un banc, *un banco.*
Une table, *una mesa.*
Un buffet, *un bufete.*
Un coffre, *un cofre.*
Une caisse, *una caja.*
Un secrétaire, *una papelera.*
Une armoire, *un armario.*
Un garde-manger, *una alacena.*

Une malle, *una maleta.*
Des rideaux, *unas cortinas.*
Un tapis, *una alfombra.*
Un lit, *una cama.*
Le ciel du lit, *el cielo de la cama.*
Une paillasse, *un jergon.*
Un matelas, *un colchon.*
Un oreiller, *una almohada.*
Un coussin, *un almohadon.*
Une paire de draps, *un par de sábanas.*
Une couverture, *una manta.*
Un berceau, *una cuna.*
Le bassin, la chaise percée, *el bacin, la silleta.*
La bassinoire, *el calentador.*
La cheminée, *la chimenea.*
Un brasier, *un brasero.*
Un fourneau, *un fogon.*
Le feu, *la lumbre.*
Le charbon, *el carbon.*
Le bois, *la leña.*
Un tison, *un tizon.*
Les braises, *las ascuas.*
La flamme, *la llama.*
La fumée, *el humo.*
La cendre, *la ceniza.*
Le foyer, *el hogar.*
Le soufflet, *los fuelles.*
Les pincettes, *las tenazas.*
La pelle, *la paleta.*
Les chenets, *los morillos.*
Un écran, *un abanico de chimenea.*
La suie, *el hollin.*
Une pierre à fusil, *un pedernal.*
Les allumettes, *las pajuelas.*
Un briquet, *un eslabon.*
L'amadou, *la yesca.*
Un chaudron, *un caldero.*
Une chaudière, *una caldera.*
Un pot, *un puchero.*
Une marmite, *una olla.*
Un couvercle, *una cobertura.*
L'écumoire, *la espumadera.*
Une cuiller à pot, *un cucharon.*
Une tourtière, *una tartera.*
Une poële, *una sarten.*
Une casserole, *una casuela.*
Le gril, *las parillas.*
Une lardoire, *una aguja de mechar.*
Une broche, *un asador.*
Un mortier, *un almirez.*
Le pilon, *la mano del almirez.*
Une lampe, *un candil.*
Un chandelier, *un candelero.*
Une chandelle, *una vela de sebo.*
Une bougie, *una bugía.*
Un bout de chandelle, *un cabo de vela.*
Une lanterne, *una linterna.*
Un fallot, une lanterne, *un farol.*
Les mouchettes, *las despabiladeras.*
Un balai, *una escoba.*
Un torchon, *una rodilla.*
Les décrottoires, *los cepillos para los zapatos.*

De la campagne et de l'agriculture. — *Del campo y agricultura.*

Un village, *un lugar.*
Un hameau, *una aldea.*
Une métairie, *una granja.*
Une ferme, *una quinta.*
Une montagne, *una montaña.*
Un fond, *un hondo.*

Un marais, *una laguna.*
Un bourbier, *un cenegal.*
Une plaine, *una llanura.*
Une vallée, *un valle.*
Une caverne, *una cueva.*
Un côteau, *la falda de un monte.*
Une colline, *una colina.*
Un pré, *un prado.*
Une haie, *un seto.*
Un fossé, *un foso.*
Du sable, *arena.*
De la pierre, *piedra.*
De la chaux, *cal.*
Pierre à aiguiser, *piedra de amolar.*
Pierre de touche, *piedra de toque.*
Une tuile, *una teja.*
Une brique, *un ladrillo.*
Une ardoise, *una pizarra.*
Un caillou, *un guijarro.*
De l'argile, *barro.*
De la craie, *greda.*
Une forêt, *una selva.*
Un bois, *un bosque.*
Un désert, *un desierto.*
Un arbre, *un árbol.*
Un arbrisseau, *un arbolito.*
Un tronc, *un tronco.*
Une branche, *un ramo.*
Un rejeton, *un pimpollo.*
La sève, *el suco.*
Un buisson, *una mata.*
Un champ, *un campo.*
Du fumier, *estiercol.*
De l'herbe, *yerba.*
De la graine, *simiente.*
Une racine, *una raiz.*
Un légume, *una legumbre.*
De l'orge, *cebada.*
De l'avoine, *avena.*
Du blé, *trigo.*
Du seigle, *centeno.*
Un épi, *una espiga.*
Les grains, *los granos.*
De la paille, *paja.*
La récolte, *la cosecha.*
La vigne, *la viña.*
Une grappe, *un racimo.*
La vendange, *vendimia.*
Un charriot, *un carro.*
La roue, *la rueda.*
L'essieu, *el eje.*
Le joug, *el yugo.*
Le fouet, *el látigo.*
Un homme de la campagne, *un hombre del campo.*
Un ouvrier, *un trabajador.*
Un journalier, *un jornalero.*
Un laboureur, *un labrador.*
Un moissonneur, *un segador.*
Un charretier, *un carretero.*
Un vendangeur, *un vendimiador.*
La charrue, *el arado.*
Une pioche, *un azadon.*
Une pelle, *una pala.*
Un sillon, *un surco.*
Une faux, *una guadaña.*
Une faucille, *una hoz de segar.*
Un crible, *una criba.*
Une aire, *una era.*
Un jardin, *un jardin.*
Un jardin potager, *una huerta.*
Un clos, *un cercado.*
Une avenue, *una alameda.*
Un berceau, *un emparrado.*
Une treille, *una parra.*
Une fontaine, *una fuente.*
Un bassin, *una fuente de jardin.*
Un tuyau, *un caño.*
Un jet d'eau, *un surtidor.*
Une plante, *una planta.*

Une feuille d'arbre, *una hoja de árbol.*
Un chou, *una berza.*
Un chou pommé, *un repollo.*
Une laitue, *una lechuga.*
De la poirée, *acelgas.*
De l'oignon, *cebolla.*
Des poireaux, *puerros.*
De l'ail, *ajos.*
Des artichaux, *alcachofas.*
Des raves, *rábanos.*
Des épinards, *espinacas.*
Des choux-fleurs, *coliflores.*
Des asperges, *espárragos.*
Du céleri, *apio.*
Des carrottes, *zanahorias.*
Des panais, *chirivías.*
Des vesces, *algarrobas.*
De la chicorée, *achicoria.*
Des champignons, *setas, hongos.*
Des lentilles, *lentejas.*
Des pois, *guisantes.*
Des fèves, *habas.*
Des haricots, *judías.*
Des navets, *navos.*
Des cardes, *cardos.*
Des concombres, *pepinos.*
Une citrouille, *una calabaza.*
Un melon, *un melon.*
Un melon d'eau, *una sandía.*
Du cresson, *berros.*
Des truffes, *criadillas de tierra.*
Des pommes de terre, *patatas.*
Du pourpier, *verdolaga.*
De l'oseille, *acederas.*
Du persil, *perejil.*
Du baume, *yerba buena.*
Du thym, *tomillo.*
Du cerfeuil, *perifolio.*
De la lavande, *espliego.*
De l'ortie, *ortiga.*
De la cigüe, *cicuta.*
De la sauce, *salvia.*
De l'anis, *anis.*
Des mauves, *malvas.*
Une fleur, *una flor.*
Un bouquet, *un ramillete.*
Un bouton, *un boton.*
Une rose, *una rosa.*
Un œillet, *un clavel.*
De la giroflée, *alelí.*
Du lis, *lirio.*
Fleur-de-lis, *azucena.*
Une tulipe, *tulipan.*
Du jasmin, *jazmin.*
Une anémone, *una anémone.*
De la jonquille, *juinquillo.*
De la jacinthe, *jacinto.*
Amaranthe, *ou* passe-velours, *amaranto.*
De la violette, *violeta.*
Pensée, *trinitaria.*
Tournesol, *girasol.*
De la fleur d'orange, *azahar.*
Du fruit, *fruta.*
Une poire, *una pera.*
Une pomme, *una manzana.*
Des pommes de rainette, *camuesas.*
Des abricots, *albaricoques.*
Des pêches, *melocotones, albérchigos, abridores.*
Un pêcher, *un albérchigo.*
Des prunes, *ciruelas.*
Des guignes, *guindas.*
Des cerises, *cerezas.*
Des figues, *higos.*
Des grenades, *granadas.*
Des coings, *membrillos.*
Des mûres, *moras.*

Du raisin, *uvas*.
Du raisin sec, *pasas*.
Des dates, *dátiles*.
Des oranges, *naranjas*.
Des limons, *limones*.
Des noix, *nueces*.
Des noisettes, des avelines, *avellanas*.
Des fraises, *fresas*.
Des olives, *aceitunas*.
Des châtaignes, *castañas*.
Des nèfles, *nísperos*.
Des amandes, *almendras*.
Pomme de pin, *piña*.
Poirier, *peral*.
Pommier, *manzano*.
Figuier, *higuera*.
Palmier, *palma* ou *palmera*.
Oranger, *naranjo*.
Noyer, *nogal*.
Pin, *pino*.
Un chêne, *una encina*.
Un frêne, *un freno*.
Un orme, *un olmo*.
Un tilleul, *un tilo*.
Un aulne, *un chopo*.
Un peuplier, *un álamo*.
Un laurier, *un laurel*.
Du buis, *box*.
Un myrte, *mirto*.
Sureau, *sauco*.
Epine, *espino*.
Genêt, *retama*.
Lierre, *yedra*.
Jonc, *junco*.
Roseau, *caña*.
Ronce, épine, haie, *zarza*.
Cyprès, *ciprés*.
Cèdre, *cedro*.
Saule, *sauce*.

De l'eau, de la mer et des vaisseaux, etc. — *Del agua, del mar y navios, etc.*

Une source, *un manantial*.
Une fontaine, *una fuente*.
Un étang, *un estanque*.
Un torrent, *un torrente*.
Une rivière, *un rio*.
Un ruisseau, *un arroyo*.
Le rivage, *la ribera*.
Le bord, *la orilla* ou *márgen del rio* ou *del mar*.
Un canal, *un canal*.
La mer, *el mar*.
Un bras de mer, *un brazo de mar*.
Un golfe, *un golfo*.
Un détroit, *un estrecho*.
Une baie, *una bahia*.
Un lac, *un lago*.
Le calme, *la calma*.
La tempête, *la tormenta*.
Le vent en poupe, *el viento en popa*.
Le vent contraire, *el viento contrario*.
Un bâtiment, *una embarcacion*.
Une frégate, *una fragata*.
Un navire, un vaisseau, *un navío*.
Un navire marchand, *un navío mercante*.
Une galère, *una galera*.
Une galiote, *una galeota*.
Une tartane, *una tartana*.
Un brulot, *un brulote*.
Une barque, *un barco*.
Un paquebot, *un paquete*.

Une chaloupe, *una chalupa.*
Un bateau, *una barca.*
Les agrés, *los aparejos de un navío.*
Les ancres, *las áncoras.*
Les mâts, *los árboles* ou *palos.*
Les voiles, *las velas.*
La hune, *la gavia.*
Une vergue, *una verga.*
Les câbles, *los cables.*
Les cordes, *las maromas.*
La proue, *la proa.*
La poupe, *la popa.*
Un armateur, *un armador.*
Un pirate, *un pirata.*
Un corsaire, *un corsario.*
L'équipage, *la tripulacion.*
Les matelots, *los marineros.*
Les bateliers, *los barqueros.*
Les rames, *los remos.*
Un pilote, *un piloto.*
Le gouvernail, *el timon* ou *gobernalle.*
La boussole, *la brújula.*

Voyage et chemin. — *Viage y camino.*

Le chemin, *el camino.*
Le chemin royal, *el camino real.*
Une chaussée, *una calzada.*
Un chemin de traverse, *un atajo.*
Un sentier, *una senda.*
Une ornière, *un carril.*
Une voiture, *un carruage.*
Un carrosse, *un coche.*
Un carrosse public, *un coche público.*
Une calèche, *una calesa.*
Une chaise, *un calesin.*
Une charrette, *una carreta.*
Un charriot couvert, *una galera.*
La diligence, *la diligencia.*

Le cheval et ses harnais. — *El caballo con sus jaeces.*

Un cheval, *un caballo.*
— bai, *bayo.*
Cheval bai brun, *castaño.*
— gris-pommelé, *tordo.*
Cheval alezan, *alazan.*
— roux, *rucio.*
La bride, *la brida.*
Le mors, *el bocado.*
La gourmette, *la barbada.*
Les rênes, *las riendas.*
Les sangles, *las cinchas.*
La selle, *la silla.*
Les étriers, *los estribos.*
La housse, *la gualdrapa.*
Les fontes des pistolets, *las fundas.*
Le caparaçon, *el caparazon.*
Le poitrail, *el pretal.*

Monnaies. — *Monedas.*

Une pièce, *una moneda* ou *pieza.*
Un ochavo, *un ochavo.*
Un quart, *un cuarto.*
Un réal, *un real.*
Deux réaux, *dos reales.*
Une piécette, *una peseta.*
Une piastre, *un peso.*
Une piastre forte, *un peso duro.*
Un ducat, *un ducado.*
Un doublon, *un doblon.*
Un cuadruple, *un doblon de á ocho* ou *una onza.*
Un louis, *un luis.*
Une livre, *una libra tornesa.*

Un écu de trois livres, *un peso de tres libras tornesas.*

Un écu de six francs, *un peso de seis libras tornesas.*

Un sou, *un sueldo.*

Un franc, *un franco.*

Un centime, *la centésima parte de un franco.*

Une guinée, *una guinea.*

POIDS ET MESURES. — *Pesos y medidas.*

Un poids, *un peso.*
Un grain, *un grano.*
Un gros, *un adarme.*
Une once, *una onza.*
Un quarteron, *un cuarteron.*
Une livre, *una libra.*
Un quintal, *un quintal.*
Une mesure, *una medida.*
Un boisseau, *una fanega.*
Un demi-boisseau, *media fanega.*
Un setier, *un celemin.*
Un demi-setier, *un cuartillo.*
Une pinte, *una azumbre.*
Une chopine, *media azumbre.*
Une outre, *un pellejo.*
Un tonneau, *un tonel.*
Une cuve, *una cuba.*
Une ligne, *una linea.*
Un pouce, *una pulgada.*
Un pied, *un pié.*
Un pas, *un paso.*
Une toise, *una toesa.*
Une aune, *una ana.*
Un quart, *una cuarta.*
Un mille, *una milla.*
Une lieue, *una legua.*

DIVERTISSEMENTS, JEUX, EXERCICES. — *Diversiones, juegos, ejercicios.*

Le billard, *el billar,* ou *mesa de trucos.*
Les billes, *las bolas de trucos.*
Le jeu de boules, *el juego de bochas.*
Le jeu d'échecs, *el juego de ajedrez.*
Un damier, *un tablero de damas.*
Un cornet, *un cubilete.*
Le trictrac, *las tablas de reales.*
Un pion, *un peon.*
Une dame, *una dama.*
Un dé, *un dado.*
Une loterie, *una rifa.*
La loterie, *la lotería.*
Les cartes, *los naipes.*
Un jeu de cartes, *una baraja.*
Un as, *un as.*
Le roi, *el rey.*
La dame, *el caballo.*
Le valet, *la sota.*
Les mains, *las bazas.*
Les couleurs, *los palos.*
Carreau, *oros.*
Cœur, *copas.*
Pique, *espadas.*
Trèfle, *bastos.*
Un point, *un tanto.*
Le piquet, *el juego de los cientos.*
A pair ou non, *á pares y nones.*
Le jeu de quilles, *el juego de bolos.*
— de mail, *de mallo.*
— de balle, *de pelota.*
Une raquette, *una raqueta.*
Un volant, *un volante.*
Une toupie, *una peonza.*
Une boule, *una bola.*
La natation, *la nadadura.*

La danse, *la danza.*
La promenade, *el paseo.*
Le saut, *el salto.*
La course, *la carrera.*
La chasse, *la caza.*
La pêche, *la pesca.*
L'escrime, *la esgrima.*
Le manège, *el manejo.*
La musique, *la música.*
Le chant, *el canto.*

INSTRUMENTS DE MUSIQUE. — *Instrumentos de música.*

Un violon, *un violin.*
Une viole, une basse de viole, *un violon.*
Une guitarre, *una guitarra.*
Une mandoline, *un bandolin.*
Un piano, *un piano.*
Une harpe, *una arpa.*
Une flûte, *una flauta.*
Une trompette, *una trompeta.*
Un cor de chasse, *una trompa de caza.*
Un clairon, *un clarin.*
Un hautbois, *oboe.*
Un fifre, *un pífano.*
Un basson, *un bajon.*
Une cornemuse, *una gaita.*
Un flageolet, *un caramillo.*

VOCABULAIRE

DES ADJECTIFS LES PLUS USITÉS.

Bon, bonne, *bueno, buena.*
Mauvais, aise, *malo, a.*
Méchant, e, *ruin.*
Savant, e, *sabio, a.*
Ignorant, e, *ignorante.*
Grand, e, *grande.*
Petit, e, *pequeño, a.*
Gros, grosse, *grueso, a.*
Épais, épaisse, *espeso, a.*
Mince, *delgado, a.*
Haut, e, *alto, a.*
Bas, basse, *bajo, a.*
Long, longue, *largo, a.*
Court, e, *corto, a.*
Large, *ancho, a.*
Étroit, e, *angosto, a.*
Droit, e, *derecho, a.*
Tors, e, *torcido, a.*
Neuf, neuve, *nuevo, a.*
Ancien, ancienne, *antiguo, a.*
Vieux, vieille, *viejo, a.*
Jeune, *jóven.*
Gras, grasse, *gordo, a.*
Maigre, *flaco, a.*
Pesant, e, *pesado, a.*
Léger, ère, *ligero, a.*
Plein, e, *lleno, a.*
Vide, *vacío, a.*
Dur, e, *duro, a.*
Facile, *facil.*
Difficile, *difícil.*
Difficultueux, difficultueuse, *dificultoso, a.*
Doux, douce, *dulce.*
Amer, ère, *amargo, a.*
Aigre, *agrio, a.*
Net, nette, *limpio, a.*
Sale, *sucio, a.*

Chaud, e, *caliente.*
Froid, e, *frio, a.*
Frais, fraîche, *fresco, a.*
Sec, sèche, *seco, a.*
Humide, *húmedo, a.*
Mouillé, e, *mojado, a.*
Fort, e, *fuerte.*
Faible, *débil.*
Agile, *ágil.*
Beau et bel, belle, *bello, a.*
Joli, e, *lindo, a.*
Laid, e, *feo, a.*
Contrefaite, e, *contrahecho, a.*
Camus, e, *romo, a.*
Aveugle, *ciego, a.*
Borgne, *tuerto, a.*
Louche, *bizco, a.*
Boiteux, *cojo, a.*
Mou, molle, *blando, a.*
Bossu, e, *jorobado, a.*
Chauve, *calvo, a.*
Muet, muette, *mudo, a.*
Sourd, e, *sordo, a.*
Riche, *rico, a.*
Pauvre, *pobre.*
Franc, franche, *franco, a.*
Adroit, e, *diestro, a.*
Maladroit, e, *torpe.*
Rusé, e, *astuto, a.*
Simple, *sencillo, a.*
Habile, *hábil.*
Incapable, *incapaz.*
Expérimenté, e, *experto, a.*
Ivre, ivrogne, *borracho, a.*
Malade, *enfermo, a.*
Heureux, euse, *dichoso, a.*
Malheureux, euse, *desdichado, a.*
Vrai, vraie, *verdadero, a.*
Faux, fausse, *falso, a.*
Importun, e, *molesto, a.*
Mélancolique, *melancólico, a.*
Fantasque, *fantástico, a.*
Capricieux, euse, *caprichoso, a.*
Joyeux, euse, *alegre.*
Triste, *triste.*
Content, e, *contento, a.*
Satisfait, e, *satisfecho, a.*
Fâché, e, *enojado, a.*
Vertueux, euse, *virtuoso, a.*
Vicieux, euse, *vicioso, a.*
Sage, *sabio, a.*
Fou, folle, *loco, a.*
Prudent, e, *prudente.*
Imprudent, e, *imprudente.*
Insensé, e, *insensato, a.*
Juste, *justo, a.*
Injuste, *injusto, a.*
Estropié, e, *estropeado, a.*
Vaillant, ante, *valiente.*
Lâche, *cobarde.*
Fidèle, *fiel.*
Infidèle, *infiel.*
Saint, e, *santo, a.*
Profane, *profano, a.*
Pieux, euse, *piadoso, a.*
Charitable, *caritativo, a.*
Hautain, e, *altanero, a.*
Orgueilleux, euse, *orgulloso, a.*
Humble, *humilde.*
Innocent, e, *inocente.*
Coupable, *culpable.*
Sincère, *sincero, a.*
Menteur, euse, *mentiroso, a.*
Trompeur, euse, *engañoso, a.*
Fin, e, *fino, a.*
Chaste, *casto, a.*
Lascif, ive, *lascivo, a.*
Modeste, *modesto, a.*
Honteux, euse, *vergonzoso, a.*
Timide, *tímido, a.*
Hardi, e, *atrevido, a.*
Insolent, e, *insolente.*

Peureux, euse, *medroso, a.*
Querelleur, euse, *pendenciero, a.*
Paresseux, euse, *perezoso, a.*
Affable, *afable.*
Poli, e, *cortes.*
Honnête, *honesto, a.*
Déshonnête, *deshonesto, a.*
Dur, e, *rudo, a.*
Grossier, ère, *basto, a.*
Clément, ente, *clemente.*
Cruel, elle, *cruel.*
Vindicatif, ive, *vengativo, a.*
Docile, *dócil.*
Indocile, *indócil.*
Opiniâtre, *terco, a.*
Entêté, e, *porfiado, a.*
Libéral, e, *liberal.*
Prodigue, *pródigo, a.*
Econome, *económico, a.*
Avare, *avaro, a.*
Avaricieux, euse, *avariento, a.*
Misérable, *miserable.*
Reconnaissant, e, *reconocido, a.*
Ingrat, e, *ingrato, a.*
Sobre, *sóbrio, a.*
Grande mangeuse, *comilona.*
Oisif, ive, *ocioso, a.*
Ami, e, *amigo, a.*
Ennemi, e, *enemigo, a.*
Téméraire, *temerario, a.*
Constante, e, *constante.*
Inconstant, e, *inconstante.*
Blanc, blanche, *blanco, a.*
Noir, *negro, a.*
Rouge, *encarnado, a.*
Roux, rousse, *rojo, a.*
Ecarlate, *color de grana.*
Bleu, e, *azul.*
Vert, e, *verde.*
Gris, e, *pardo, a.*
Gris de fer, *pardo oscuro.*
Jaune, *amarillo, a.*
Violet, ette, *morado, a.*
Brun, e, *moreno, a.*
Cramoisi, e, *carmesí.*
Vermeil, eille, *bermejo, a.*
Couleur fauve, *color de ante.*
Orangé, e, *anaranjado, a.*
Blanchâtre, *blanquizco, a.*
Noirâtre, *negruzco, a.*
Rougeâtre, *bermejizo, a.*
Verdâtre, *verducho, a.*
Grisâtre, *parducho, a.*
Jaunâtre, *amarillento, a.*

VERBES LES PLUS USITÉS.

POUR PARLER. — *De hablar.*

Prononcer, *pronunciar.*
Parler, *hablar.*
Dire, *decir.*
Haranguer, *arengar.*
Babiller, *charlar.*
Crier, *gritar.*
Jeter des cris, *dar gritos.*
Réciter, *recitar.*
Rapporter, *hacer relacion.*
Conter, *contar.*

Se taire, *callar*.
Commander, *mandar*.
Avouer, *confesar*.
Assurer, *asegurar*.
Nier, *negar*.
Désapprouver, *desaprobar*.
Défendre, *defender*.
Prendre le parti de quelqu'un, *volver por alguno*.
Gronder, *regañar*.
Disputer, *disputar*.
Quereller, *reñir*.
Publier, *publicar*.
Appeler, *llamar*.
Demander, *preguntar*.
Répondre, *responder*.
Causer, *platicar*.
Avertir, *avisar*.
Raisonner, *raciocinar*.
Médire, *criticar*.
Marmoter, *hablar entre dientes*.
Parler du nez, *ganguear*.
Bégayer, *tartamudear*.
Balbutier, *titubear*.

POUR BOIRE ET MANGER. — *Del comer y beber.*

Avoir appétit, *tener apetito*.
Manger, *comer*.
Boire, *beber*.
Mâcher, *mascar*.
Avaler, *tragar*.
Goûter, *probar*.
Couper du pain, *partir pan*.
Découper, *trinchar*.
Jeûner, *ayunar*.
Déjeûner, *almorzar*.
Dîner, *comer*.
Goûter, *merendar*.
Souper, *cenar*.
Inviter quelqu'un, *convidar á uno*.
S'enivrer, *emborracharse*.
Faire diète, *hacer dieta*.
Avoir une indigestion, *tener indigestion*.
Manger en ville, *comer fuera de casa*.
Boire un coup, *echar un trago*.
Avoir soif, *tener sed*.
Verser à boire, *echar de beber*.
Nourrir, *alimentar*.
Donner la table, *dar mesa*.
Accomoder, *guisar*.
Servir, *servir*.
Lécher, *lamer*.
Sucer, *chupar*.
Se rassasier, *hartarse*.

ACTIONS NATURELLES A L'HOMME. — *Acciones naturales del hombre.*

Rire, *reir*.
Pleurer, *llorar*.
Soupirer, *suspirar*.
Éternuer, *estornudar*.
Bâiller, *bostezar*.
Souffler, *soplar*.
Siffler, *silbar*.
Écouter, *escuchar*.
Cracher, *escupir*.
Se moucher, *sonarse*.
Saigner, *echar sangre*.
Suer, *sudar*.
Sentir, *oler*.
Goûter, *probar*.

Toucher, *tocar.*
Manier, *manosear.*
Tousser, *toser.*
S'enfler, *hincharse.*
Être enrhumé, *estar resfriado.*
Pincer, *pellizcar.*
Égratigner, *arañar.*
Piquer, *punzar.*
Chatouiller, *hacer cosquillas.*
Gratter, *rascar.*
Voir, *ver.*
Regarder, *mirar.*
Entendre, *oir.*
Roter, *regoldar.*

Actions de la mémoire et de l'imagination. — *Acciones de la memoria y de la imaginacion.*

Concevoir, *concebir.*
Penser, *pensar.*
Méditer, *meditar.*
Connaître, *conocer.*
Savoir, *saber.*
Vouloir, *querer.*
Imaginer, *imaginar.*
Croire, *creer.*
Persuader, *persuadir.*
Attirer, *atraer.*
Aveugler, *cegar.*
Exagérer, *ponderar.*
Délibérer, *deliberar.*
Douter, *dudar.*
Observer, *observar.*
Deviner, *acertar.*
Soupçonner, *recelar.*
Faire attention, *atender.*
Observer, *reparar.*
Déclarer, *declarar.*
Indiquer, *indicar.*
Avoir soin, *tener cuidado.*
Désirer, *desear.*
Espérer, *esperar.*
Attendre, *aguardar.*
Craindre, *temer.*
Avoir peur, *tener miedo.*
Faire peur, *amedrentar.*
Feindre, *fingir.*
Dissimuler, *disimular.*
Mentir, *mentir.*
Faire semblant, *hacer como.*
Imiter, *imitar.*
Contrefaire, *remedar.*
Égaler, *igualar.*
Surpasser, *sobrepujar.*
Essayer, *intentar.*
Essayer, *ensayar.*
Éprouver, *probar.*
Juger, *juzgar.*
Conclure, *concluir.*
S'opiniâtrer, *porfiar.*
Persister, *persistir.*
Céder, *ceder.*
Se désister, *desistir.*
Résoudre, *resolver.*
Vérifier, *averiguar.*
Être ravi, *alegrarse.*
S'affliger, *afligirse.*
Se chagriner, *apesadumbrarse.*
S'ennuyer, *fastidiarse.*
Se fâcher, *enojarse.*
Se mettre en colère, *encolerizarse.*
Enrager, *rabiar.*
S'appaiser, *aplacarse.*

DIALOGUES FAMILIERS.

I. — Pour souhaiter le bon jour.

Bon jour, Monsieur, *ou* Madame.	*Buenos dias tenga vm., Señor,* ou *Señora.*
Je vous souhaite le bon jour.	*Tengalos vm. muy buenos.*
Votre serviteur.	*Servidor de vm.*
Je suis le vôtre.	*Le soy de vm.*
Comment vous portez-vous?	*¿ Como está vm.?*
Bien, très-bien.	*Bien, muy bien.*
Et vous?	*¿ Y vm.?*
Là, là, tout doucement.	*Asi, asi, medianamente.*
Comme vous voyez.	*Como vm. vé.*
A votre service.	*Para servir á vm.*
Toujours tout de même.	*Sin novedad.*
Je suis charmé de vous voir bien portant.	*Me alegro de ver á vm. bueno.*
Et moi aussi.	*Yo tambien.*
Je vous suis fort obligé.	*Viva vm. muchos años.*
Comment se porte notre ami M. N.....?	*¿ Cómo está nuestro amigo D. N.....?*
Bien, Dieu merci.	*Bien, gracias á Dios.*
Se porte-t-on bien chez vous?	*¿ Estan buenos en su casa de vm.?*
Tout le monde se porte bien, grâce à Dieu.	*Todos estan buenos, gracias á Dios.*
Il y a long-temps que je n'ai eu l'honneur de voir Madame votre femme.	*Hace ya tiempo que no he visto á su Señora de vm.*

Elle est malade.	*Está mala.*
Qu'a-t-elle ?	*¿ Qué tiene ?*
Elle est un peu indisposée.	*Está algo indispuesta.*
J'en suis bien fâché.	*Lo siento mucho.*
Assurez-la de mes très-humbles respects.	*Pongame vm. á sus piés.*

II. — Pour prendre congé.

Je viens vous dire adieu.	*Vengo á despedirme de vm.*
Asseyez-vous.	*Sientese vm.*
Apporte un siége à Monsieur.	*Trae un asiento al Señor.*
Prenez un siége.	*Tome vm. asiento.*
En vérité je ne saurais.	*En verdad no puedo.*
Je suis pressé.	*Tengo prisa.*
J'ai affaire.	*Tengo que hacer.*
Je reviens sur-le-champ.	*Vuelvo luego.*
Adieu, Monsieur. Votre serviteur, *ou* votre servante.	*Vaya vm. con Dios. Quedese vm. con Dios.*
Je ne vous dis pas adieu.	*No me despido de vm.*
Nous nous reverrons ce soir.	*Nos volverémos á ver á la tarde.*
Beaucoup de compliments.	*Muchas memorias á......*
Beaucoup de compliments chez vous.	*Muchos recados en su casa de vm.*
Assurez Madame la Marquise de mes très-humbles respects.	*Pongame vm. á los piés de mi Señora la Marquesa.*
Je n'y manquerai pas.	*Quedará vm. servido.*
J'aurai l'honneur demain d'aller lui faire une visite.	*Iré mañana á hacerla una visita.*
Vous lui ferez plaisir.	*Lo estimará mucho.*
Votre très-humble serviteur.	*Beso la mano de vm.*
Au revoir.	*Hasta mas ver.*

Adieu, adieu.	*ADios, á Dios.*
Jusqu'à demain.	*Hasta mañana.*
Quand il vous plaira.	*Cuando vm. güste.*
Je vous souhaite le bon soir.	*Buenas noches tenga vm.*
Bon soir, Monsieur.	*Tengalas vm. muy felices.*

III. — Pour aller, venir, etc.

Où allez-vous ?	*¿ Adonde vavm . ?*
D'où venez-vous ?	*¿ De donde viene vm . ?*
Je vais chez moi.	*Voy á casa.*
Je viens de chez moi.	*Vengo de casa.*
Je vaís quelque part.	*Voy á un recado.*
Montez.	*Suba vm.*
Descendez.	*Baje vm.*
Entrez ; sortez.	*Entre vm. ; salga vm.*
Marchez. Avancez.	*Ande vm.*
Ne vous arrêtez pas.	*No se detenga vm.*
Restez tranquille.	*Estese vm. quieto.*
Ne bougez pas.	*No se menee vm.*
Approchez-vous de moi.	*Arrimese vm. á mí.*
Retirez-vous.	*Apartese vm.*
Allez-vous-en.	*Vayase vm.*
Ne vous en allez pas.	*No se vaya vm.*
Faites-moi un peu de place.	*Hagame vm. un poco lugar.*
Reculez-vous un peu.	*Hagase vm. un poco atrás.*
Venez ici.	*Venga vm. acá.*
Attendez-moi.	*Espereme vm.*
N'allez pas si vîte.	*No ande vm. tan de prisa.*
Vous allez trop vîte.	*Vm. anda con demasiada prisa.*
Otez-vous de là.	*Quitese vm. de ahí.*
Je suis bien ici.	*Estoy bien aqui.*
Ne m'approchez pas.	*No me llegue vm.*
Laissez cela.	*Deje vm. eso.*

Ne prenez pas la peine.	*No se canse vm.*
Ouvrez la porte.	*Abra vm. la puerta.*
Venez par ici.	*Venga vm. por aqui.*
Allez par là.	*Venga vm. por allá.*
Passez par ici.	*Pase vm. por aqui.*
Il vaut mieux que nous allions par là.	*Mas vale que vayamos por allá.*
C'est le plus court.	*Es mas breve.*
C'est le plus long.	*Es mas largo.*
Traversons cette rue.	*Atravesemos esta calle.*
Qui cherchez-vous ?	*¿ A quién busca vm. ?*
Savez-vous où demeure N..?	*¿ Sabe vm. donde vive N...?*
En tournant la rue, la première porte, au premier.	*Al volver la calle, la primera puerta, cuarto principal.*
Il n'est pas chez lui.	*No está en casa.*
Enseignez-moi le chemin de.	*Enseñeme vm. el camino de.*
Je suis nouvellement arrivé.	*Soy recienvenido.*
Prenez par la rue de... et la seconde à main gauche, toujours tout droit.	*Tome vm. por la calle de... y la segunda á mano izquerida, todo seguido.*
Il n'y a pas à se tromper.	*No hay donde errar.*
Voulez-vous que je vous accompagne ?	*¿ Quiere vm. que le acompañe ?*
Vous me ferez beaucoup de plaisir.	*Me hará vm. mucho favor.*
Passez le premier.	*Pase vm. primero.*
Allons, Monsieur, point de compliments.	*Vamos, Señor, sin cumplimientos.*
Je ne fais point de façons.	*Yo no gasto cumplimientos.*
Je suis fatigué.	*Estoy cansado.*
Je ne peux plus marcher.	*No puedo andar mas.*
Reposons-nous un peu.	*Descansemos un poco.*
Voulez-vous prendre quelque chose.	*¿ Quiere vm. tomar algo ?*

Ne voulez-vous pas vous rafraîchir ?	*¿ No quiere vm. beber ?*
Je viens de me rafraîchir au logis.	*Acabo de beber en mi casa.*
Je vous remercie.	*Agradezco el favor de vm.*
Votre serviteur de tout mon cœur.	*Vaya vm. muy enhorabuena.*
Les rues sont fort sales.	*Las calles estan muy sucias.*
Il y a beaucoup de boue.	*Hay mucho lodo.*
Il faut aller sur la pointe du pied.	*Es menester andar de puntillas.*
J'ai glissé.	*Yo he resbalado.*
J'ai pensé tomber.	*Por poco me caigo.*
Prenez garde de tomber.	*Cuidado no caer.*

IV. — En se levant.

Qui frappe à la porte de si bon matin ?	*¿ Quién llama á la puerta tan de mañana ?*
Qui est là ?	*¿ Quién está ahi ?*
Ouvrez la porte.	*Abra vm. la puerta.*
Elle n'est point fermée à clé.	*No está cerrada con llave.*
La clé est dans la serrure, levez le loquet.	*La llave está en la cerradura, levante vm. el picaporte.*
Comment, vous êtes encore au lit ?	*¿ Cómo, todavia está vm. en cama ?*
Vous dormez encore ?	*¿ Aun está vm. durmiendo ?*
Vous n'êtes pas encore éveillé ?	*¿ Todavia no está vm. despierto ?*
Il est temps de se lever.	*Ya es hora de levantarse.*
Il fait grand jour.	*Es muy de dia.*
Quelle heure est-il ?	*¿ Qué hora es ?*
Il est sept heures.	*Son las siete.*
L'heure vient de sonner.	*Acaba de dar la hora.*

Je ne savais pas l'heure qu'il était.	*No sabia que hora era.*
J'ai oublié de monter ma montre hier au soir, et elle s'est arrêtée à cinq heures et demie.	*Olvidé anoche dar cuerda á mi relox, y se ha parado á las cinco y media.*
Ordinairement je ne suis pas si paresseux.	*No soy por lo comun tan perezoso.*
Il paraît que vous avez été matinal.	*Parece que ha madrugado vm.*
Il est vrai que je suis sorti aujourd'hui de meilleure heure que de coutume.	*Es verdad que he salido hoy mas temprano que lo acostumbrado.*
Il n'y a pas demi-heure que je suis hors du lit.	*No ha media hora que estoy levantado.*
Je n'ai eu que le temps de m'habiller, et d'accourir pour pouvoir vous rencontrer, car on vous trouve difficilement dans la journée.	*Solo he tenido el tiempo preciso para vestirme, y venir á ver á vm., pues con dificultad se le halla durante el dia.*
J'ai mal dormi toute la nuit.	*Toda la noche he dormido mal.*
Je n'ai pas fermé l'œil.	*No he pegado los ojos.*
Je me suis couché fort tard.	*Me acosté muy tarde.*
Il était une heure moins un quart.	*Era la una menos cuarto.*
Je dormais d'un profond sommeil quand vous êtes arrivé.	*Cuando vm. llegó, estaba durmiendo profundamente.*
J'ai de la peine à quitter le lit.	*Me cuesta trabajo dejar la cama.*
Quel temps fait-il ?	*¿ Qué tiempo hace ?*

Il fait beau.	*Hace buen tiempo.*
Le soleil paraît.	*Hace sol.*
Fait-il chaud ?	*¿ Hace calor ?*
Fait-il froid ?	*¿ Hace frio ?*
Il fait très-doux.	*El tiempo está suavísimo.*
Il ne fait point de vent.	*No hace aire.*
Donnez-vous la peine de passer dans mon cabinet.	*Tomese vm. la molestia de pasar á mi gabinete.*
Je vais me lever, et nous irons ensemble respirer l'air du matin, si cela vous fait plaisir.	*Voy á levantarme, é irémos juntos á tomar el aire de la mañana si vm. gusta.*
Très-volontiers, rien n'est plus agréable que la promenade dans cette saison.	*Con muchísimo gusto, porque no hay cosa mas gustosa que el paseo en esta temporada.*
Je serai bientôt prêt ; en attendant, vous pourrez prendre un livre dans ma bibliothèque, et vous amuser à lire pour éviter l'ennui.	*Bien pronto estoy dispuesto ; en el interin puede vm. tomar un libro de mi libreria, y recrearse en leer para no fastidiarse.*

V. — Pour savoir, connaitre, ouir, écouter.

Ecoutez, Monsieur.	*Oiga vm., caballero.*
Un mot.	*Una palabra.*
Que souhaitez-vous ?	*¿ Qué se ofrece ?*
Je veux vous parler.	*Quiero hablar con vm.*
J'ai un mot à vous dire.	*Tengo que decir á vm. una palabra.*
Ayez la bonté de m'entendre.	*Sirvase vm. oirme.*
Savez-vous que ?....	*¿ Sabe vm. que ?..*
Je ne le sais pas.	*Yo no lo sé.*

Je n'en ai rien entendu dire.	*Yo no he oido nada de eso.*
Je le savais avant vous.	*Yo lo sabia ántes que vm.*
Le connaissez-vous ?	*¿ Le conoce vm. ?*
Je ne le connais pas	*No le conozco.*
Je ne sais qui il est.	*No sé quien es.*
Que dites-vous ?	*¿ Qué dice vm. ?*
Je ne vous entends point.	*No entiendo á vm.*
Vous ne m'écoutez pas.	*Vm. no me escucha.*
Savez-vous qui est ce Monsieur ?	*¿ Sabe vm. quien es este Caballero ?*
Je l'ai connu à Paris.	*Le he conocido en Paris.*
Nous sommes amis depuis long-temps.	*Somos antiguos amigos.*
Où l'avez-vous connu ?	*¿ Donde le conoció vm. ?*
Je le connais de vue.	*Le conozco de vista.*
Pour l'avoir vu quelque part.	*Por haberle visto en algun parage.*
Je ne me souviens pas de son nom.	*No me acuerdo como se llama.*
Il m'honore de sa protection.	*Me favorece con su proteccion.*
Vous souvenez-vous de ce dont je vous ai chargé ?	*¿ Se acuerda vm. de lo que le he encargado ?*
Je ne m'en souviens pas.	*No me acuerdo.*
Je ne me le rappelle pas.	*Se me ha pasado por alto.*
Qu'est-ce que cela veut dire?	*¿ Qué quiere decir eso ?*
A quoi cela sert-il ?	*¿ De qué sirve eso ?*
Qu'est-ce que c'est ?	*¿Qué es eso ?*

VI. — Pour diner.

Je suis charmé de ce que vous êtes venu dans ce moment voilà l'heure du dîner.	*Celebro haya vm. venido en este momento, en que es la hora de comer.*
Si vous n'avez pas d'invi-	*Si no está vm. hoy convi-*

tation pour aujourd'hui, faites-moi, je vous prie, l'honneur d'accepter mon dîner.	*dado, le ruego me haga el obsequio de admitir mi comida.*
Vous êtes bien bon, je l'accepterais volontiers; mais ma toilette ne me le permet pas.	*Aprecióselo á vm. infinito, con gusto la admitiria pero mi trage no me lo permite.*
Que cela ne soit pas un obstacle, nous ne serons que nous deux : ma femme et ma fille sont à la campagne, je vous invite sans cérémonie, ce n'est que pour avoir le plaisir d'être plus long-temps ensemble.	*Que eso no sirva de obstáculo, pues estarémos los dos solos ; mi parienta é hija estan de campo, le convido á vm. sin cumplimiento, no tengo mas objeto de que estémos juntos mas largo tiempo.*
Dans ce cas, je consens de tout mon cœur à vous tenir compagnie, à condition que vous ne changerez rien à votre ordinaire.	*Pues, siendo asi, me avengo de muy buena gana á acompañar á vm., con tal que no altere nada á lo de costumbre.*
Je vous assure que vous serez obéi.	*Le aseguro á vm. que se hará lo que desea.*
Nous allons passer dans la salle à manger, le dîner est servi.	*Vamos á pasar al comedor, la comida está en la mesa.*
Garçon, apporte un couvert, une serviette, un couteau, une cuiller, une fourchette, une assiette et un verre.	*Muchacho, trae un cubierto, una servilleta, cuchillo, cuchara, tenedor, plato y vaso.*
Donnez-vous la peine de vous asseoir, ce siége vous est destiné.	*Sirvase vm. sentarse, esta silla está destinada para vm.*

Qu'aimez-vous le mieux, le potage au riz, ou la soupe grasse avec des légumes ?	*¿ De qué gusta vm. mas, de la sopa de arroz, ó de la de carne con legumbres ?*
Cela m'est indifférent, je vous demanderai de la soupe avec peu de légumes.	*Todo ello me es indiferente, déme vm. sopa con pocas legumbres.*
Cette soupe est excellente.	*La sopa está famosa.*
Garçon, ce verre est mal rincé, apportez-en un autre, avec un tire-bouchon pour déboucher la bouteille.	*Muchacho, este vaso está mal enjuagado, trae otro con un tirabuzon para destapar la botella.*
De quel vin puis-je vous offrir ? Voilà du Bourgogne et du Bordeaux.	*¿ De qué vino echaré á vm.? Aquí le hay de Borgoña y de Burdeos.*
Le choix est embarrassant ; je crois que le vin de Bourgogne est préférable au commencement du repas.	*La eleccion es embarazosa ; pero creo que se debe preferir el vino de Borgoña al principio de las comidas.*
Voilà un bouilli de belle apparence.	*Este es un cocido que tiene buena traza.*
Je vais vous en découper une tranche.	*Voy á partirle á vm. una tajada.*
Garçon, donne du pain à Monsieur.	*Muchacho, da pan á este Caballero.*
Qu'aimez-vous mieux, du pain tendre ou du pain rassis.	*¿ Que le gusta á vm. mas, el pan tierno ó el sentado ?*
Je mangerai du pain rassis ; comme je mange plus facilement la mie que la	*Comeré pan sentado ; como mas fácilmente la miga que la corteza, y temo no*

croûte, je craindrais que le pain tendre, surtout s'il est chaud, ne me fît mal.	*me haga mal el tierno especialmente si está caliente.*
Vous ne buvez pas; je veux avoir le plaisir de vous verser à boire.	*Vm. no bebe; quiero tener la satisfaccion de echarle á vm. de beber.*
Arrêtez, je vous prie; vous m'avez versé du vin à plein verre, je vais en répandre sur la nappe.	*Detengase vm., se lo ruego, pues me ha echado el vaso lleno de vino, y voy á verterle sobre el mantel.*
Garçon, apporte le rôti et la salade.	*Muchacho, trae el asado y la ensalada.*
Je vais me charger d'assaisonner la salade, pendant que vous allez découper cette poularde.	*Voy á tomar por mi cuenta el sazonar la ensalada, miéntras que vm. trincha esta polla.*
Voici le sel, le poivre, le vinaigre et l'huile.	*Aqui está la sal, pimienta, vinagre y aceite.*
Ne vous donnez pas la peine de la tourner, c'est l'affaire du garçon.	*No se tome vm. la molestia de revolverla, eso toca al muchacho.*
Je vais vous servir une aile, à moins que vous ne préfériez la cuisse ou tout autre morceau.	*Voy á servirle á vm. una pechuga, á no ser que prefiera la pierna ó cualquiera otro pedazo.*
Je vous remercie.	*Le doy á vm. las gracias.*
Cette poularde est délicieuse, j'y retourne avec plaisir.	*Esta polla está muy sabrosa, vuelvo con gusto á ella.*
Prenez de la salade.	*Tome vm. ensalada.*
Je vous suis infiniment obligé, je ne mangerai pas davantage.	*Se lo estimo á vm. infinito, no comeré mas.*

Vous ne mangez pas; en vérité, je suis confus de vous avoir offert un si mauvais repas.	*Vm. no come; estoy verdaderamente corrido de haberle ofrecido tan mala comida.*
Pardonnez-moi; j'ai beaucoup mangé, beaucoup plus que je n'aurais dû faire, ayant déjeûné à la fourchette, et plus tard qu'à l'ordinaire : je vous assure que je ne pourrai pas souper.	*¿ Qué es lo que vm. dice? he comido mucho, y aun mas de lo que hubiera debido, por haber almorzado bien y mas tarde que lo acostumbrado; le aseguro á vm. que no podré cenar.*
Vous voyez que je vous ai tenu parole, et que je n'ai rien ajouté à mon ordinaire.	*Ya vé vm. que he cumplido mi palabra, y que nada he añadido á lo de costumbre.*
Je n'aime pas la grande variété des mets; je m'inquiète peu qu'un repas ait un premier, un second service, des ragoûts de toute espèce, des entrées, des entremets.	*No me gusta la gran variedad de manjares, y se me da poco cuidado que una comida tenga primera y segunda entrada, guisados de todo género, principios é intermedios.*
Un repas simple excite bien plus l'appétit.	*Una comida sencilla abre mucho mejor el apetito.*
Je vous réponds qu'il y a long-temps que je n'ai dîné avec autant d'appétit.	*Le aseguro á vm. que hace mucho tiempo que no he comido con tanta gana.*
Je vais donc faire servir le dessert.	*Voy pues á decir que traigan los postres.*
Prenez ce qui vous plaira, des poires, des pommes, des petits gâteaux.	*Tome vm. lo que le agrade, peras, manzanas, vizcochos.*

Je vais vous faire goûter du vin de Madère, que j'ai acheté ces jours derniers.	*Voy á hacer probar á vm. vino de Madera que he comprado estos últimos dias.*
Je bois à votre santé.	*Brindo á la salud de vm.*
Je vous rends la pareille.	*Otro tanto hago á vm.*
Ce vin est délicieux.	*Es muy exquisito este vino.*
Levons-nous de table.	*Levantemonos de la mesa.*

VII. — DE LA PROMENADE.

Voici une belle journée.	*Hoy tenemos un buen dia.*
Le temps clair et serein nous invite à la promenade.	*El tiempo claro y sereno nos convida á pasear.*
Allons prendre l'air.	*Vamos á tomar el aire.*
Allons faire un tour.	*Vamos á dar una vuelta.*
Allons nous promener dans le parc; de là, si l'eau est calme, nous passerons la rivière, et nous irons dans les prairies qui sont sur la rive opposée.	*Vamos á pasearnos en el bosque, desde donde, si el agua está en calma, pasarémos el rio, é irémos á las praderas que hay á la orilla opuesta.*
Votre parc est bien planté et bien percé.	*Su bosque de vm. está bien plantado y abierto.*
Les arbres sont bien venus; ils forment un berceau impénétrable aux rayons du soleil.	*Los árboles se han criado bien, y forman una bóveda impenetrable á los rayos del sol.*
Nous sommes au bord de la rivière.	*Estamos en la orilla del rio.*
Reposons-nous ici sur ce banc de pierre.	*Descansemos aqui en este asiento de piedra.*
Je suis déjà las.	*Ya estoy cansado.*
Je marche difficilement.	*Ando con mucho trabajo.*
On respire un air embaumé.	*Siente uno al respirar una fragancia.*

Les buissons d'aubépine en fleur répandent une odeur très-suave.	*Los chaparros del espino blanco florido esparcen olor suavisimo.*
On sent aussi l'acacia.	*Tambien se percibe el olor de acacia.*
Quel bel effet produisent les rayons du soleil couchant sur tout le paysage !	*Al ponerse el sol, ¡ cuan hermosa vista producen sus rayos en todo el pais !*
Le rossignol commence à se faire entendre.	*El ruiseñor empieza á dejarse oir.*
Traversons la rivière.	*Atravesemos el rio.*
Nous sommes dans la prairie, quelle belle verdure !	*Ya estamos en la pradera, ¡ que hermoso verdor !*
L'œil se plaît à errer sur ces prés émaillés de fleurs.	*La vista se complace en echarse á vaguear sobre estos prados esmaltados de flores.*
Voyez plus loin ces champs ensemencés et ces vignes.	*Mas léjos vea vm. aquellos sembrados y viñas.*
Les blés ont une belle apparence.	*Los trigos tienen buena muestra.*
Il y a lieu d'espérer que la récolte sera belle.	*Es de esperar que la cosecha sea buena.*
Quittons la prairie, il y régne une trop grande humidité.	*Dejemos la pradera, pues hay en ella muchisima humedad.*
Repassons la rivière, nous terminerons la promenade en visitant le verger, le potager et le parterre.	*Volvamos á pasar el rio, terminarémos el paseo visitando el vergel, la huerta y el cuadro de flores.*
Vos arbres fruitiers ont une belle préparation.	*Los frutales de vm. tienen hermosa disposicion.*
Les fruits sont déjà noués.	*Ya está cuajado el fruto.*

Vos légumes ont besoin d'être arrosés.	*Sus legumbres de vm. necesitan de riego.*
N'allez pas si vîte.	*No vaya vm. tan de prisa.*
Allez plus lentement.	*Vaya vm. con mas lentitud.*
Examinons un peu la beauté de ce parterre.	*Examinemos un poco la hermosura de este cuadro de flores.*
Voyez quelle est la fraîcheur de cette rose nouvellement épanouie.	*Vea vm. que frescura la de esta rosa que acaba de abrirse.*
Cueillons-la.	*Cojamosla.*
Ce serait dommage de la cueillir, elle ne tarderait pas à se flétrir.	*Es lástima cojerla, pues no tardaria en marchitarse.*
Respectez la reine des fleurs.	*Respete vm. la reina de las flores.*
Je voudrais pourtant bien vous donner un bouquet.	*Yo tendria sin embargo mucho gusto en dar á vm. un ramillete.*
Prenez du jasmin, du chèvrefeuille et des tulipes.	*Coja vm. jazmin, madreselva y tulipanes.*
Vous en avez en quantité, vous pouvez choisir.	*De todo eso hay abundancia, puede vm. escoger.*
Que dites-vous de ce jardin?	*¿ Que le parece á vm. este jardin?*
Il est bien tenu, et fait honneur à votre goût.	*Está muy bien cuidado, y prueba su buen gusto de vm.*
Vous y avez rassemblé une variété étonnante de plantes, tant indigènes qu'étrangères.	*Ha reunido vm. aquí una variedad asombrosa de plantas, tanto indigenas como exóticas.*
Ce n'est rien : je vous menerai demain dans mes ser-	*Esto no es nada; mañana le llevaré á vm. á mis in-*

res chaudes, et vous verrez ce que peut produire l'art du jardinier.	*vernaderos, y verá lo que el arte del jardinero puede producir.*

VIII. DU TEMPS.

Quel temps fait-il ?	*¿ Que tiempo hace ?*
Il fait beau temps.	*Hace buen tiempo.*
Il fait mauvais temps.	*Hace mal tiempo.*
Il y a apparence de beau temps.	*Hay apariencia de buen tiempo.*
Nous aurons aujourd'hui une belle journée.	*Hoy tendrémos buen dia.*
Il fait le plus beau temps du monde.	*Hace un dia muy hermoso.*
Le temps est couvert.	*Está nublado.*
Nous avons besoin de beau temps.	*Necesitamos buen tiempo.*
La campagne a besoin d'eau.	*El campo quiere agua.*
Le temps se couvre.	*Se va nublando el tiempo.*
Il y a du brouillard.	*Hay niebla.*
Il pleut. Il ne pleut pas.	*Llueve. No llueve.*
Il va pleuvoir.	*Está para llover.*
Il ne pleut plus.	*Ya no llueve.*
Il pleuvra toute la journée.	*Lloverá todo el dia.*
Il pleut à verse.	*Llueve á cántaros.*
Mettons-nous à l'abri.	*Pongamonos al abrigo.*
Restez ici jusqu'à ce que la pluie passe.	*Quedese vm. aqui hasta que pase el agua.*
Ce sera bientôt passé ; c'est une averse.	*Luego pasará ; es un chaparron.*
Je suis tout mouillé.	*Estoy todo mojado.*
Je suis trempé comme une soupe.	*Estoy hecho una sopa.*

Mon habit est perdu.	*Se me ha echado á perder la casaca.*
Il neige.	*Está nevando.*
Il grêle. Il tombe de la grêle.	*Graniza. Cae granizo.*
La neige se fond.	*La nieve se deshace.*
Il gèle.	*Está helando.*
Il dégèle.	*Está deshelando.*
Il a gelé blanc cette nuit.	*Ha caido una helada esta noche.*
Les matinées sont froides.	*Las mañanas son frias.*
Il fait soleil.	*Hace sol.*
Il fait de l'air.	*Hace aire.*
Il fait chaud.	*Hace calor.*
Il fait un temps étouffant.	*Hace bochorno.*
Je ne puis supporter cette chaleur.	*No puedo aguantar el calor que hace.*
Je meurs de chaud.	*Me muero de calor.*
Je sue.	*Estoy sudando.*
Je suis tout en eau.	*Estoy hecho una agua.*
Allons nous baigner.	*Vamos á bañarnos.*
Savez-vous nager ?	*¿ Sabe vm. nadar ?*
Il tonne.	*Truena.*
Il fait des éclairs.	*Relampaguea.*
Regardez les éclairs.	*Mire vm. los relámpagos.*
J'ai peur du tonnerre.	*Tengo miedo á los truenos.*
Le tonnerre est tombé.	*Ha caido un rayo.*
Le temps se remet.	*Se asienta el tiempo.*
Nous aurons encore de l'eau.	*Todavia tendrémos agua.*
N'en croyez rien.	*No lo crea vm.*
Regardez la girouette.	*Mire vm. la veleta.*
Le vent est changé.	*Se ha mudado el aire.*
Il est jour ; il est nuit.	*Es de dia ; es de noche.*
Il commence déjà à faire jour.	*Amanece ya.*
Il commence déjà à faire nuit.	*Ya anochece.*

Le soleil se lève.	*El sol sale.*
Le soleil se couche.	*El sol se pone.*
Le ciel est étoilé.	*El cielo está estrellado.*
Il fait clair de lune.	*Hace luna.*

IX. — De l'heure.

Quelle heure est-il ?	*¿ Que hora es ?*
Savez-vous l'heure qu'il est?	*¿ Sabe vm. que hora es?*
Il est une heure.	*Es la una.*
Il n'est qu'une heure et demie.	*No es mas que la una y media.*
Il est deux heures moins un quart.	*Son las dos menos cuarto.*
Il s'en va deux heures.	*Las dos estan al caer.*
Trois heures vont sonner.	*Van á dar las tres.*
Il est près de quatre heures.	*Son cerca de las cuatro.*
Cinq heures viennent de sonner.	*Acaban de dar las cinco.*
Il est environ six heures.	*Son las seis poco mas ó menos.*
Il s'en faut de quelques minutes.	*Faltan algunos minutos.*
Il est sept heures sonnées.	*Son las siete dadas.*
Il est huit heures passées.	*Son las ocho muy dadas.*
Il est plus de neuf heures.	*Son mas de las nueve.*
Il est dix heures précises.	*Son las diez en punto.*
Onze heures sonnent.	*Las once estan dando.*
Il est midi.	*Son las doce.*
L'heure va sonner.	*La hora va á dar.*
Trois heures sont sonnées.	*Han dado las tres.*
On n'entend ici aucun horloge.	*Aqui no se oye ningun relox.*
Je n'ai pas entendu sonner l'heure.	*No he oido dar la hora.*

Quelle est l'heure qui sonne?	*¿ Que hora está dando ?*
C'est minuit.	*Son las doce.*
Il est temps de se retirer.	*Ya es hora de recogerse.*
Quelle heure avez-vous ?	*¿ Que hora trae vm. ?*
Regardez votre montre.	*Mire vm. su relox.*
Elle ne va pas.	*No anda.*
Elle est arrêtée.	*Está parado.*
Elle avance.	*Se andelanta.*
Elle retarde.	*Se atrasa.*
Ma montre est dérangée.	*Mi relox está descompuesto.*
Il y a dedans quelque chose de cassé.	*Tiene adentro alguna cosa rota.*
Cette montre paraît excellente.	*Este relox parece muy bueno.*
J'ai acheté une pendule.	*He comprado un relox de sobremesa.*
Elle n'est pas montée.	*No tiene cuerda.*
Montez-la.	*Déle vm. cuerda.*
Réglez-la.	*Arreglele vm.*
Il y a ici un cadran solaire qui est fort estimé.	*Aqui hay un relox de sol de mucha fama.*

X. — Pour écrire et envoyer une lettre.

C'est aujourd'hui jour de courrier.	*Hoy es dia de correo.*
J'ai une lettre à écrire.	*Tengo que escribir una carta.*
J'ai beaucoup de lettres à ecrire aujourd'hui.	*Tengo hoy un correo muy largo.*
A qui écrivez-vous ?	*¿ A quien escribe vm. ?*
Je vais répondre à....	*Voy á responder á....*
Le facteur a-t-il apporté les lettres ?	*¿ Ha traido las cartas el cartero ?*

J'attendais une lettre de...	*Esperaba una carta de....*
Ce n'est pas celle-là.	*No es aquella.*
Voyez si c'est celle-ci.	*Vea vm. si es esa.*
C'est pour moi, mais je ne connais pas l'écriture.	*Para mi es, pero no conozco la letra.*
Cette lettre est arriérée.	*Esta carta es atrasada.*
Elle sera restée à la poste.	*Se habrá quedado en el correo.*
Quel jour part le courrier ?	*¿ Que dia marcha el correo ?*
Apporte-moi l'encrier.	*Traeme el tintero.*
Mets-y de l'encre.	*Echale tinta.*
Ces plumes ne valent rien.	*Estas plumas no valen nada.*
Où est le canif ?	*¿ En donde está el cortaplumas ?*
Cette plume est bonne, elle va bien.	*Esta pluma es buena, corre bien.*
Elle ne peut marquer.	*No puede señalar.*
Elle n'est pas assez fendue.	*No está bastante abierta.*
Taillez-moi quelques plumes.	*Corteme vm. algunas plumas.*
Pendant que je finis cette lettre, fais-moi le plaisir de cacheter ce paquet.	*Miéntras acabo esta carta, hazme el gusto de cerrar este pliego.*
Quel cachet voulez-vous que j'y mette ?	*¿ Que sello quiere vm. que ponga ?*
Mets-y le tien.	*Pon el tuyo.*
Ce paquet est pour mon cousin.	*Este pliego es para mi primo.*
Il faut affranchir les lettres qu'on envoie au docteur.	*Es menester pagar el porte de las cartas que se envian al doctor.*
Avez-vous mis la date ?	*¿ Ha puesto vm. la fecha ?*
Cette lettre n'est pas datée.	*Esta carta no tiene fecha.*

Je n'ai pas signé.	*No he firmado.*
Je ne puis pas lire cette signature.	*No puedo leer esta firma.*
Quel est le quantième du mois ?	*¿ A cuantos estamos del mes ?*
Le deux, le trois, le quatre, etc.	*A dos, á tres, á cuatro, etc.*
Pliez cette lettre.	*Doble vm. esta carta.*
Mettez-y l'adresse.	*Ponga vm. el sobrescrito.*
Comment fera-t-on tenir cette lettre ?	*¿ Como se dirigirá esta carta.*
Par la poste.	*Por el correo.*
Par le commissionaire de l'endroit.	*Por el ordinario del lugar.*
Le courrier est-il arrivé ?	*¿ Ha llegado el correo ?*
On commence déjà à distribuer les lettres.	*Ya empiezan á dar cartas.*
Ya-t-il des lettres pour moi?	*¿ Hay cartas para mi ?*
Allez porter ces lettres à la poste.	*Vaya vm. á llevar estas cartas al correo.*

XI. — Du jeu.

A quoi passerons-nous la soirée.	*¿ En que pasarémos la noche ?*
Que ferons-nous ?	*¿ Que harémos ?*
Jouons aux dames.	*Juguemos á las damas.*
Je ne sais pas bien le jeu.	*No sé bien ese juego.*
Ni moi non plus.	*Ni yo tampoco.*
Vous badinez ; vous êtes accoutumé à jouer.	*Vm. se chancea ; vm. está acostumbrado á jugar.*
Cela est vrai, mais toujours fort mal.	*Es cierto, pero siempre le he hecho muy mal.*
Où est le damier?	*¿ En donde está el tablero.*
Je vais l'aller chercher.	*Voy á buscarlo.*

Voyons, arrangez les pions.	*Veamos, coloque vm. los peones.*
Prenez-vous les blancs ?	*¿ Toma vm. las blancas ?*
Cela m'est tout-à-fait indifférent.	*Eso me es absolutamente indiferente.*
Je prendrai donc les noirs.	*Pues tomaré las negras.*
Prenez, il y en a un qui manque.	*Tome vm., falta una.*
Laissez une place vide dans un coin.	*Deje vm. vacia una casilla de los rincones.*
Le premier pion que je prendrai, je vous le donnerai.	*Le daré á vm. el primer peon que pierda.*
Ah çà ! qui est-ce qui commence ?	*¡ Vaya ! ¿ quien empieza ?*
Commencez, s'il vous plaît.	*Empiece vm., si gusta.*
Non, j'aime mieux que vous commenciez.	*No, me gusta mas que vm. empiece.*
Il n'y a pas d'avantage, ni d'un côté, ni de l'autre.	*En esto no hay ventaja para uno ni para otro.*
Je commencerai donc.	*Empezaré pues.*
Prenez.	*Coma vm.*
Et moi j'en prendrai deux.	*Y yo comeré dos.*
Vous pouvez à présent remplacer le pion qui manquait.	*Ahora puede vm. poner el peon que le faltaba.*
Le voilà.	*Tomelo vm.*
Je perdrai certainement la partie cette fois-ci.	*Perderé ciertamente esta partida.*
Votre jeu n'est pas mauvais.	*Su juego de vm. no está malo.*
Je n'en ai qu'un de plus que vous.	*No tengo sino uno mas que vm.*
Mes pions sont trop épars.	*Mis peones estan muy desparramados.*

J'en prends encore deux.	*Como ahora otros dos.*
Vous le faites exprès.	*Vm. lo hace á propósito.*
Non, en vérité, je joue le mieux que je puis.	*No por cierto, juego lo mejor que puedo.*
Je souffle ce pion.	*Soplo este peon.*
Vous voyez que vous n'avez pas encore perdu.	*Ya vé vm. que no ha perdido todavia.*
A quoi cela me sert-il? vous avez deux dames de plus que moi.	*¿ De que me sirve eso? vm. tiene dos damas mas que yo.*
A présent je crois que vous avez perdu.	*Ahora si, creo que vm. ha perdido.*
J'en prends trois, et vais à dame.	*Como tres, y entro dama.*
Damez ce pion.	*Corone vm. ese peon.*
Commençons une autre partie.	*Empecemos otra partida.*
Finissons celle-ci.	*Acabemos esta.*
Je me rends.	*Me rindo.*
Vous ne faites pas assez attention.	*Vm. no pone bastante cuidado.*
Je ferai un peu plus attention.	*Pondré un poquito mas de atencion.*
Je joue là.	*Juego aqui.*
Et moi ici.	*Y yo aqui.*
Fort bien.	*Muy bien.*
Vous n'en prendrez pas deux cette fois-ci.	*Esta vez no comerá vm. dos.*
Vous réfléchissez longtemps, jouez donc.	*Vm. lo piensa mucho, juegue vm. pues.*
J'ai joué.	*He jugado.*
Je n'y ai pris garde.	*Me descuidé.*
Voyons, il me semble que j'irai à dame. — Oui. —	*Vamos, me parece que meteré dama. —Si. —Coma*

Prenez.— Prenez encore. — En voilà trois. — Damez.	*vm. — Coma vm. otra. — Como tres. — Corone vm.*
J'ai encore perdu.	*He perdido tambien.*
Vous n'irez pas à dame.	*No meterá vm. dama.*
Je ne pense pas.	*Yo no lo pienso.*
Je ne saurais jouer avec vous ; vous jouez beaucoup mieux que moi.	*No puedo jugar con vm. ; juega vm. mucho mas que yo.*
C'est que vous ne réfléchissez pas assez.	*Es que vm. no pone bastante cuidado.*
C'est un jeu qui demande beaucoup de réflexion.	*Este es un juego que pide mucha reflexion.*
Surtout quand on ne sait pas bien le jeu, et c'est ce qui m'arrive.	*Especialmente cuando no se conoce bien el juego, que es lo que á mi me sucede.*
Commençons une troisième partie.	*Empecemos la tercera partida.*
Non, je ne suis pas capable de jouer avec vous.	*No, no soy capaz de jugar con vm.*
Si vous voulez, nous ferons une partie aux cartes.	*Armarémos una partida á los naipes, si vm. gusta.*
Comme il vous plaira.	*Como vm. mande.*
Garçon, donne-nous un jeu de cartes.	*Muchacho, saca una baraja.*
A combien le point, le jeton ?	*¿ A cuanto el tanto ?*
Un demi-réal.	*A medio real.*
C'est beaucoup.	*Es mucho.*
C'est à vous à faire.	*A vm. le toca dar.*
Je suis premier, j'ai la main.	*Soy mano.*
Le jeu est-il entier ?	*¿ Está la baraja entera ?*
Coupez, Madame.	*Alce vm., Señora.*

Quel est l'atout ?	*¿ Que es triunfo ?*
Le roi de trèfle.	*El rey de bastos.*
Marquez trois points.	*Señale vm. tres tantos.*
Voilà un bon commencement.	*Eso es empezar bien.*
Quel mauvais jeu !	*¡ Que juego tan malo tengo!*
Pas un atout !	*¡ Ni un triunfo !*
Je ne ferai pas une levée.	*No haré una baza.*
A qui est-ce à jouer ?	*¿ A quien toca jugar ?*
C'est à Madame.	*A la Señora.*
L'as de cœur.	*El as de copas.*
Je coupe.	*Fallo.*
Je n'ai que d'une couleur.	*No tengo mas que un palo.*
Atout.	*Triunfo.*
Je n'en ai pas. J'en ai.	*No tengo ; tengo.*
Vous n'avez pas fourni à carreau.	*Vm. no ha servido á oros.*
Nous avons une renonce.	*Tenemos renuncio.*
Examinez la levée.	*Mire vm. bien la baza.*
Tout le monde a fourni excepté vous.	*Todos sirviéron ménos vm.*
C'est vrai, je ne l'avais pas vu.	*Es verdad, yo no lo habia visto.*
Je suis bien malheureux.	*Soy muy desgraciado.*
Je perds toujours.	*Siempre pierdo.*
Nous devons.	*Debemos.*
Refaites, rebattez.	*Vuelva vm. á dar.*
Cette fois-ci j'ai un grand jeu.	*Esta vez tengo gran juego.*
On ne parle pas en jouant.	*En el juego no se habla.*
Mon cher, vous ne savez pas jouer.	*Vm. no sabe jugar, amigo.*
Ne trichez pas.	*No haga vm. trampas.*
Ne regardez pas mon jeu.	*No mire vm. mis naipes.*
Cachez votre jeu.	*Tape vm. sus cartas.*

Faites attention aux cartes qui passent.	*Atienda vm. á las cartas que salen.*
Nous avons gagné.	*Hemos ganado.*
Messieurs, nous sommes quittes.	*Señores, estamos en paz.*
Je ne veux pas jouer davantage.	*No quiero jugar mas.*
J'ai la tête échauffée.	*Tengo muy caliente la cabeza.*
Je m'échauffe trop en jouant.	*Me acaloro demasiado en el juego.*
Vous ne joueriez pas mal si vous vouliez faire attention.	*Vm. no jugaria mal, si pusiera cuidado.*
Une autre fois nous jouerons davantage.	*Otra vez jugarémos mas.*
Il n'y a pas eu grand'perte.	*No hubo mucha pérdida.*
Cela vaut mieux ainsi.	*Mas vale asi.*

XII. — De la comédie.

On donne aujourd'hui une très-bonne pièce.	*Hoy representan una comedia muy buena.*
Quel titre a-t-elle ?	*¿ Que titulo tiene ?*
L'Enfant prodigue.	*El Hijo pródigo.*
Je la vis hier.	*Ayer la vi.*
Et moi aussi.	*Yo tambien.*
Où étiez-vous ?	*¿ En donde estaba vm. ?*
Au parterre.	*En el patio.*
Moi, j'étais au parquet.	*Yo en la luneta.*
Je crus que vous étiez dans quelque loge.	*Crei que estaba vm. en algun palco.*
Que dites-vous du théâtre ?	*¿ Que dice vm. del teatro ?*
Celui de l'autre salle de	*Me parece mayor en el otro*

spectacle me semble plus grand.	*corral.*
Ici les décorations sont excellentes.	*Las decoraciones aqui son muy primorosas.*
Cette troupe a de bons acteurs.	*Buenos papeles tiene esta compañia.*
La soubrette est fort bonne.	*La graciosa es muy buena.*
Le valet est inimitable.	*El gracioso es inimitable.*
Celui qui fait les rôles à manteau a un jeu unique.	*El barba representa de lo único que hay.*
Que pensez-vous du jeune premier ?	*¿ Que le parece á vm. del primer galan ?*
Son jeu me plaît infiniment.	*Me gusta mucho su modo de representar.*
Je suis un des partisans de l'actrice qui fait les premiers rôles.	*Yo soy uno de los apasionados de la primera dama.*
Vous avez raison ; la nature l'a douée de grands talents.	*Tiene vm. razon ; la naturaleza la ha dotado de grandes talentos.*
La musique aussi est supérieure.	*La música tambien es muy sobresaliente.*
Cette comédie peut se vanter d'avoir un violon excellent.	*Este teatro puede vanagloriarse que tiene un violinista excelente.*
Oui, Monsieur ; et l'on m'a assuré qu'il pouvait entrer en lice avec les plus fameux de l'Europe.	*Si, Señor ; me han asegurado que puede entrar en competencia con los mas afamados de Europa.*
De quel pays est-il ?	*¿ De que nacion es ?*
Il est Français et s'appelle...	*Es Frances, y se llama....*
Vous l'entendrez jouer aujourd'hui.	*Hoy le oirá vm. tocar.*
Entrons, car il me paraît	*Entremos, pues me parece*

qu'il vient déjà beaucoup de monde.	*que viene ya mucha gente.*
Il est tard, la toile est déjà levée.	*Es tàrde, han corrido ya el telon.*
On donne demain un opéra comique fort joli.	*Mañana se representa una zarzuela muy bonita.*
On l'a tiré de l'italien d'un opéra intitulé *la Serva Padrona*.	*Se ha sacado del italiano, de la ópera intitulada la* Serva Padrona.
Avec votre permission, quelle est cette actrice qui vient de se montrer dans la coulisse ?	*Permitame vm., ¿ quien es esa cómica que se asomó al bastidor ?*
C'est celle qui fait les seconds rôles.	*Es la segunda dama.*
Elle a l'air bien jeune.	*Parece muy jóven.*
Ne savez-vous pas que sur les planches ces dames jouissent d'un printemps éternel ?	*¿ No sabe vm. que en las tablas gozan estas señoras de una primavera eterna?*
Si c'était le seul désir de nous plaire, qui les engageât à se parer de la sorte, je leur en saurai bon gré.	*Si fuera el solo deseo de agradarnos, que les moviese á adornarse tanto, les estimaria el trabajo.*
Ne soyez pas si méchant.	*No piense vm. tan mal.*
Quel que soit leur motif, elles me plaisent beaucoup.	*Sea el que fuere el motivo, ellas me gustan mucho.*
Le nouvel acteur m'a plu infiniment.	*Me ha gustado mucho el nuevo comediante.*
Son jeu est noble et naturel.	*Su modo de representar es noble y natural.*
Allons nous rafraîchir, car j'ai eu ici beaucoup de chaud.	*Vamos á refrescar, que aqui he tenido mucho calor.*

XIII. — Avec le cordonnier et le tailleur.

Apportez-vous mes souliers et mes bottes?	*¿ Trae vm. mis zapatos y botas ?*
Oui, Monsieur, essayez-les s'il vous plaît.	*Si, Señor, pruebeselos vm. si gusta.*
Je commencerai par les bottes : donnez-moi les crochets.	*Empezaré por las botas, déme vm. los ganchos.*
Elles sont bien étroites.	*Son muy estrechas.*
Ne craignez rien, l'entrée est juste, afin qu'elles vous fassent bien la jambe; mais le pied ne vous blessera pas.	*No tema vm. nada, la entrada viene justa á fin de que vayan bien á la pierna ; pero no le hará mal á vm. el pié.*
Effectivement elles me vont très-bien.	*Con efecto, que me vienen muy bien.*
Vous avez là d'excellente marchandise.	*Tiene vm. ahi un género primoroso.*
Donnez-moi le tire-botte pour me débotter.	*Déme vm. el sacabotas para quitarmelas.*
Essayons maintenant les souliers.	*Probemos ahora los zapatos.*
Ils sont trop larges, il n'est pas besoin de chausse-pieds pour les mettre.	*Son muy anchos ; no es necesario el calzador para ponerlos.*
Vous savez que des souliers forts ne peuvent pas être aussi justes que des escarpins.	*Sabe vm. que unos zapatos fuertes no pueden venir tan ajustados como los escarpines.*
Cela est vrai, mais ils peuvent être plus étroits du talon, parce qu'ils s'élargissent assez à l'usage.	*Eso es verdad, pero pueden ser mas estrechos del talon, porque se ensanchan demasiado con el uso.*

Il faudra que vous m'en fassiez une autre paire.	*Será menester que me haga vm. otro par.*
Prenez ma mesure.	*Tomeme vm. medida.*
Que le talon soit bas, les quartiers assez hauts, et les semelles bonnes.	*Que sea bajo el talon, altos los empeines, y buenas las suelas.*
Ah ! voilà le tailleur qui arrive.	*Aqui llega el maestro sastre.*
Mon habit est-il prêt ?	*¿ Está pronto mi fraque ?*
Non, Monsieur, parce que j'ai été obligé de faire délustrer le drap; mais voici votre redingote.	*No, Señor, porque me ha sido preciso hacer quitar el lustre al paño ; pero aqui tiene vm. su levita.*
Je vais l'essayer pour voir si elle me va bien.	*Voy á ponermela, para ver si me viene bien.*
Il me semble que la taille est bien longue.	*Pareceme que es muy larga de talle.*
Monsieur, c'est la mode ; on ne fait pas les redingotes autrement.	*Caballero, es la moda, y no se hacen las levitas de otro modo.*
Les épaulettes font des faux plis, et les manches sont trop courtes et trop étroites.	*Hacen arrugas los hombros, y las mangas son muy cortas y estrechas.*
Je peux y remédier, j'ai laissé du rempli.	*Puedo remediarlo todo, pues he dejado ensanches.*
Je vais remporter votre redingote, et je la rapporterai sans faute demain avec votre habit.	*Voy á llevarme otra vez la levita de vm., y sin falta la volveré á traer mañana con el fraque.*
Soyez exact, je compte sur vous.	*Sea vm. puntual ; cuento con vm.*
Ayez soin surtout que les boutonnières soient bien	*Cuide vm. con especialidad que esten bien hechos los*

faites, et que les boutons, la doublure et les poches soient bien cousus.	*ojales, y bien cosidos los botones, forros y bolsillos.*
Depuis quelque temps vous m'habillez fort mal.	*De algun tiempo á esta parte viste vm. muy mal.*
Le dernier pantalon que vous m'avez fait me gêne beaucoup ; il n'est pas assez haut de la ceinture, et est trop étroite du fond.	*Los últimos pantalones que me hizo vm. me incomodan mucho ; no son bastante altos de cintura, muy estrechos de fondillos.*
Je vous engage à mieux faire à l'avenir, sinon je vous ôterai ma pratique.	*Le aconsejo á vm. lo haga mejor en lo sucesivo, pues de otro modo no seré su parroquiano.*
Je ferai tous mes efforts pour vous contenter.	*Pondré todo mi conato para contentar á vm.*
Je vous donnerai, quand vous reviendrez, la redingote que j'ai sur moi, pour la retourner, et y mettre des boutons de métal au lieu de boutons de soie qui y sont.	*Cuando vuelva vm., le daré la levita que llevo puesta, para volverla, y poner botones de metal en lugar de los de seda que ahora tiene.*
Croyez-vous qu'elle en vaille la peine ?	*¿ Cree vm. que no sea dinero perdido ?*
Oui, Monsieur, elle est encore très-bonne.	*No, Señor, esta levita está todavia muy buena.*

XIV. — Avec un perruquier.

Monsieur le perruquier, vous êtes bien paresseux.	*Señor maestro, vm. es muy perezoso.*
Vous me retenez à la maison.	*Vm. me detiene en casa.*

J'avais à sortir.	*Yo tenia que salir.*
Si vous ne venez pas plus matin, je vous quitterai.	*Si vm. no viene mas de mañana, le dejaré.*
Monsieur, je suis venu en courant.	*Señor, he venido corriendo.*
Coiffez-moi promptement.	*Peineme vm. con brevedad.*
Ne me mettez pas tant de pommade.	*No me eche vm. tanta pomada.*
Qu'y a-t-il de nouveau ?	*¿ Qué hay de nuevo ?*
Tous les perruquiers sont nouvellistes.	*Los peluqueros todos son noveleros.*
Monsieur, je n'ai rien entendu dire.	*Señor, no he oido decir nada.*
Mettez-vous la bourse ?	*¿ Se pone vm. bolsa ?*
Non, faites-moi une queue.	*No, hagame vm. coleta.*
Je ne veux pas tant de poudre.	*No quiero tantos polvos.*
Je suis trop poudré.	*Estoy demasiado empolvado.*
Voilà qui est bien.	*Asi está bien.*
Demain soyez plus matinal.	*Mañana madrugue vm. mas.*
Apportez-moi quelque nouvelle.	*Traigame vm. alguna noticia.*
Avez-vous beaucoup de pratiques ?	*¿ Tiene vm. muchos parroquianos ?*
J'en ai assez pour m'entretenir.	*Bastantes para pasar.*

XV. — Avec le médecin, le chirurgien et le dentiste.

Comment avez-vous passé la nuit ?	*¿ Cómo ha pasado vm. la noche ?*
Fort mal ; j'ai eu une fièvre	*Malisimamente ; he tenido*

violente, et je me sens à présent très-faible.	*una calentura violenta, y ahora me siento muy debilitado.*
Vous avez mauvais visage.	*Mal semblante tiene vm.*
Voyons votre langue.	*A ver la lengua.*
Elle est bien chargée.	*Está bien cargada.*
Votre pouls est agité.	*Tiene vm. el pulso alterado.*
Vous avez besoin d'être purgé.	*Necesita vm. purgarse.*
Je crains beaucoup les médecines.	*Temo mucho las purgas.*
Je vous en donnerai une très-douce.	*Le daré á vm. una muy suave.*
Vous la prendrez demain matin, et vous boirez beaucoup jusqu'à ce qu'elle ait fait son effet.	*La tomará vm. mañana por la mañana, y beberá mucho hasta que haya obrado efecto.*
Quelle boisson m'ordonnez-vous ?	*¿ Qué bebida me receta vm. ?*
Du bouillon aux herbes.	*Caldo de yerbas.*
Aujourd'hui vous observerez une diète absolue.	*Hoy guardará vm. una dieta rigurosa.*
Cela ne me sera pas difficile; je n'ai pas d'appétit, je suis dégoûté.	*Eso no se me hará difícil, no tengo ganas, estoy desganado.*
Voici l'ordonnance de la médecine, vous l'enverrez chez l'apothicaire afin qu'il la prépare.	*Aqui está la receta de la purga, vm. la enviará á la botica para que la preparen.*
Il serait bon aussi de vous mettre un vésicatoire, et même un cautère au bras, car vous avez beaucoup d'humeurs.	*Bueno seria tambien echarle á vm. un vejigatorio, y aun un cauterio en el brazo, pues tiene vm. muchos humores.*

Faites demander votre chirurgien, il vous mettra l'un ou l'autre à votre choix.	*Haga vm. que llamen á su cirujano, quien á eleccion de vm. le pondrá uno ú otro.*
Je viendrai vous voir.	*Volveré á visitarle.*
Monsieur, je voudrais me faire mettre un vésicatoire au bras.	*Caballero, quisiera que me pusiesen un vejigatorio en el brazo.*
Rien n'est plus facile : envoyez chercher chez l'apothicaire un emplâtre et un pot d'onguent.	*No hay cosa mas fácil : envie vm. á la botica á buscar un parche y un bote de ungüento.*
Avez-vous du linge pour faire des compresses et des bandes ?	*¿ Tiene vm. lienzo para hacer cabezales y vendas ?*
On va vous en donner.	*Van á darselo á vm.*
Pliez votre bras pour voir si les mouvements sont libres, et si les bandes ne sont pas trop serrées.	*Doble vm. el brazo, para ver si los movimientos son libres, y si las vendas no estan muy apretadas.*
Je viens lever l'appareil de votre vésicatoire.	*Vengo para quitar el vendage del vejigatorio de vm.*
Il a très-bien pris; la plaie en est très-belle.	*Ha agarrado bien ; la llaga está muy hermosa.*
Je pourrais le soigner moi-même ?	*¿ Podré curarle yo mismo ?*
Oui, Monsieur.	*Si, Señor.*
Voici le docteur qui vient.	*Aqui viene el doctor.*
Comment va le malade ?	*¿ Cómo está el enfermo ?*
Beaucoup mieux qu'hier; la médecine a bien fait, et j'ai suivi votre ordonnance de point en point.	*Mucho mejor que ayer, la purga ha obrado bien, y he seguido punto por punto lo dispuesto por vm.*

www.ingramcontent.com/pod-product-compliance
Ingram Content Group UK Ltd.
Pitfield, Milton Keynes, MK11 3LW, UK
UKHW012016240726
13965UKWH00002B/391

9 782013 365659